Stefan Müller

Logik, Widerspruch und Vermittlung

Stefan Müller

Logik, Widerspruch und Vermittlung

Aspekte der Dialektik
in den Sozialwissenschaften

VS VERLAG

Bibliografische Information der Deutschen Nationalbibliothek
Die Deutsche Nationalbibliothek verzeichnet diese Publikation in der
Deutschen Nationalbibliografie; detaillierte bibliografische Daten sind im Internet über
<http://dnb.d-nb.de> abrufbar.

Zugl.: Frankfurt (Main), Univ., Diss., 2010

D.30

1. Auflage 2011

Alle Rechte vorbehalten
© VS Verlag für Sozialwissenschaften | Springer Fachmedien Wiesbaden GmbH 2011

Lektorat: Dorothee Koch | Priska Schorlemmer

VS Verlag für Sozialwissenschaften ist eine Marke von Springer Fachmedien.
Springer Fachmedien ist Teil der Fachverlagsgruppe Springer Science+Business Media.
www.vs-verlag.de

Umschlaggestaltung: KünkelLopka Medienentwicklung, Heidelberg
Druck und buchbinderische Verarbeitung: STRAUSS GMBH, Mörlenbach
Gedruckt auf säurefreiem und chlorfrei gebleichtem Papier
Printed in Germany

ISBN 978-3-531-18242-1

Inhalt

1 Einleitung

Die Dialektik scheint ihr Geheimnis noch immer zu verbergen. Verbindliche Angaben über Ziel und Reichweite, Form und Inhalt dialektischer Argumentationsfiguren und vor allem das Verhältnis zur klassischen aristotelischen Logik bieten erhebliche Schwierigkeiten für eine sozialwissenschaftlich relevante Dialektik heute. Das weit in die Philosophiegeschichte zurückreichende Projekt der Dialektik kann kaum auf einen Nenner zusammengezogen werden. Dieser wäre allenfalls um den Preis einer abstrakten und sozialwissenschaftlich unverbindlichen Antwort und nur so allgemein erhältlich, dass Problemlösungsmöglichkeiten einer angemessen aktualisierten Dialektik allzu stark in den Hintergrund gedrängt würden. Fragen nach einem genuin dialektischen Verfahren verlangen in erster Linie Differenzierungen und Spezifizierungen. Inhaltlich entscheidende Probleme einer Dialektik sind dabei – spätestens seit den Hinweisen Hegels – auf die Begriffe Logik, Widerspruch und Vermittlung konzentriert. Die Perspektive, die im Folgenden eingenommen wird, entwickelt rationale Lösungsmöglichkeiten für basale Probleme einer Dialektik heute.

Im Projekt einer rational ausweisbaren Dialektik wird angestrebt, formallogische Einsichten aus sozialwissenschaftlicher Perspektive zu berücksichtigen. So kann ein dialektisches Verfahren im Einklang mit den aristotelischen Axiomen formuliert werden, allerdings nur unter bestimmten, im Folgenden zu klärenden Prämissen. Zentrale Aspekte einer tragfähigen Dialektik in den Sozialwissenschaften werden diskutiert, um die substantielle Bedeutung dialektischer Argumentationsfiguren für sozial- und gesellschaftswissenschaftliche Problemstellungen beschreiben zu können. Ausgehend davon, dass es *die* Dialektik nicht gibt, wird schließlich ein reflexiv-vermittlungslogischer Ansatz die entscheidenden Problemlösungskapazitäten bereitstellen. Keineswegs geht es darum, ausschließlich die Geschichte selbsternannter Dialektiker wiederzugeben; noch weniger, diese zu rechtfertigen oder zu verteidigen. Vielmehr ist es das Ziel, anhand basaler Problemkonstellationen, wie sie jeder dialektischen Theorie seit Hegel zugrundeliegen, deren sachlichen Gehalt darzustellen und zu untersuchen.

In der Geschichte der historisch stark differierend auftretenden Vorstellungen darüber, was Dialektik sei und letztlich ausmache, sind ideologisch-instrumentelle, gesinnungsethische Postulate, Vermutungen, Unterstellungen und Diffamierungen auf nahezu allen Seiten der Barrikaden aufzufinden. Barrikaden dienen in erster Linie allerdings der Einschränkung der Perspektiven, der Verhinderung und letztlich der Abwehr des vermeintlich Gefährlichen. In der vorliegenden Untersuchung wird ein vergleichsweise harmloser Weg beschritten, der basale Grundelemente einer sozialwissenschaftlich relevanten Dialektik herausarbeitet und diskutiert. Ausgewählt sind Hinweise und Einsichten von Hegel, Adorno und Freud (sowie einigen anderen), da für eine angemessene Diskussion über die Möglichkeiten eines rational ausweisbaren dialektischen Verfahrens in den Sozialwissenschaften erhebliches und teilweise unausgeschöpftes Problemlösungspotential bei diesen Autoren zu finden ist. Auf zahlreiche hilfreiche Vorarbeiten kann dabei zurückgegriffen werden, die an den entsprechenden Stellen genannt und offengelegt werden.

Im Mittelpunkt der folgenden Überlegungen steht die Explikation der Begriffe Widerspruch und Vermittlung und damit das Verhältnis der Dialektik zur zweiwertigen Logik. Letztlich geht es um die Klärung der Frage nach den zugrundeliegenden (Minimal-) Bedingungen einer Dialektik in den Sozialwissenschaften.

Der Begriff der Dialektik bezieht sich in dieser Arbeit – sofern nicht anders gekennzeichnet – auf moderne Dialektikkonzeptionen. Darunter verstehe ich in einem weiten Sinne Konzeptionen, die sich in der einen oder anderen Weise am Theoriezusammenhang Hegels orientieren (in Abgrenzung oder Zustimmung) oder die im Anschluss daran entstanden sind. Philosophiegeschichtlich handelt es sich um einen begrenzten Zeitraum; soziologisch sind die für eine Dialektik in den Sozialwissenschaften relevanten Fragestellungen im Anschluss an Hegel so ausführlich und kontrovers diskutiert worden, dass weitere Eingrenzungen dringend geboten sind. Vorrangig werde ich die grundlegenden Aspekte einer Dialektik anhand ausgewählter Problemkonstellationen diskutieren, die jeweils unterschiedliche Lösungsmöglichkeiten aufweisen: So sollen die Probleme und Möglichkeiten einer idealistisch-dialektischen Konzeption (Hegel) ebenso analysiert werden wie die Ausführungen einer reflexiv-materialistischen Konzeption (Adorno). Darüber hinaus werde ich eine naturwissenschaftlich-empirische Konzeption (Freud) unter den vorher ausgeführten Aspekten einer sozialwissenschaftlich relevanten Dialektik untersuchen. Anhand dieser implizit dialektisch verfahrenden Konzeption wird die Bedeutung vermittlungslogischer Argumentationsfiguren deutlicher dargestellt und herausgearbeitet werden.

Die Grundprobleme einer Dialektik heute, Widerspruch und Vermittlung, treten in sämtlichen dialektischen Konzepten auf, wenn auch in teilweise diametral gegenüberstehenden Schwerpunktsetzungen und mit differierenden Antwortmöglichkeiten. An das Vorhaben von Kesselring (Kesselring 1984, 1992) anschließend und es für eine Untersuchung der Begriffe ‚Widerspruch und Vermittlung' modifizierend, verfolge ich insbesondere das Modell einer *rationalen*

Rekonstruktion der Dialektik in den Sozialwissenschaften. Ergänzend werden Einsichten aus nahe liegenden Disziplinen (Formallogik, Psychoanalyse) herangezogen, insofern sie sozialwissenschaftlich relevante Antwortmöglichkeiten für die Klärung grundlegender Probleme einer Dialektik heute bereitstellen.

In der Auseinandersetzung mit verschiedenen Dialektik-Konzeptionen ergibt sich zugleich die Möglichkeit, mit der Frage nach einer genuin dialektischen Verfahrensweise auf prototypische Umgangsmöglichkeiten kritisch einzugehen: Sowohl die Hypostasierung einer absolut idealistischen Dialektik, die letztlich in eine Art verabsolutierte *intentio recta* zurückfällt, als auch die mangelnde Explikation eines dialektisch verstandenen Widerspruchbegriffs, wie sie zuweilen bei Adorno kritisierbar ist, werden zur Diskussion stehen. Obwohl Freud Wesentliches zur Vermittlungslogik einer dialektischen Argumentationsfigur beitragen kann, verbleibt die freudsche Theorie ihrerseits starr einer intrapsychischen Ebene (vgl. Benjamin 1990) verhaftet. Alle drei genannten Konzeptionen liefern aber aus ihrem jeweiligen Denken heraus zugleich die Hinweise auf produktive sozialwissenschaftliche Einsichten in die Grundstruktur dialektischer Argumentation. Der Idealismus Hegels muss sich keineswegs mit der Hypostasierung des Subjekts begnügen. Adornos zuweilen bekenntnishaften Äußerungen zur Transzendierung des aristotelischen Widerspruchsverbots kann mit Hinweisen begegnet werden, die seinen Ausführungen selbst unmittelbar entnommen werden können. Die freudsche Psychoanalyse verlässt ihren naturwissenschaftlich-empirischen Rahmen gerade durch eine strikte und konsequente Anwendung ihrer zugrundeliegenden Logik; dadurch werden erst die dialektischen Motive sichtbar. Der Gegenstandsbereich der freudschen Theorie ist gänzlich auf die intrapsychische Analyse des Subjekts konzentriert, wodurch die objektiven Zumutungen und Beschädigungen *innerhalb* des Subjekts erscheinen. Dass im psychoanalytischen Verfahren (zunächst und scheinbar) von gesellschaftlichen Zumutungen und Beschädigungen abgesehen wird, stärkt die freudschen Ausführungen nicht nur in analytischer, sondern auch in sozialwissenschaftlicher Hinsicht.

Eine substanzielle Auseinandersetzung mit ‚der Dialektik' steht zunächst vor dem Problem, den Gegenstandsbereich der Auseinandersetzungen genauer zu bestimmen. Sowohl das Projekt der Dialektik als auch ihr Gegenstandsbereich erscheinen in der Geschichte der Dialektik den jeweiligen Befürwortern oder Gegnern keineswegs selbstverständlich. Sowohl auf Seiten der Vertreter als auch auf Seiten ihrer maßgeblichen Kritiker gelingt es selten, über die zugrundeliegenden Probleme einer Dialektik eine produktive Verständigung zu erreichen. Im Blick auf die Unterscheidungen und Traditionslinien, wie sie in der Differenz von materialistischer und idealistischer Dialektik getroffen werden, zeigt sich zudem ein kaum noch zu überblickender Diskussionsstand. Im Folgenden soll den vielfältigen Dialektikdefinitionen keineswegs lediglich eine weitere hinzugefügt werden. Vielmehr geht es um eine Zusammenführung sozialwissenschaftlich relevanter Einsichten, die für eine substantielle Klärung der Begriffe Logik, Widerspruch und Vermittlung im Rahmen einer rationalen Theorie der Dialektik unhintergehbar sind. Diese Begriffe spielen seit Hegel eine zentrale Rolle in jeder Diskussion um Dialektik. Daher wird es quer zu der Unterscheidung, wie sie scheinbar zwischen idealistischer und materialistischer Dialektik getroffen werden kann, das Anliegen der vorliegenden Arbeit sein, anhand der Kernmerkmale Widerspruch und Vermittlung die Dimensionen einer sozialwissenschaftlich relevanten Dialektik genauer auszuloten.

Neben dieser Fokussierung auf die basalen Elemente im dialektischen Verfahren sind weitere Ebenen unabdingbar zu berücksichtigen. Dem Diskussionsstrang um Größe, Reichweite und Bedingungsmöglichkeiten einer Dialektik in den Sozialwissenschaften, der auf die Frage der Verhältnisbestimmung zur aristotelischen und zur darauf aufbauenden formalen Logik konzentriert ist, wird auf der *Problemebene 1 (Gegenstandsbereich)* nachgegangen. Zudem wird die Auseinandersetzung um eine syntaktische, semantische und pragmatische Explikation von Vermittlung und Widerspruch von einer zweiten Diskussion mitbestimmt, die sich durch die Frage nach dem erkenntnistheoretischen Startpunkt näher bestimmen lässt (*Problemebene 2: Problem des Anfangs*). Mit dem Hinweis, inwiefern die stets nachzuzeichnenden normativen Annahmen in die jeweilige Konzeption einbezogen werden, wird eine dritte Ebene sichtbar (*Problemebene 3: sozial- und moralphilosophische Dimension*). Die drei Ebenen finden sich (mindestens implizit) in allen Dialektikkonzeptionen seit Hegel wieder, wenn auch mit teilweise äußerst verschiedenen Schwerpunktsetzungen. Neben der formalen Klärung im Blick auf eine Diskussion, die freilegt, welche syntaktischen Anforderungen an eine Dialektik in den Sozialwissenschaften gestellt werden, ist der Einbezug semantisch-pragmatischer Dimensionen ebenso unabdingbar. Ohne eine angemessene Reflexion auf sozial- und moralphilosophische Grundannahmen, die jede Dialektik aufgrund der Untrennbarkeit von Form und Inhalt bedingen, verbliebe das Projekt einer rationalen Dialektik unterbestimmt. Letztlich wird sich die Bedeutung der Dialektik erst durch den Einbezug aller drei genannten Ebenen angemessen diskutieren lassen.

Tabelle 1:   Die drei Problemebenen der Dialektik in den Sozialwissenschaften

Problemebene 1	Problem des Gegenstandsbereichs
Problemebene 2	Problem des Anfangs
Problemebene 3	Sozial- und moralphilosophische Dimension

Insbesondere die Frage nach der sozialwissenschaftlichen Relevanz soll so genauer herausgearbeitet und bestimmt werden, ohne allerdings die Größen und Grenzen der jeweils diskutierten Ansätze zu vernachlässigen. Daher sind die Beispiele einer idealistisch verhafteten, einer materialistisch intendierten und einer implizit vorzufindenden dialektischen Konzeption vor dem Hintergrund ausgewählt, die genannten inhaltlichen Problemebenen nicht nur darzustellen, sondern auch hinsichtlich ihrer sozialwissenschaftlichen Grenzen zu diskutieren. Im Mittelpunkt steht die Annahme, dass einer Dialektik heute nur mehr entscheidende Bedeutung und Relevanz zukommt, wenn sie ihre Grundlagen und ihre Präsuppositionen reflexiv ausweisen kann und sich nicht mit proklamatorischen Selbstgewissheiten begnügt. Mythologisierungen, Beschwörungen und Heilsgewissheiten haben die Dialektik lang traktiert. Ihr Gehalt blieb davon nicht unberührt, ihr sozialwissenschaftliches Problemlösungspotential allerdings umso mehr.

2 Formale Logik und Dialektik

Begriffsgeschichtlich verweist der Entstehungszusammenhang der Dialektik auf ein weit in die Philosophiegeschichte zurückreichendes Projekt (vgl. Ritter 1971). Der Bedeutungsgehalt der Dialektik ist eng mit der ‚Lehre von der Unterredungskunst' verknüpft.

> „*Dia* heißt ‚durch' und *logos* versteht sich unter anderem auch als das sinnvolle Wort, das gewechselt wird, mithin zwischen Gesprächspartnern hin und her fließt. Dem entspricht im klassischen Latein die Eigenschaft des Diskurses. Denn *discurrere* bedeutet von seinem lateinischen Hause aus so viel wie ‚auseinanderlaufen' oder ‚ausbreiten'. Ähnlich verhält es sich mit der Ursprungsbedeutung des Wortes ‚Dialektik'. Darin steckt das Verbum *legestai*, was sich ursprünglich als ‚lesen' liest. Wie bei der Weinlese kann *legestai* aber auch als ‚sammeln' verstanden werden. Dialektik versteht sich so betrachtet als die Kunst der Unterredung, wozu nicht zuletzt Argumente zusammengetragen und ausgetauscht werden müssen." (Ritsert 2008: 12; Hervor. im Orig.)

Die zugrundeliegende Struktur einer solchen ‚Kunst der Unterredung' bildet bis heute ein Grundproblem einer dialektisch verfahrenden Argumentation. Vor allem die Frage nach einer genaueren Verhältnisbestimmung von Logik und Dialektik ist in aktuellen Diskussionen umstritten. Besonders deutlich wird dies an der weit verbreiteten Standardinterpretation der Dialektik als Schema von These, Antithese und Synthese. Die griffige Formel dafür lautet:

> „Dialektik [...] ist eine Theorie, die behauptet, daß etwas – insbesondere das menschliche Denken – sich in einer Weise entwickelt, die durch die sogenannte dialektische Triade charakterisiert ist: Thesis, Antithesis und Synthesis. [...] Der Kampf zwischen Thesis und Antithesis dauert nun so lange, bis irgendeine Lösung zustande kommt, die in gewissem Sinne über Thesis und Antithesis hinausgeht, und zwar durch Anerkennung ihrer Vorteile und durch den Versuch, die Stärken beider zu bewahren und ihre Schwächen zu vermeiden." (Popper 1949: 263)

Diese Annahme beinhaltet bis heute sowohl für Kritiker als auch für Verteidiger eines Dialektikprojekts die gängige Standardinterpretation einer dialektischen Verfahrensweise. Demnach soll eine These (eigenständig?) mit innerer Notwendigkeit in eine Antithese übergehen und beide zusammen ergeben dann eine

Synthese. Da es sich zum einen um ein häufig verwendetes Modell zur Erklärung
der Dialektik handelt und sich zum anderen *auch* inhaltlich entscheidende Probleme innerhalb des Modells nachweisen lassen, ist ein genauerer Blick auf den
‚klapprigen Dreitakter' (Ritsert) hilfreich. Dessen Modell gerät bei näherer Betrachtung rasch an seine Grenzen. Der proklamatorische Charakter wird deutlich,
wenn Beispiele herangezogen werden, die die zugrundeliegende Vorstellung von
Vermittlung und Widerspruch offenlegen. In der Standardinterpretation soll die
klassische Aussage ‚*Die Rose ist rot*' durch ihre Negation (‚*Die Rose ist nicht
rot*') dazu führen, dass beide Aussagen Anspruch auf Wahrheit innerhalb einer
Synthese erheben können. Die These soll aus sich heraus mit innerer Notwendigkeit ihr eigenes Gegenteil hervorbringen. Demnach enden schließlich die
beiden entgegengesetzten und sich widersprechenden Aussagen (bzw. Thesen) in
einer Synthese: Die Rose ist rot *und* die Rose ist nicht rot. Gleichzeitig sollen
beide sich widersprechenden Aussagen ihre Gültigkeit und Wahrheit innerhalb
der konstruierten Synthese erhalten. Es erweist sich die Grenze dieses Modells,
das die Kritiker einer Dialektik in den Sozialwissenschaften (völlig zu Recht)
fundamental kritisieren:

> „Die schwerwiegendsten Mißverständnisse und Verwechslungen entstehen […] aus
> der unklaren Weise, in der die Dialektiker von Widersprüchen sprechen. […] Und
> sie behaupten sogar, daß Widersprüche nicht vermieden werden können, da sie
> überall in der Welt auftreten. Eine derartige Behauptung läuft auf einen Angriff ge-
> gen das sogenannte ‚Gesetz vom Widerspruch' (oder vollständiger: das ‚Gesetz vom
> ausgeschlossenen Widerspruch') der traditionellen Logik hinaus, gegen ein Gesetz,
> welches besagt, daß zwei kontradiktorische Aussagen niemals beide zugleich wahr
> sein können bzw. daß eine Aussage, die aus einer Konjunktion zweier kontradiktori-
> scher Aussagen besteht, aus rein logischen Gründen als falsch verworfen werden
> muß. Wenn sich die Dialektiker nun auf die Fruchtbarkeit der Widersprüche beru-
> fen, so fordern sie die Aufgabe dieses Gesetzes der traditionellen Logik. Sie behaup-
> ten, daß die Dialektik auf diese Weise zu einer neuen Logik führt – zu einer dialekti-
> schen Logik. […] Dies sind gewaltige Ansprüche; sie entbehren jedoch jedweder
> Grundlage. Tatsächlich gründen sie sich auf nichts anderes als auf eine unklare und
> verschwommene Ausdrucksweise." (Popper 1949: 266)

In aller Deutlichkeit stellt Popper seine Kritik gegenüber einem dialektischen
Verfahren heraus. Folgt man der Interpretation Poppers, verstoßen Dialektiker
permanent gegen das Gesetz vom ausgeschlossenen Widerspruch. Er verweist
nachdrücklich auf den ‚gewaltige[n] Anspruch', der ‚jedweder Grundlage ent-
behrt', wenn innerhalb einer Argumentation auf eine Gleichzeitigkeit sich widersprechender Aussagen rekurriert wird. Am Beispiel der ‚roten und nicht-roten
Rose' wird rasch deutlich, dass innerhalb einer Argumentationsstrategie, die
einen Anspruch auf allgemeinverbindlichen Nachvollzug und Wahrheit erhebt,

die Gleichzeitigkeit von widersprüchlichen Aussagen allein aus formallogischen Gründen nicht haltbar sein kann. Popper hat damit einen kaum zu überschätzenden Hinweis auf die Probleme dialektischer Argumentation gegeben – sowohl für die Standardinterpretation als auch für ein vermittlungslogisch-reflexives Verfahren.

Die Kritikmotive, die Popper in die Diskussion eingebracht hat, finden sich in vielfältiger Art und Weise bis heute wieder. In einer der Standardinterpretation deutlich verhafteten Ausführung, die etliche Momente bündelt, die gegen ein dialektisches Verfahren vorgebracht werden können, lauten die Mutmaßungen heute so:

„Die Dialektik entspricht [...] nicht den Anforderungen an strenge Wissenschaft [...]. Auch noch in anderen Hinsichten verstößt die Dialektik gegen die Regeln guten wissenschaftlichen Benehmens: Sie kann mit einer strikten Subjekt/Objekt-Trennung nichts anfangen; sie formuliert keine Hypothesen, die empirisch verifiziert oder falsifiziert werden könnten; sie hält sich nicht an das Gebot der Widerspruchsfreiheit; sie gibt nicht an, wie ihre zentralen Kategorien zu operationalisieren seien; und sie operiert überhaupt in jeder Hinsicht auf einem hoffnungslos vorwissenschaftlichen Niveau." (Kuchler 2005: 18)

Kuchler geht davon aus, dass eine Dialektik nicht den ‚Anforderungen an strenge Wissenschaft' genügt und ergänzt damit die bislang vorgebrachte Reihe von Annahmen, die die Unhaltbarkeit eines dialektischen Verfahrens nachweisen sollen. Die Subjekt-Objekt-Trennung wird sich entgegen ihrer Vermutung in der Tat als *strikt* (allerdings im Sinne einer strikten Antinomie) erweisen, weil nur dadurch die der Dialektik zukommenden Problemlösungsmöglichkeiten zu erhalten sind. Eine vermittlungslogisch reflexive Dialektik steht quer zu einer Vorstellung von Operationalisierung, die die basalen Probleme einer Ableitungslogik mit sich führt. Als operationalisierbar, im Sinne eines rational ausweisbaren Verfahrens, das die eigenen Grundlagen der Argumentation hinsichtlich der syntaktischen, semantischen und pragmatischen Dimensionen offenlegen und explizieren kann, wird sich eine sozialwissenschaftlich relevante Dialektik allemal erweisen. Kuchlers bedeutsamstes Argument übernimmt die Interpretation von Popper und weist darauf hin, dass ein dialektisches Verfahren unangemessen mit dem aristotelischen Widerspruchsverbot umgehe. Im Folgenden wird zu zeigen sein, dass rational ausweisbare Begriffe von Widerspruch und Vermittlung allerdings möglich sind. Diese Nachweise können mittlerweile sogar auf eine lange und umfassende Diskussion zurückblicken.

Einblick in das zugrundeliegende Problem des Widerspruchs innerhalb einer dialektischen Argumentation bietet der hegelsche Versuch, seinen Schülern am Nürnberger Ägidien-Gymnasium seine Lehre beizubringen. In der ‚Wissenschaft des Geistes' klärt er über sein Verfahren auf:

> „Gewöhnlich erscheint das Dialektische so, daß von einem Subjekt zwei entgegengesetzte Prädikate behauptet werden. Das reinere Dialektische besteht darin, daß von einem Prädikat eine Verstandesbestimmung aufgezeigt wird, wie sie *an ihr selbst* ebensosehr das *Entgegengesetzte ihrer selbst* ist, sie sich also in sich aufhebt." (WW 4: 56, Hervor. im Orig.)

Neben der Kant-Auseinandersetzung, derentwegen Hegel auf die für ihn zentrale Unterscheidung von Verstand und Vernunft verweist, findet sich hier der Hinweis auf das *Problem einer rationalen Dialektik*. Einerseits beschreibt er eine ‚gewöhnliche Dialektik', andererseits grenzt er davon deutlich ein Verfahren ab, das er als das ‚reinere Dialektische' bezeichnet. Die gewöhnliche Dialektik kann durch das Aufzeigen entgegengesetzter Prädikate (*Die Rose ist rot* und *Die Rose ist nicht-rot*) beschrieben werden. Rasch wird ersichtlich, dass es sich dabei um die bereits dargestellte Standardinterpretation von These, Antithese und Synthese handelt. Ein Subjekt, in diesem Falle die Rose, soll gleichzeitig rot und nicht-rot sein! So erscheint gewöhnlich die Dialektik. Die heute noch geläufige Standardrezeption war demnach bereits zu Hegels Zeiten bekannt und im regen Umlauf. Hegel grenzt sich deutlich davon ab – sein Dialektikprojekt ist ein anderes. Mit der Idee einer ‚reineren Dialektik', die „*an ihr selbst* ebensosehr das *Entgegengesetzte ihrer selbst* ist'', verweist er auf die bis heute basale Frage jeder dialektischen Argumentation in den Sozialwissenschaften. Nur: Was soll das reinere Dialektische sein? Wie ist es charakterisiert? Lassen sich Grundmerkmale einer solchen Verfahrensweise herausarbeiten und wie grenzt sich ein solches Verfahren von anderen Möglichkeiten ab? Was sind die Minimalbedingungen einer reineren Dialektik-Konzeption, die produktiv an die Hegelschen Einsichten anknüpfen kann, ohne in die Fallstricke des absoluten Idealismus zu geraten?

Die Gleichzeitigkeit einer prädikativen Zuschreibung an einen Sachverhalt *und* ihre Negation hat sich als Standardinterpretation, als ‚gewöhnliche Dialektik', genauer als Fehlschluss und damit als falsch erwiesen. Bei dem gesuchten Verhältnis soll es sich um eine Konstellation handeln, die das reinere Dialektische vom gewöhnlichen Verständnis abzugrenzen erlaubt. Hegel nimmt für sich eine Form der Argumentation in Anspruch, die gewährleisten soll, dass eine andere Möglichkeit der Widerspruchskonstellation als im Modell der ‚These, Antithese, Synthese' erscheint. Deutlich zeichnet sich bereits ab, dass die strukturelle Minimalbedingung einer genuin dialektischen Argumentationsfigur entscheidend auf die Konzeptualisierung des zugrundeliegenden Widerspruchbegriffs verwiesen ist.

Dies führt letztlich (wieder) auf die Frage nach dem Gegenstandsbereich einer Dialektik in den Sozialwissenschaften zurück – eine Problematik, der sich im weiteren Verlaufe immer wieder genähert werden wird. Zentrales Anliegen wird im Folgenden sein, dialektische Verfahrensweisen darzustellen und zu diskutieren: hinsichtlich ihrer Größe und Grenzen (*Problemebene 1: Problem des Gegenstandsbereichs*), ihrer formal-syntaktischen sowie semantisch-pragmatischen Anforderungen und auch hinsichtlich der Möglichkeiten, intrasubjektive, subjektive und objektive Momente (*Problemebene 3: sozial- und moralphilosophische Diskussion*) in den sozialwissenschaftlichen Blick zu bekommen. Die entscheidenden Fragen der folgenden Ausführungen lauten daher: Wie und warum unterscheidet sich ein dialektischer von einem nicht-dialektischen Widerspruchsbegriff? Wie und warum unterscheidet sich ein dialektischer von einem nicht-dialektischen Vermittlungsbegriff?

Die Darstellung und Diskussion der aristotelischen Axiome sowie der Blick auf die Einsichten der Formallogik werden die Probleme einer Dialektik heute weiter verdeutlichen. Die Stärke der Formallogik besteht zunächst (auch in sozialwissenschaftlicher Hinsicht) in der Abstraktion von sämtlichen inhaltlichen Zuschreibungen. Dass diese Abstraktion sich als nur scheinbare erweist, kann im Anschluss an diese Ausführungen verdeutlicht werden. Eine angemessene Dialektik in den Sozialwissenschaften wird weder Form noch Inhalt hypostasieren oder gar dichotom setzen können.

2.1 Die aristotelischen Axiome

Auf der Suche nach Angaben über die Syntax und Semantik einer dialektischen Argumentation wird deutlich, dass sich eine dialektische Theorie im Anschluss an Hegel oder Adorno durch eine besondere Umgangsweise mit der formalen zweiwertigen aristotelischen Logik auszeichnet. Was unterscheidet eine dialektische Logik von der formalen Logik, die im Kern auf Aristoteles zurückzuführen ist?

Eine vorläufige Bestimmung der Dialektik, die noch einige zu klärende Probleme aufweist, kann folgendermaßen formuliert werden: Dialektik versucht, widersprüchliche Verhältnisse, Momente oder Bestimmungen in einer Einheit zu denken und einheitliche Momente in (scheinbar) widersprüchlichen Konstellationen darzustellen. Damit werden die Grundfragen einer rationalen Dialektik aber nicht gelöst, im Gegenteil: Wie sollen sich widersprechende Momente zusammen gedacht werden, wie können sie in einer Einheit zusammengebracht werden, wenn sie sich widersprechen und umgekehrt? Das Grundproblem einer *jeden* dialektischen Theorie lautet demnach: Was zeichnet einen dialektischen Widerspruch als solchen aus und wie ist sein Verhältnis zum aristotelischen Widerspruchsbegriff zu bestimmen? Diskutiert werden kann vor diesem Hintergrund, ob und wie sich eine dialektische von einer nicht-dialektischen Argumentation unterscheidet. Anschließend können (formale) Minimalbedingungen einer Dialektik in den Sozialwissenschaften angegeben werden.

Die Axiomatisierung der formalen Logik ist auf Aristoteles zurückzuführen. Er untersuchte die Bedingungen vernünftiger Rede und Aussagen in einer bis heute verbindlichen Art und Weise. Sein Bestreben, die Bedingungen ‚richtiger‘ und ‚falscher‘ Aussagen anzugeben, führte ihn auf die Frage nach dem dahinter stehenden Prinzip einer solchen Axiomatisierung – „und das sicherste unter allen Prinzipien ist dasjenige, bei welchem Täuschung unmöglich ist." (Met. 1005b) Dieses Prinzip ist im sogenannten *aristotelischen Widerspruchsverbot* fixiert:

> „Wenn es nun aber nicht möglich ist, daß demselben das Entgegengesetzte zukomme [...], beim Widerspruche aber eine Meinung der anderen Meinung entgegengesetzt ist, so ist es offenbar unmöglich, daß derselbe zugleich annehme, daß dasselbe sei und nicht sei; denn wer sich hierüber täuschte, der hätte ja die entgegengesetzten Ansichten zugleich. Daher kommen alle, die einen Beweis führen, auf diese letzte Annahme zurück; denn dies Prinzip ist seinem Wesen nach zugleich Prinzip der anderen Axiome." (ebd.)

Daraus folgt die Axiomatisierung der drei aristotelischen Denkgesetze. Alle drei sind voneinander abhängig und gegenseitig begründbar. Die drei Axiome lauten:

- Der Satz der Identität (lat. *principium identitatis*): A = A. Der Satz der Identität besagt, dass identische Begriffe die gleiche Bedeutung haben müssen, um einen allgemeinverbindlichen Anspruch auf Wahrheit einlösen zu können.

- Der Satz vom Widerspruch (lat. *principium contradictionis*): nicht (A und Nicht-A). Der *Satz vom Widerspruch* oder der *Satz vom ausgeschlossenen Widerspruch* besagt, dass eine Aussage nicht gleichzeitig zusammen mit ihrem Gegenteil wahr sein kann. „Daß nämlich dasselbe demselben in derselben Beziehung [...] unmöglich zugleich zukommen und nicht zukommen kann, das ist das sicherste unter allen Prinzipien; denn es passt darauf die angegebene Bestimmung, da es unmöglich ist, daß jemand annehme, dasselbe sei und sei nicht." (ebd.) Der (aufrechtzuerhaltende) Anspruch auf Wahrheit und Allgemeingültigkeit wird außer Kraft gesetzt, sofern die Gleichzeitigkeit von A und Nicht-A in derselben Hinsicht und zur gleichen Zeit behauptet wird. Die Gleichzeitigkeit einander widersprechender Behauptungen, dass ‚dasselbe demselben in derselben Beziehung‘ zukomme, stellt keine logisch gültige Aussage dar, die den Anspruch auf Wahrheit und Allgemeinverbindlichkeit erheben kann.

■ Der Satz vom ausgeschlossenen Dritten (lat. *principium exclusi tertii*): A oder Nicht-A. Der Satz vom ausgeschlossenen Dritten besagt, dass *entweder A oder Nicht-A* Gültigkeit bzw. Anspruch auf Wahrheit zukommt. Das ist das *tertium non datur*. Es gibt kein Drittes. In einer orthodoxen Interpretation der aristotelischen Logik existieren mindestens und höchstens zwei Möglichkeiten: entweder – oder, positiv – negativ, richtig – falsch.[1]

Aristoteles fundiert damit die Forderung nach Widerspruchsfreiheit in einer bis heute gültigen Weise. Aussagen, die einen Anspruch auf allgemeinverbindliche Nachvollziehbarkeit und logisch ausweisbare Konsistenz erheben, greifen auf die aristotelischen Axiome zurück. Für eine dialektische Theorie stellt sich hier ein kaum zu überschätzendes Problem. Nicht selten findet sich – gerade im Rekurs auf einen ‚gewöhnlichen' Dialektikbegriff – der Anspruch, dass eine dialektische Logik eine neue und/oder höhere Logik bilde. Dabei wird davon ausgegangen, dass ein (zumeist selbsternanntes) dialektisches Verfahren das aristotelische Widerspruchsverbot transzendiere. Postuliert wird, dass die formale Logik einer dialektischen untergeordnet sei und damit in einer dialektischen Logik das aristotelische Widerspruchsverbot ‚aufgehoben' werde. Die Behauptung einer Aussage (*die Rose ist rot*) und ihrer Negation (*die Rose ist nicht rot*) als *Gleichzeitigkeit* einer Behauptung *und* ihrer Negation verweist jedoch deutlich auf den dabei auftretenden logischen Fehlschluss. Eine dialektische Logik, die Widersprüchlichkeit im aristotelischen Sinne produziert, hält nicht einmal formaler Logik stand; von einer Transzendierung ganz zu schweigen. In einer sozialwissenschaftlich relevanten Theorie der Dialektik muss demnach der *schlichte Verstoß gegen den Satz vom ausgeschlossenen Widerspruch* als Lösungsmöglichkeit ausgeschlossen werden. Popper hat dies in seiner Kritik der Dialektik ausdrücklich hervorgehoben:

„Es kann nicht deutlich genug betont werden, daß Widersprüche sofort jede Art von Fruchtbarkeit verlieren müssen, sobald wir diese Attitüde ändern und uns entschließen, Widersprüche zu dulden; sie würden dann keinen Fortschritt des Denkens mehr hervorbringen. Denn wenn wir bereit wären, Widersprüche zu dulden, könnte ihre Offenlegung in unseren Theorien uns nicht mehr veranlassen, diese zu ändern. Mit

---

[1] Die aristotelischen Axiome wurden von Leibniz durch den Satz vom zureichenden Grunde ergänzt (lat. *principium rationis sufficientes*): A' → A (A' impliziert A), d.h. jeder wahre Satz kann durch einen anderen Satz begründet werden, dessen Wahrheit bewiesen ist. Anders formuliert: nichts geschieht ohne Ursache (vgl. Ritsert 2008: 91f.). Für die folgenden Ausführungen spielt der später hinzugefügte Satz vom zureichenden Grunde keine entscheidende Rolle, so dass eine Auseinandersetzung mit den Implikationen dieses Axioms ausgeklammert wird.

anderen Worten: Alle Kritik (die in der Herausstellung von Widersprüchen besteht) würde ihre Kraft verlieren. [...] Dies aber würde bedeuten, daß die Kritik und damit jeder Fortschritt des Denkens zum Stillstand kommen müßte, falls wir bereit wären, Widersprüche zu dulden." (Popper 1949: 267)

Durch den schlichten Verstoß gegen den Satz vom Widerspruch ist sowohl die Möglichkeit von Gesellschaftsanalyse untergraben als auch gesellschaftskritischen Motiven ihre eigene Grundlage entzogen, da keine Unterscheidung wahrer und falscher Aussagen, keine Aussicht auf einen allgemeinverbindlichen Wahrheitsanspruch mehr gegeben ist.

„Wir sehen daraus, daß, falls eine Theorie einen Widerspruch enthält, alles aus ihr abgeleitet werden kann – und deshalb tatsächlich gar nichts. Eine Theorie, die zu jeder Information, die sie vermittelt, noch die Negation dieser Information hinzufügt, kann uns überhaupt keine Information vermitteln. Eine Theorie, die einen Widerspruch enthält, ist deshalb *als Theorie* völlig nutzlos." (ebd.: 270; Hervor. im Orig.)

Popper kritisiert den Verstoß gegen das aristotelische Widerspruchsgesetz unter anderem deshalb so vehement, weil er damit die Unmöglichkeit von Wissenschaft und Kritik gleichermaßen verbunden sieht: „Die Akzeptierung von Widersprüchen muß hier wie überall der Kritik ein Ende setzen und damit zum Zusammenbruch der Wissenschaft führen." (ebd.: 272)

Durch den schlichten Verstoß gegen das aristotelische Widerspruchsverbot sind die elementaren Grundlagen von Wissenschaft und von (Gesellschafts-) Kritik fundamental außer Kraft gesetzt – so der zentrale und nicht zu unterschätzende Einwand Poppers gegen eine dialektische Theorie. Werden erst einmal gegensätzliche (im Sinne von disjunkt sich gegenüberstehenden) Aussagen akzeptiert, lassen sich daraus alle (Un-) Möglichkeiten ableiten. Die Gleichzeitigkeit der gegensätzlichen Behauptungen *,die Rose ist rot'* und *,die Rose ist nicht rot'* führt im besten Falle zu Unverständnis. Es kann nicht die Behauptung *und* zugleich ihre Gegenbehauptung *wahr* sein. Spätestens seit Aristoteles gibt sich eine solche Annahme der Lächerlichkeit preis: Wie soll etwas gleichzeitig sein und nicht-sein? Im klassischen Lehrbuch ist die Rose entweder rot oder nicht-rot – in einer dialektischen Theorie auch?

2.2 Dialektische Logik durch Abbild und Widerspiegelung?

Eine Variante, das Widerspruchsverbot scheinbar zu umgehen, ist der Rückgriff auf eine (zuweilen durchaus elaborierte) Abbild- bzw. Widerspiegelungstheorie. Idealtypisch wird in dieser Variante davon ausgegangen, dass ,das Sein' widersprüchlich strukturiert sei und deshalb diese (oder auch andere) Widersprüche (notwendigerweise) im Bewusstsein aufzufinden sein müssten.

„Die Struktur des Denkens wird also bestimmt durch die Struktur des von ihm offenbarten Seins. [...] Das Denken ist nur insoweit dialektisch, als es die Dialektik des Seins, das *ist*, und der Wirklichkeit, die *existiert*, korrekt offenbart." (Kojève 1975: 135; Hervor. im Orig.)

Alexandre Kojève, dessen Vorlesungen über Hegel an der Ecole des Hautes-Etudes von 1933 bis 1939 eine zentrale Interpretationslinie innerhalb einer am Hegelmarxismus anschließenden Tradition[2] darstellen, fundiert damit eine Hegelinterpretation, in der den Subjekten allenfalls reflexhafte Möglichkeiten verbleiben.

Die Annahme, dass das Sein widersprüchlich strukturiert sei und daher Widersprüche mit eherner Notwendigkeit in den Köpfen der Menschen auftauchen müssten, ist zwar in dieser Traditionslinie weit verbreitet, verbleibt aber proklamatorisch. Kojève strebt an, Hinweise zur marxschen Analyse, in der das Sein das Bewusstsein *bestimme*, zu geben. Doch der von ihm zugrundegelegte Relationstyp in der Verhältnisbestimmung zwischen Sein und Bewusstsein ist ebenso eindeutig wie eindimensional. Seine Vorstellung einer Kausalrelation zwischen Sein und Bewusstsein geht darüber hinaus mit einer recht eingeschränkten Vorstellung der Reflexionsmöglichkeiten einher. Den Subjekten bleibt nur das passive Überlassen an mystifizierte Vorgänge im Sein, in dem es kein Moment der Reflexion gibt. Nun gibt es an der Existenz wirklicher und wirksamer Vorgänge, die sich ‚hinter dem Rücken der Beteiligten' (Marx) bzw. ‚in und durch die Subjekte hindurch' (Adorno) vollziehen, zwar keinen Zweifel. Mit Beginn und Durchsetzung der kapitalistisch warenproduzierenden Gesellschaft gibt es einen basalen Vergesellschaftungsmechanismus, der sich bis in das Innerste der Subjekte hinein fortsetzt und diese konstituiert. So agiere „der Individuierte in der modernen Wirtschaft als bloßer Agent des Wertgesetzes" (Adorno 1951: 307), stellt Adorno an einer Stelle fest und befindet sich damit im Einklang mit einer monokausalen, dichotomen Ableitungsvorstellung. Dass Adorno jedoch auch andere Relationsbeziehungen zwischen Sein und Bewusstsein, Objekt und Subjekt kennt, wird im Weiteren noch dargestellt und diskutiert werden.

---

[2] Vgl. zur Bedeutung Kojèves: „Mit diesen Vorlesungen hat er [...] durch eine Reihe bedeutender Hörer wie Merleau-Ponty, Raymond Queneau, Pater Fessard einen nachdrücklichen Einfluß auf das französische Geistesleben ausgeübt, dem man – neben den Arbeiten von Jean Hyppolite – in erster Linie den Durchbruch des französischen Denkens zur Dialektik zuschreiben kann." (Fetscher 1975: 7f.) Zudem gehörten u.a. der Soziologe Raymond Aron, der Psychoanalytiker Jacques Lacan sowie der Schriftsteller Georges Bataille zur Hörerschaft Kojèves (vgl. Bürger 1992: 39).

Gemäß einer Standardinterpretation der hegelschen Dialektik, die zweifelsohne ausreichend durch den Originaltext belegt ist, arbeitet Hegel mit der Unterstützung durch ein ‚gottgleiches Übersubjekt‘, letztlich mit dem Standpunkt
Gottes selbst. Hegels

> „Denken reflektiert einfach das Wirkliche. Doch das kann er nur tun, weil das Wirk-
> liche dialektisch ist [...]. Kurz, Hegel braucht keine dialektische *Methode*, weil die
> Wahrheit, die er verkörpert, das letzte Ergebnis der realen oder aktiven Dialektik der
> Weltgeschichte ist, die sein Denken durch seine Rede zu reproduzieren sich be-
> gnügt." (Kojève 1975: 150; Hervor. im Orig.)

Aus dieser Perspektive heraus benötigt es eine Diskussion um das Verhältnis der
aristotelischen zur formalen, der formalen zur dialektischen und der aristotelischen zu einer dialektischen Logik nicht, da sich mit einer (freilich vor allem
imaginierten) ‚realen Dialektik der Weltgeschichte‘ begnügt und beschieden
wird. Eine solche Interpretation zeigt deutliche Analogien zur klassischen Hegelinterpretation, die in der hegelschen Theorie letztlich das hegelsche Subjekt oder
den protestantischen Gott entdeckt und dechiffriert. In dieser Lesart bietet die
hegelsche Dialektik tatsächlich nicht mehr als in letzter Instanz einen Verweis
auf den hegelschen (protestantischen) Gott. So beschränkt sich die Standardinterpretation auf die Weltkonstitution aus dem Sein. Adorno bemerkt zu eindimensionalen Abbildungs- und Ableitungskonzeptionen trocken: „Der Gedanke
ist kein Abbild der Sache – dazu macht ihn einzig materialistische Mythologie
Epikurischen Stils, die erfindet, die Materie sende Bildchen aus." (Adorno 1966:
205). Materie, die Bildchen aussendet – diese Vorstellung verweist Adorno in
den Bereich der Mythologie. Zudem lässt sich im hegelschen Werk eine Anzahl
von konstitutiven Motiven nachweisen, die die Reflektionsmöglichkeiten der
Subjekte reflexiv wendet, indem diese in den Theoriezusammenhang selbst aufgenommen werden. Es zeichnet sich ab, dass sowohl in der idealistisch-
dialektischen Konzeption Hegels als auch in der hegelmarxistischen Variante der
negativen Dialektik Adornos die Reflexionsmöglichkeiten der Subjekte in die
dialektische Theoriebildung eingehen (*Problemebene 3: sozial- und moralphilosophische Dimension*) – wie genau, das wird noch genauer zu diskutieren sein.
    Abgesehen von der Problematik, dem Sein an sich Widerspruchscharakter
‚von außen‘ zuzuschreiben, stellt sich in Abbildtheorien und eindimensionalen
ableitungslogischen Konzeptionen die Frage, mit welcher Art von Widerspruchsbegriff ‚das Sein‘ ausgestattet sei. Diskussionen, die im Anschluss an
Marx versuchen, den Zusammenhang zwischen Warenform und Denkform (vgl.
Sohn-Rethel 1978) zu erfassen, knüpfen daran an.

„Um zur Dialektik zu gelangen, muß vielmehr die ganze Welt, die in unserer subjektiven Erkenntnisweise von ihr eine einzige Welt der Verdeckung der Dialektik ist, bis auf ihren Seinsgrund analysiert werden." (Sohn-Rethel 1985: 223)

Nicht zuletzt Adorno war von den Sohn-Rethelschen Arbeiten zeitlebens tief beeindruckt (vgl. Gödde 1991). Bis in die Spätschriften Adornos lässt sich seine Bewunderung für die Überlegungen Sohn-Rethels nachzeichnen. Dennoch formuliert Adorno die berühmte ‚Präponderanz des Objekts' in steter Betonung der *Eigenständigkeit* der entgegengesetzten Momente, trotz ihrer Einheit. Adorno erweist sich nicht nur hier als kritischer Materialist im Sinne eines realen Humanismus (Alfred Schmidt)[3] statt als Parteigänger der Abbildtheorie.

Mit proklamierten Problemlösungen, die eine Dialektik ausschließlich aus einer widersprüchlichen Organisation des Seins entnehmen, sind kaum aussichtsreiche Chancen eröffnet, die basalen Probleme einer Dialektik heute, zuvörderst die Frage nach dem zugrundeliegenden Widerspruchsbegriff angemessen zu diskutieren. Lösungskapazitäten, die seit jeher mit dem Projekt der Dialektik verbunden sind, liegen demnach andernorts verborgen.

2.3 Grade der Wahrheit: *fuzzy logic*

Ein sinnvoller produktiver Umgang mit Widerspruchskonstellationen jenseits aristotelischer Logik kann unter anderem in formallogischen Ansätzen gesucht werden, die insbesondere in der Auseinandersetzung mit Paradoxien sehr vielfältige und aufschlussreiche Lösungsmöglichkeiten hervorgebracht haben. Formallogisch können drei- oder mehrwertige Systeme gedacht und dargestellt werden. So geht beispielsweise die *fuzzy logic* konstitutiv von einer generellen Mehrwertigkeit aus – die klassische aristotelische Entscheidung zwischen ‚wahr' und ‚falsch', ‚positiv' und ‚negativ' ist hier (in gewisser Hinsicht) überwunden.

In philosophiegeschichtlicher Hinsicht beschäftigt sich die *fuzzy logic* mit einem uralten Problem, das auch als Haufenparadoxie bekannt ist – der Sorites:[4]

---

[3] Alfred Schmidt arbeitet in dem Aufsatz ‚Adorno – ein Philosoph des realen Humanismus' die befreiungstheoretischen Implikationen der Kritischen Theorie heraus. „Im Titel dieses Aufsatzes wird Adorno ein ‚Philosoph des realen Humanismus' genannt. Fraglos hätte er selbst sich gegen eine derart positive Kennzeichnung seines Werkes gewehrt. Ironisch, wie er sein konnte, hätte er vielleicht gesagt, angesichts dessen, was den Menschen im Namen erhabener Programme tagtäglich angetan werde, wolle er lieber noch als ‚Anti-Humanist' gelten. Wenn hier trotz solcher Bedenken am gewählten Titel festgehalten wird, so deshalb, weil er, recht verstanden, ziemlich genau umschreibt, worum es bei Adorno letztlich geht." (Schmidt 1981: 27)

[4] „In antiker Zeit wurde eine […] Paradoxie erzählt, in der es um Haufen geht, und die griechische Bezeichnung für ‚Haufen' – sorós – hat dazu geführt, dass das Wort ‚Sorites' häufig zur Bezeich-

Umgangssprachlich und intuitiv wissen wir, dass ein Mensch mit fünf Haaren deutlich eher als glatzköpfig gilt als einer mit fünfhundert Haaren. Doch wie sieht es mit fünftausend Haaren aus? Das hört sich viel an, kann aber wiederum deutliche Merkmale von Glatzköpfigkeit aufweisen. Eingewandt werden könnte an dieser Stelle, dass es sich um ein Problem der stets subjektiv verhafteten Beobachtung handelt: Aus einer anderen Perspektive sieht die Frage nach der Glatzköpfigkeit gleich anders aus. Die Lösungsmöglichkeit, welche die *fuzzy logic* anstrebt, rekurriert jedoch keineswegs auf die Standortbezogenheit des Beobachters. Das Problem, dem sich die *fuzzy logic* stellt, besteht im Versuch einer genaueren Bestimmung von unscharfen Verhältnisbestimmungen. *Fuzzy,* unscharf (auch im Sinne der Mengenlehre) sind dabei die Übergänge von Bestimmungen, die nicht eindeutig auf A oder Nicht-A festgelegt sind, die nicht allgemeinverbindlich abgegrenzt werden können. Polare Gegensätze wie warm und kalt sind ebenso unscharf wie der Übergang von schnell zu langsam. All diese fließenden und eventuell von Fall zu Fall unterschiedlichen Grenzbestimmungen sind unscharf – entziehen sie sich damit der aristotelischen Zweiwertigkeit?

Im Folgenden werden zwei zentrale Elemente der *fuzzy logic*[5] näher betrachtet: die Abgrenzung zur klassischen Logik und der Begriff der Wahrheit. In einer orthodoxen Interpretation der aristotelischen Logik gibt es (höchstens und mindestens) zwei Wahrheitswerte, die nur dichotom eine Klärung herbeiführen können. Beispielsweise tritt Volljährigkeit mit der Vollendung des achtzehnten

---

nung aller Paradoxien dieser allgemeinen Gattung verwendet wird. Angenommen, wir haben einen Sandhaufen: nimmt man ein Korn weg, so ist das Verbleibende immer noch ein Haufen. Das Entfernen eines einzelnen Kornes kann keinen Haufen in etwas verwandeln, das kein Haufen ist. Wenn zwei Ansammlungen von Sandkörnern sich in deren Anzahl um nur ein Korn unterscheiden, dann sind entweder beide Haufen oder keiner von beiden. Diese anscheinend auf der Hand liegende und unbestrittene Behauptung scheint zu der paradoxen Schlussfolgerung zu führen, dass alle Ansammlungen von Sandkörnern Haufen sind, selbst solche mit nur einem Element." (Sainsbury 2001: 41f.; Hervor. im Orig.) Das erste der ‚Gesetze' der Dialektik, die Engels proklamierte, hat hier seinen Ursprung. Das Umschlagen von Quantität in Qualität (und umgekehrt) ist das Problem, das der Sorites seit jeher behandelt (vgl. Ritsert 2008: 33).

[5] Den eigentlichen Schwerpunkt der *fuzzy logic* bilden Anwendungen vor allem in der Steuerungstechnik. Die Möglichkeiten der *fuzzy logic* überraschen „mit zuverlässigen und teilweise spektakulären Lösungen wie z.B. das völlig ruckfreie Anfahren und Abbremsen der vollautomatischen U-Bahn [...], Camcorder, die das ‚Verwackeln' ausgleichen, Aufzugsteuerungen, die abhängig von der Zahl der Fahrgäste in den einzelnen Stockwerken die Wartezeit erheblich reduzieren [...]. Mit Hilfe der unscharfen Mathematik lassen sich nicht nur die klassischen, scharfen Zustände ja/nein, wahr/falsch oder 0/1 berechnen, sondern auch viele Zwischenstufen. Wohl gemerkt berechnen, denn am Ende von Operationen mit unscharfen Mengen steht – wie die Beispiele aus der Regelungstechnik beweisen – ein *exakter –* Wert. Die Fuzzy-Logik ermöglicht es Computern, mit vagen, toleranzbehafteten Aussagen umgehen zu können, was dem menschlichen Gehirn noch im Schwierigkeiten bereitete." (Traeger 1994: 1f., Hervor. im Orig.)

Lebensjahres ein. Am Tag vor dem achtzehnten Geburtstag müsste demnach die Bezeichnung ‚nicht-erwachsen' gelten, obwohl das intuitiv kaum dem Sachverhalt nahe kommt. Im Alltag wird mit diesem Problem pragmatisch eher so umgegangen, dass ‚beinahe erwachsen' oder ‚fast erwachsen' als sinnvolle Beschreibungen verwendet werden. Damit sind weitere Wahrheitswerte eingeführt: fast, beinahe, kaum, etwas, gerade noch, ein bisschen usw. Die *fuzzy logic* strebt an, solche Zwischenwerte (sofern erforderlich) in einer Art und Weise zu integrieren, dass sie einer formallogischen Analyse zugeführt werden können. Die Zwischenwerte sollen dabei nicht als diffuser, unklarer Bereich einbezogen werden, sondern exakt einen zudem n-wertigen, d.h. unendlichen Zwischenbereich rational ausweisbar erfassen, um sie im Rahmen einer exakten Analyse berechenbar werden zu lassen. Dazu wird auch in der *fuzzy logic* zunächst von den beiden aristotelischen Werten ausgegangen. So kann 0 für definitive Vollständigkeit auf der einen Seite (A) und die Bezeichnung 1 (Nicht-A bzw. B) für die definitiv entgegenstehende Vollständigkeit am anderen Ende des Pols verwendet werden: Eindeutig heiß oder eindeutig kalt, definitiv kahlköpfig oder definitiv nicht-kahlköpfig. Bei allen Zwischenwerten ist jederzeit noch ein dritter, zwischen den möglichen Werten stehender Wert auszumachen. Diese Überlegung nimmt die *fuzzy logic* auf und arbeitet im Bereich zwischen 0 und 1 mit unendlichen Zwischenwerten.

Die Überschreitung aristotelischer Logik besteht nun darin, Wahrheitsgrade angeben zu können: Wenn ein Mensch noch fünf Haare auf dem Kopf hat und in dem Bereich zwischen 0 und 1 zufälligerweise hundert Zwischenwerte angegeben werden können, wobei 1 definitiv kahlköpfig repräsentiert, kann dem Sachverhalt leicht, einsichtig und eindeutig der Wahrheitswert 0,95 zugeordnet werden. Damit ist eine exakte Angabe unscharfer Beschreibungen ermöglicht und mit dem Grade der Wahrheit ist gekennzeichnet, wie nah einem Sachverhalt eine bestimmte Eigenschaft zukommt. Ziel ist es,

„*Grade der Wahrheit* einzuführen. Definitives Zutreffen eines Prädikats auf einen Gegenstand wird den höchsten Grad von Wahrheit erzielen, üblicherweise 1. Definitives Nicht-Zutreffen eines Prädikats auf einen Gegenstand wird den niedrigsten Grad von Wahrheit erzielen, üblicherweise 0. Grenzfälle werden über einen dazwischen liegenden Grad von Wahrheit erfasst. Die Zuschreibung von ‚kahlköpfig' für einen Mann, der beinahe als kahlköpfig gilt, wird also einen Wahrheitsgrad näher an 1 erzielen als die Zuschreibung bei einem Mann, der beinahe als nicht kahlköpfig gilt. Eine graduelle Wahrheitstheorie nimmt also das Argument sehr ernst, dass die Bedeutung eines vagen Wortes etwas über die Grenzfälle sagt. Die Theorie sucht mittels der diversen Wahrheitsgrade darzustellen, was die Bedeutung sagt." (Sainsbury 2001: 66; Hervor. im Orig.)

Die *fuzzy logic* kann Zwischenwerte erfassen. Zwischen wahr und falsch, positiv und negativ können unendlich viele (n-fache) Zwischenschritte eingeführt werden. In der Steuerungstechnik (gemäßigte Warm- und Kaltwasserregulierung, sanftes Anfahren und Anhalten von Zügen) sind damit Möglichkeiten gefunden, nicht in den Extrempolen (Entweder-Oder, An und Aus) verharren zu müssen. Die *fuzzy logic* strebt an, Prozesse zu erfassen, um diese nicht schroff innerhalb von konträren oder kontradiktorischen Gegensätzen abbilden zu müssen, sondern angemessener (in Brüchen) beschreiben und darstellen zu können. Dennoch kommt der *fuzzy logic* ein klar abgegrenzter Gegenstandsbereich zu: Zwischen 0 und 1 samt allen (unendlichen, n-fachen) Zwischenwerten.

Aus der Perspektive der Diskussion um eine sozialwissenschaftlich tragfähige Konzeption einer Dialektik erscheint an dieser Stelle auch die Begrenztheit der *fuzzy logic*. Sobald inhaltliche Bestimmungen in die *fuzzy logic* eintreten, sind sie (ausschließlich) zweiwertig! Es zeigt sich, dass es sich nur um eine graduelle Aufweichung des *tertium non datur*, des Gesetzes vom ausgeschlossenen Dritten, handelt, das in einer (strengen) Interpretation nach wie vor erhalten bleibt. Eine Berechnung n-facher Zwischenwerte zwischen A und Nicht-A verschiebt die Ausgangssituation einer zweiwertigen Logik zwar entscheidend, hebt sie damit aber nicht auf. Formal können innerhalb der *fuzzy logic* Rechenwege geschaffen werden, die in Brüchen ein *tertium datur* wiedergeben. Dadurch werden Problembereiche formallogisch bearbeitbar, indem sie nicht auf eine Dichotomie heruntergebrochen werden. Dennoch wird innerhalb einer sozialwissenschaftlich relevanten Dialektik Wahrheit und der Anspruch auf Allgemeingültigkeit und Allgemeinverbindlichkeit nicht in Brüchen verhandelt werden können. „Wahrheit, als Prozeß, ist ein ‚Durchlaufen aller Momente' im Gegensatz zum ‚widerspruchslosen Satz' und hat als solche einen Zeitkern." (Adorno 1963a: 284) Die Stärke und gleichzeitig die Schwäche der *fuzzy logic* zeigt sich aus sozialwissenschaftlicher Perspektive in einer konsequenten Formalisierung bei nahezu völliger Abstraktion von inhaltlichen Prämissen. Dadurch ergibt sich eine (ins Unendliche führende) Aufweichung im Bereich zwischen den beiden Extrempolen. In formaler Hinsicht resultiert daraus eine (auf einer gewissen Ebene vorhandene) Aufweichung des *tertium non datur*, das aber innerhalb des Gesamtrahmens stets auch erhalten bleibt. Die Dezimaldarstellung in Brüchen kann als Spezifizierung und Ausdifferenzierung des *tertium non datur* verstanden, jedoch nicht als ausreichende Begründung herangezogen werden, um den Satz vom ausgeschlossenen Dritten außer Kraft zu setzen. Aus sozialwissenschaftlicher Perspektive sind in der *fuzzy logic* Ansatzpunkte einer Kritik des *tertium non datur* gegeben, da nicht nur ein dritter, sondern sogar (unendliche, n-fache) weitere Werte gedacht, dargestellt und formallogisch bearbeitet werden können. Der sozialwissenschaftliche Anspruch, dass es eine intersubjektiv und objektiv verbindliche Wahrheit gibt, der mit der idealistischen Dialektik Hegels und der reflexiv-materialistischen Konzeption Adornos eng verknüpft ist, lässt sich im Rückgriff auf die *fuzzy logic* aber nicht angemessen diskutieren.

Das Projekt einer mehrwertigen Logik, wie es in der *fuzzy logic* gefasst wird, ist den klassischen aristotelischen Grundannahmen eng verhaftet. Obwohl Möglichkeiten eröffnet werden, mit Graden der Wahrheit, mit unscharfen Bestimmungen und mit nicht eindeutig zweiwertigen Situationen formallogisch umzugehen, stellt der Horizont der aristotelischen Logik alle grundlegenden Operationen zur Verfügung.

> „Die von Emil Post, der polnischen Logikschule, C.I. Lewis, H. Reichenbach und anderen entwickelte Theorie der Mehrwertigkeit fügt den beiden klassischen Werten von Wahr und Falsch keine echten neuen Werte hinzu; sie dröselt das Zweiwertigkeitssystem nur auf und setzt an die Stelle des radikalen Gegensatzes von Positiv und Negativ lediglich einen graduellen Übergang von dem einen zum andern." (Günther 1971: 113)

Gotthard Günthers Anspruch weist über solch einen ‚intra-klassischen Typus der Mehrwertigkeit' (ebd.) hinaus.

2.4 Gotthard Günthers Suche nach dem Dritten

Gotthard Günthers Suche nach den Schranken aristotelischer Logik ist verbunden mit etlichen Anläufen, die in Überlegungen münden, unter welchen Bedingungen Zweiwertigkeit aufgegeben werden könnte. Günthers Lösung lautet konsequent ‚Aufgabe des Wertformalismus'. Jenseits der zweiwertigen Logik verortet er einen dritten Wert, der nicht ausschließlich den aristotelischen Bestimmungen verhaftet ist.

Auch wenn die oftmals redundanten Anläufe Günthers etlichen Kritiken ausgesetzt sind (vgl. die recht frühe Kritik von Lorenzen 1962, später Wolf 1991), sind seinen Arbeiten zu den Grundproblemen einer dialektischen Theorie, die er unter Einbezug formallogischer Erkenntnisse zu klären versucht, entscheidende Hinweise zur Verhältnisbestimmung aristotelischer und dialektischer Logik zu entnehmen. Dieser innovative Ansatz bietet etliche unausgeschöpfte Anhaltspunkte für eine angemessene Diskussion dialektischer Argumentationsfiguren in den Sozialwissenschaften, die den Anspruch auf einen rationalen dialektischen Umgang mit der aristotelischen Logik erheben.

Günthers Werk geriet nahezu in Vergessenheit. Herbert Marcuse rezensierte in der dritten Ausgabe der *Zeitschrift für Sozialforschung* die Dissertation von Günther, die dieser unter dem Titel ‚Grundzüge einer neuen Theorie des Den-

kens in Hegels Logik' (Günther 1933) verfasste. Obwohl Marcuse in der nur
wenige Sätze umfassenden Besprechung resümiert, es handele sich um „eine der
bedeutendsten Leistungen der Hegel-Literatur und -Interpretation" (Marcuse
1934: 422), findet sich um Umfeld der älteren Kritischen Theorie keine explizite
Auseinandersetzung mit den Arbeiten Günthers zu einer mehrwertigen Logik.
Erstaunlich genug: Das Projekt einer ‚dialektischen Logik' (vgl. Horkheimer
1932) war zu dieser Zeit im Kreise der Kritischen Theoretiker hochaktuell; die
zugrundeliegenden Probleme einer nicht-aristotelischen Theorie waren den Beteiligten nur allzu vertraut. Die (späteren) Diskussionsprotokolle im New Yorker
Exil geben reichlich davon Auskunft (vgl. HGS 12: 436-552). Die sachlichen
Probleme einer Transzendierung aristotelischer Logik, wie sie Adorno damals
vorschwebte, hätten durchaus dazu führen können, beide Ansätze in eine Diskussion treten zu lassen. Die (dialektisch motivierte) Überschreitung der aristotelischen Logik kann als das Erkenntnisinteresse sowohl bei Günther als auch bei
Horkheimer und Adorno ausgemacht werden – freilich aus jeweils anderen Be-
weggründen.[6]

Günthers Interesse lässt sich von den ersten Veröffentlichungen bis zu den
späteren Arbeiten als philosophisch geprägte Grundlagendiskussion elementarer
Logik beschreiben. Die aristotelische Logik erscheint ihm aus verschiedenen
Gründen überholt bzw. begrenzt. Insbesondere die Zweiwertigkeit der aristotelischen Logik steht vor dem Hintergrund einer Auseinandersetzung mit idealis-
tisch-transzendentalen Ansätzen, wie Günther sie bei Kant, Fichte, Schelling und
Hegel vorfindet, im Mittelpunkt seiner Kritik. Seine erkenntnisleitende Frage,
die er zeitlebens bearbeitet, formuliert er bereits früh:

„Wir werden also zu fragen haben: definieren die in der heutigen traditionellen Logik enthaltenen klassischen vier Axiome [...] den Sinn des Hegelschen Denkens erschöpfend? Wenn nicht, fordert dann die Struktur des Hegelschen Denkens von uns
eine Erweiterung der axiomatischen Definition des Sinnes des Denkens überhaupt?
Und falls diese Frage zu bejahen sein wird, so werden wir schließlich darüber Re-
chenschaft abzulegen haben, warum Hegel diese Arbeit nicht selbst geleistet hat."
(Günther 1933: 40)

---

[6] Einen Versuch, Günthers Überlegungen in die Sozialwissenschaften einzubringen, stellt Niklas
Luhmann an, indem er auf die Bedeutung Günthers verweist. „So blieben zum Beispiel die Anre-
gungen Gotthard Günthers, in Richtung auf eine mehrwertige Logik weiterzuarbeiten, unberück-
sichtigt." (Luhmann 1984: 490; Fn. 4) Auch bei Luhmann liegt keine explizite Auseinandersetzung
und Darlegung der Günther-Logik vor. System-Umwelt-Differenzen bilden in den (späten) Ausführungen Günthers jedoch einen Bezugspunkt, auf den Luhmann zentral zurückgreift. Gralshüter der
reinen Güntherlehre heute sind um das Autorenkollektiv Kurt Klagenfurt versammelt (vgl. Klagenfurt 1995), die aber weniger die Grundprobleme einer reflexiv-vermittlungslogischen Dialektik
diskutieren, die hier im Mittelpunkt der Ausführungen stehen.

Günthers Einspruch gegen die aristotelischen Grundgesetze rekurriert auf den Begriff der Reflexion, wie er durch den deutschen Idealismus, insbesondere durch Fichte, Schelling und Hegel konzeptualisiert wurde, in dem die Grenzen aristotelischer Logik sichtbar werden. Günther geht davon aus, dass

> „die zweiwertige Logik völlig genügt, um das Universum als objektiven, nur mit sich selbst identischen, irreflexiven Seinzusammenhang darzustellen. Dieser Zusammenhang legt sich für das theoretische Bewusstsein in formalen Alternativsituationen auseinander und eine Begriffsbildung, die sich in diesem Rahmen bewegt, begreift radikale Objektivität und nichts weiter. Konjunktion und Disjunktion sind in diesem Sinn also Vehikel des Seinsverständnisses." (Günther 1962: 32)

Erforderlich, so Günther, ist in den Sozialwissenschaften aber zudem eine Erweiterung der klassischen zweiwertigen Logik. Reflexionsbestimmungen, insbesondere wie er sie bei Hegel vorfindet, führen ihn dazu, neben der unhintergehbaren zweiwertigen Subjekt-Objekt-Konstellation vor allem auch Subjekt-Subjekt-Verhältnisse einzubeziehen.

> „Subjekt und Objekt machen die ganze Wirklichkeit aus. Ein ‚Drittes' gibt es nicht. Und das Subjekt ist genau so einfache Identität mit sich selbst wie das Objekt. Andernfalls könnte in der Äquivalenz ‚p = nicht (nicht-p)' das Positive nicht in der doppelten Negation zu sich selbst zurückkehren. Der negative Durchgang durch das Subjekt entspricht präzis dem positiven Durchgang durch das Objekt. Daraus geht aber hervor, dass diese Logik eins jedenfalls nicht leisten kann, nämlich theoretische Sinnmotive für die Unterscheidung von ‚Ich' und ‚Du' in der Idee von Subjekt überhaupt anzugeben." (Günther 1953: 25)

Damit ist für Günther die Idee einer Logik jenseits der Zweiwertigkeit in den Sozialwissenschaften begründet. Nur abstrahierend von jeglichem konkreten Subjekt kann der Begriff ‚Subjekt' Einheit behaupten und beanspruchen. Sozialwissenschaftlich tritt der ganze Bereich der Intersubjektivität innerhalb einer zweiwertigen Subjekt-Objekt-Logik nur jeweils als das diametral gegenüberstehende Moment auf. Subjekt tritt aber in sozialwissenschaftlicher Perspektive in zweifacher Hinsicht auf, so der Hinweis Günthers: entweder als Objekt oder als Subjekt2. Das Objekt ist in dieser Hinsicht ebenfalls doppeldeutig: Objekt1 zielt auf die logisch und historisch vorgängigen Momente ab; Objekt2 *meint* das entgegenstehende Subjekt2, das in dieser Hinsicht als Objekt fungiert. Günther verweist damit auf eine Begrenzung innerhalb einer ausschließlich zweiwertig verstandenen Subjekt-Objekt-Konstellation. Er strebt das Eingedenken objektiver Momente im Subjekt und das subjektive Moment im Objektiven an und bezieht zudem den Bereich der Intersubjektivität in seine Überlegungen ein. Subjekt2 bzw. Objekt2, das ‚fehlende Dritte' soll innerhalb des Gesamtverhältnisses von Subjekt und Objekt denk- und darstellbar werden.

Diese sozialwissenschaftlichen Einsichten führen Günther dazu, auch in formallogischer Hinsicht eine nicht-zweiwertige Logik zu konzeptualisieren. Seine Lösung besteht in einer radikalen Abkehr von zweiwertigen Werten. Er fordert die konsequente Preisgabe des dichotomen und austauschbaren Wertformalismus. Auf dieser Ebene verankert er ein (zunächst hypothetisches) Logikkalkül, das als *tertium datur*, als das bislang ausgeschlossene Dritte eingesetzt wird. Ausschließlich in dieser Hinsicht kann von einer Überführung des aristotelischen *tertium non datur* in das Günthersche *tertium datur* ausgegangen werden. Mithilfe dieses neu erschaffenen Startpunkts eines Logikkalküls, das die herkömmlichen Wahrheitswerte preisgibt, konstruiert Günther eine Ausgangssituation, in der die zweiwertige Unterscheidung obsolet geworden ist (*Problemebene 2: Problem des Anfangs*). Durch das konsequente und völlige Absehen von ‚Wertbesetzungen' (Günther) entwirft er einen (zunächst inhaltsleeren) dritten Kalkül, der zwar A oder Nicht-A in einem weiteren Schritt subsumieren kann, dies aber auf der Ausgangsstufe zunächst nicht muss und als (inhaltlich und formal) unbestimmter Kalkül, als *dritter Wahrheitswert* fungieren kann.

> „Es kann gar kein Zweifel daran bestehen, daß solange alle logischen Formalismen auf der Basis des Wertprinzips interpretiert werden, gar keine Aussicht ist, in der Dialektik eine kalkülmäßige beherrschbare Formalstruktur zu entdecken. […] Wir geben deshalb die These von der Identität des logischen Formalismus mit Wertformalismus von Positivität (wahr) und Negation (falsch) auf." (Günther 1962: 19)

Günthers Absetzbewegung von der klassischen zu einer mehrwertigen Logik ist ebenso schlicht wie beeindruckend. Die fundamentale Feststellung, dass die aristotelische Logik stets mit dichotomen Wahrheitswerten operiert und einerseits mit mindestens zwei gegensätzlichen Werten, andererseits mit höchstens zwei gegensätzlichen Werten operieren kann, führt ihn dazu, die Zweiwertigkeit aufzugeben. Das Kontinuum, in dem ausschließlich das *tertium non datur* gilt, in dem es keinen dritten Wert gibt und geben kann, wird von Günther dadurch verlassen. Das *tertium datur*, das fehlende Dritte erscheint in einer Art übergeordnetem ‚Wert', der zunächst hypothetisch angenommen wird. Das auf Zweiwertigkeit basierende *tertium non datur* überführt er in einen neuen Formalismus, der Folgendes gewährleistet:

a. Die Zuschreibung wahrer und falscher Bedeutungen ist aufgehoben (in Günthers Terminologie: Aufgabe des Wertprinzips).

b. Das *tertium non datur* ist in ein Kalkül überführt, der – gemessen an einer unmittelbaren Ausgangssituation – bereits vermittelt ist. Nicht vorausset-

zungslos kann daher der neue, dritte Wert fundiert werden, sondern vorausgesetzt ist, dass unterhalb des neu eingeführten Werts die Zweiwertigkeit
erhalten sein muss.

c. Der kontradiktorische Widerspruch erscheint durch Einführung (mindes-
    tens) einer neuen Variablen, die A und Nicht-A potentiell *in sich* enthält,
    formalisierbar.

d. Bei der Einführung einer neuen Variable in der Günther-Logik ist ein inne-
    res Vermittlungsverhältnis vorausgesetzt, da es sich im Günther-Kalkül be-
    reits um einen Kalkül handelt, der in der Ausgangsbestimmung das *tertium
    datur* setzt.

e. Dennoch behält die aristotelische Logik in ihrem Bereich komplett und
    vollständig Gültigkeit, d.h. zweiwertige Verhältnisse und Konstellationen
    sind in der Günther-Logik ausreichend und vollkommen durch die aristote-
    lische Logik bestimmbar. Im Bereich einer mehrwertigen Logik gibt Gün-
    ther den entscheidenden sozialwissenschaftlichen Hinweis, dass das *tertium
    datur* hinzugezogen werden muss.

f. Der neu eingeführte Kalkül (z.B. *, vgl. ebd.: 20) bezieht seine Stärke aus
    der Negation (und Ignorierung) der zweiwertigen semantischen Zuschrei-
    bungen bzw. Bedeutungen. Damit ist zunächst eine Absage an inhaltliche
    Bestimmungen bzw. eine Absage an eine präformierte semantische Gebun-
    denheit ermöglicht.

Genau an dieser Stelle wird eine entscheidende Problematik der Günther-Logik
im Blick auf eine sozialwissenschaftlich relevante Dialektik ersichtlich. Die
Stärke einer dialektischen Argumentationsfigur rekurriert zentral auf die
Unhintergehbarkeit von Form und Inhalt. In der Begründung zur Einführung
eines dritten Werts schneidet Günther diesen konstitutiven Zusammenhang jedoch rigoros ab.

„Zum Zwecke unserer Demonstration führen wir jetzt zwei Symbole [...] ein. Den-
selben soll als solchen keinerlei logische Bedeutung zukommen. Vor allem darf diesen Symbolen keine Wertfunktionalität zugeschrieben werden. Sie sind lediglich
Zeichen von leeren Stellen, die gegebenenfalls mit Werten besetzt werden können
oder auch nicht. Falls sie aber mit Werten besetzt werden, so darf das in einer zweiwertigen Logik sowohl der positive wie der negative und in einer mehrwertigen Logik jeder beliebige legitim eingeführte Wert sein." (ebd.: 20; Hervor. im Orig.)

Günther nutzt die Möglichkeiten der Formallogik zur Abstraktion von sämtlichen Inhalten so stark, dass diese auf eine Hypostasierung der Form hinauslaufen
und nur Bestand haben können, wenn inhaltliche Bestimmungen nicht in die
Betrachtung einbezogen werden! Sozialwissenschaftlich gibt es aber keinen

‚leeren' Formalismus. Auch das mehrwertige Kalkül Günthers sieht keinesfalls von Zuschreibungen und Bestimmungen ab, im Gegenteil: Konstitutiv ist der mehrwertige Kalkül darauf aufgebaut, dass bereits vorab für einen vermittlungslogischen Ansatz (*Problemebene 2: Problem des Anfangs*) optiert wird. Nicht ein unmittelbares, sondern ein bereits vermitteltes Verhältnis liegt in der drei- und mehrwertigen Ausgangsbestimmung bei Günther vor. Anders formuliert: Wird der erkenntnistheoretische Startpunkt bereits vermittlungslogisch-dialektisch gesetzt, verwundert es nicht weiter, wenn dieser Startpunkt dann auch mehrwertig erscheint.

An diese Problematik setzt die Kritik an Günther an. Vor dem Hintergrund einer orthodoxen Interpretation der formallogischen Grundlagen kritisiert Lorenzen, dass nicht zu erkennen sei, inwiefern Günther tatsächlich von einem *tertium datur* ausgehen könne, da das *tertium non datur* auf allen Ebenen der Günther-Logik erhalten bleiben muss, um Unterscheidungen – und sei es auch zwischen n-fachen ‚Werten' – zu ermöglichen (Lorenzen 1962).

Günther strebt an, ein *tertium datur*, das nicht allein auf eine zweiwertige Ausgangssituation zurückzuführen ist, einzuführen, das nicht der Problematik innerhalb transzendental metaphysischer Ansätze verhaftet ist. Diese bewegen sich in der Suche nach dem ‚fehlenden Dritten' hauptsächlich vor einem theologisch geprägten Hintergrund und sind stark davon durchdrungen, Begriff und die Idee Gottes als ‚das Dritte' auszuzeichnen.

> „Gott ist gestorben, Gott ist tot – dieses ist der fürchterlichste Gedanke, daß alles Ewige, alles Wahre nicht ist, die *Negation selbst in Gott* ist, der höchste Schmerz, das Gefühl der vollkommenen Rettungslosigkeit, das Aufgeben alles Höheren ist damit verbunden. – Der Verlauf bleibt aber nicht hier stehen, sondern es tritt nun die Umkehrung ein; Gott nämlich *erhält* sich in diesem Prozeß, und dieser ist nur der *Tod des Todes*. Gott steht wieder auf zum Leben: es wendet sich somit zum Gegenteil." (Phil. Rel. II: 291; Hervor. im Orig.).

Die protestantisch geprägten Hinweise Hegels verorten das übergreifende Dritte, das *tertium datur*, theologisch motiviert, als Überwindung zweiwertigen Denkens. Günthers Bestreben weist in eine andere Richtung. Doch um welchen Preis ist der Übergang von der aristotelischen in die Günther-Logik gelungen? Auf einige sozialwissenschaftliche Implikationen soll kurz verwiesen werden.

- Ist das *tertium datur* nur proklamiert und postuliert oder wurde das fehlende Dritte tatsächlich gefunden?

In einer engeren (orthodoxen) Interpretation des aristotelischen Satzes vom ausgeschlossenen Dritten kann in der Günther-Logik keine Überschreitung dieses

Axioms ausgemacht werden. Aristotelisch ist eine Ausgangssituation durch A, Nicht-A oder B gekennzeichnet. Selbst wenn die Ausgangssituation als * bestimmt wird (und daher unbestimmt erscheint), bewegt sie sich innerhalb dieses Rahmens und damit im Horizont des *tertium non datur*. Sofern nicht eine absolute Ungeschiedenheit von Subjekt-Objekt herrscht, wird stets eine (und sei es noch so geringe) Bedeutung ausgemacht werden können, die zunächst und notwendigerweise auf das zweiwertige Entweder-Oder verwiesen ist. Selbst der dritte Wert (Unbestimmtheit) kann in einer engeren Interpretation der aristotelischen Axiome innerhalb des *tertium non datur* eingeholt werden: Es handelt sich um den Wert ‚nicht-bestimmt' – damit ist der Wert einer Bestimmung zugeführt (nämlich nicht-bestimmt zu sein). Selbst wenn der vermittlungslogische Startpunkt * ausgezeichnet wird als Einheit der Gegensätze, so ist eine solche dreiwertige Logik basal an die Unterscheidung der zweiwertigen Gegensätze gebunden, der genau zwei und nicht mehr oder weniger Werte zugewiesen werden können. Günther weist in aller Deutlichkeit darauf hin:

> „*Wahrheit impliziert in ihren letzten Fundamenten Zweiwertigkeit!* […] Diese Annahme lässt sich auch schärfer formulieren, indem wir sagen, daß die philosophische Logik als zweiwertige Logik, d.h. eben als Wertlogik, komplett und nicht erweiterungsfähig ist." (Günther 1962: 22, Hervor. im Orig.)

Ein allgemeinverbindlicher, rational ausgewiesener Anspruch auf Wahrheit ist demnach – auch in der Günther-Logik[7] – stets an eine zweiwertige Aussagenstruktur gebunden.

• Ist die Untrennbarkeit von Form und Inhalt, die eine dialektische Argumentation seit Hegel auszeichnet, durch die Formalisierungsbestrebungen Günthers aufgelöst?

Der ‚rigorose Formalismus' (ebd.: 24) arbeitet mit einer Vorstellung, in der von allen inhaltlichen Bestimmungen (zunächst) abstrahiert werden muss, um den viel gesuchten dritten Wert zu erhalten. Die Form der aristotelischen Logik ist intrinsisch gebunden an die zwei möglichen Wahrheitswerte. Dagegen erhebt Günther Einspruch. Er beseitigt die intrinsische Verknüpfung aus dem Blickwinkel einer Dialektik, indem er sie eindimensional zugunsten der Form auflöst. Die Stärke der Günther-Logik besteht darin, dass vollständig von der intrinsischen

---

[7] Vgl. auch: „Für die Beschreibung einer Welt ist logisch ein Minimum von zwei Werten erforderlich. (Ein einwertiges System ist eine (operatorenlose) Ontologie, aber keine Logik.)" (Günther 1962: 19).

Verbundenheit der Form mit dem Inhalt abstrahiert wird. ‚Reine' Form soll bei Günther als Leerstruktur, unabhängig von der Wertstruktur der aristotelischen Logik gedacht werden können (ebd.: 23). Ermöglicht und angestrebt wird dadurch eine trans-klassische Formallogik.

> „Will man [...] kompromißlos formal bleiben, so muß man auf Wertbesetzung der Morphogramme verzichten. Der resultierende Kalkül darf nur morphogrammatische Leerstrukturen operieren." (ebd.)

Dieses Verfahren bildet aber in sozialwissenschaftlicher Hinsicht gleichzeitig die Schwäche einer Verabsolutierung der Form. In einer Hypostasierung der Form können innere Vermittlungsverhältnisse nicht mehr angemessen ausgewiesen werden.

- Inwiefern kann formallogisch und sozialwissenschaftlich von ‚Wahrheitswerten' abstrahiert werden? Was sind die Folgen?

Günther gelingt die Überwindung der zweiwertigen Logik, indem er auf den logischen Status der Umtauschbarkeit innerhalb der zweiwertigen Logik verweist: A ist gegenüber Nicht-A logisch ‚gleichrangig', das zeigt sich unter anderem in der doppelten Negation: A = nicht (Nicht-A). Positiv und negativ sind umtauschbare Werte, ebenso wahr und falsch.

> „Folglich ist es auf dem Boden der absoluten Spekulation ganz gleichgültig, ob man sagt: das Sein ist Objektivität und nur als solches metaphysisch real. Oder: das Sein ist Subjektivität, und es existiert im absoluten Sinne als das Ich (Fichte). Hegel ist sich dieser Äquivalenz vollkommen bewußt gewesen [...] und entwickelt aus ihr direkt das Prinzip seiner Dialektik, gemäß der kontradiktorische Aussagen der Ausdruck der Selbst-Inversion der absoluten Wahrheit sind. [...] Es muß einmal gesagt werden: die Dialektik ist ein elender Behelf, mit dem sich Hegel der unlöslichen Alternative zu entziehen versucht, daß entweder das Objekt das wahre Sein und das Subjekt Nichts ist oder das Subjekt die wahre Realität repräsentiert und das objektive Ding nur ein trügerischer Widerschein ist." (Günther 1959: 68)

Sind erst einmal die ‚Wertbesetzungen' (Günther) aufgegeben, erscheint alles umtauschbar und gleichwertig. Spätestens hier zeigt sich das (sozialwissenschaftliche) Dilemma, das Günther eingeht. Es handelt sich in der zweiwertigen Logik keineswegs invariant um eine symmetrische Konstellation. *Freiheit ist an jedem Ort zu jeder Zeit der Unfreiheit vorzuziehen.* Von dieser sozialwissenschaftlich entscheidenden Differenz verabschiedet sich Günther durch die Aufgabe der Wertbesetzungen. Die Begründung einer drei- bzw. mehrwertigen Logik erreicht Günther durch die konsequente Abstraktion jeglicher Wertbesetzung. Die Preisgabe eines auch diesseitig verankerten Wahrheitsbegriffs rückt ihn in die Nähe theologischer Begründungszusammenhänge:

> „Die aristotelische Logik ist nur die rationale Theorie des absolut isolierten Objekts, an welchem sich der Wille üben soll (Technik). Sie geht monothematisch auf reines Sein. Die Logik der Philosophie aber intendiert das polythematische Bewußtsein Gottes, in dem nichts falsch und alle Dinge im ewigen Licht der reinen, sich selbst durchleuchtenden Vernunft aufgehoben sind." (Günther 1953: 30)

Spätestens hier kehrt der klassische Anspruch des absoluten Idealismus Hegels wieder, der die Gedanken Gottes vor der Erschaffung der Welt und eines endlichen Wesens in seiner *Logik* zusammentrug.

2.5 Die strikte Antinomie

Die Möglichkeiten, dritte (oder gar n-fache) Werte formallogisch auszuweisen und zu konzipieren, sind demnach durchaus gegeben. In gewisser Hinsicht ist dadurch auch eine Überschreitung aristotelischer Logik erkennbar geworden, allerdings mit erheblichen Problematiken in sozialwissenschaftlicher Hinsicht. Berechenbarkeit unscharfer Verhältnisbestimmungen ist in der generellen Mehrwertigkeit der *fuzzy logic* ermöglicht. In der Günther-Logik werden durch die Hypostasierung der Form inhaltliche Bestimmungen stark in den Hintergrund gedrängt. In sozialwissenschaftlicher Perspektive sind diese Möglichkeiten zur Transzendierung aristotelischer Logik damit kaum ausreichend und zufriedenstellend diskutiert.

Wie der sozialwissenschaftliche Einspruch gegen die Beschränkungen einer zweiwertigen Logik fundiert werden kann, erweist sich in der genaueren Analyse der Kreterparadoxie bzw. an der Lügnerantinomie. Das klassische und weit zurückreichende Beispiel für diese Art von Aussage lautet: ‚Ein Kreter sagt: Alle Kreter lügen.' Ist dieser Satz gelogen oder ist dieser Satz nicht-gelogen, also wahr? Verschärft (weil universalisiert) wird der Kreter-Satz durch die Lügnerantinomie mit der Aussage A: ‚*Dieser Satz ist gelogen.*' Vorausgesetzt ist hierbei, dass nichts über den Sprechort bekannt ist. Wird ausschließlich die Aussage ‚*Dieser Satz ist gelogen*' herangezogen, eröffnet sich ein Bereich, in dem eine orthodoxe Interpretation der aristotelischen Logik an ihre Grenzen gerät. Es erscheinen nur zwei Antwortmöglichkeiten vorhanden zu sein. Erstens gibt es die Annahme, dass der Satz richtig ist. Wenn nun dieser Satz richtig ist, sagt er aber inhaltlich aus, dass er gelogen ist. Das bedeutet wiederum, dass er falsch ist. Wenn zweitens umgekehrt davon ausgegangen wird, dass der Satz falsch ist,

dann ist er richtig! In beiden Fällen entsteht das gleiche Problem. Mit den herkömmlichen logischen Mitteln, die gemeinhin und umgangssprachlich zur Verfügung stehen, zeichnet sich keine Lösungsmöglichkeit ab. Es existieren also
durchaus Verhältnisse, in denen die klassische zweiwertige Logik (zunächst)
nicht greift.

Die zugrundeliegende Struktur, die aus einer bestimmten Konstellation von
Ein- und Ausschlussverhältnissen besteht, wurde auch in der mengentheoreti-
schen Antinomie, wie sie Bertrand Russell herausgearbeitet hat, formuliert.
Sainsbury fasst die Russelsche Antinomie zusammen:

> „Betrachten wir die Klasse aller Klassen, die nicht Elemente ihrer selbst sind. Nen-
> nen wir diese Klasse R. Die notwendige und hinreichende Bedingung für etwas, zu
> R zu gehören, ist eine Klasse und nicht Element ihrer selbst zu sein. Frage: Ist R ein
> Element ihrer selbst?" (Sainsbury 2001: 163)

Auch hier ist die beständige Schwankung, die Menge R als Element ihrer selbst
zu definieren und dadurch R gerade nicht als Element ihrer selbst zu bestimmen,
konstitutiv. Wenn R allerdings nicht Element ihrer selbst ist, dann gehört sie zu
R – und ist Element ihrer selbst.

Im Kern geht es dabei um die Frage nach dem Umgang mit ‚Widersprüchen‘, genauer mit der Frage nach adäquaten Umgangsmöglichkeiten mit nicht
ausschließlich zweiwertigen Konstellationen. Kontradiktorische Widersprüche
führen zu Disjunktionen; die (logisch weniger streng relationierten) konträren
Widersprüche führen zu Dichotomien. Dichotomien und Disjunktionen werden
häufig synonym verwandt, obwohl einer Dichotomie der Widerspruch zwischen
A und B zugrunde liegt und einer Disjunktion der schärfer gefasste Widerspruch
zwischen A und Nicht-A. Nach der klassischen aristotelischen Logik stellt ein
Widerspruchsverhältnis eine Disjunktion bzw. eine Dichotomie dar. Entweder-
Oder-Entscheidungen sind die einzigen zur Verfügung stehenden Möglichkeiten.

In der genaueren Betrachtung der Widerspruchskonfiguration, wie sie den
oben genannten Antinomien zugrundeliegt und entnommen werden kann, wird
sich zeigen, inwiefern über die aristotelische Logik hinausgegangen werden
kann, ohne sie außer Kraft zu setzen.

> „Nach dem gegenwärtigen Stand verschiedener Diskussionen gibt es Aussagenord-
> nungen, die einen ‚Widerspruch‘ (Kontradiktion) enthalten und dennoch nicht a
> priori und schlechthin als falsch abzulehnen sind. Deren Grundstruktur entspricht
> der strikten Antinomie." (Knoll/Ritsert 2006: 18)

Die These, dass einer dialektischen Argumentation in syntaktischer Hinsicht die
Struktur einer strikten Antinomie zugrunde liegt *und* dass diese rational

ausweisbar, d.h. in einer Beachtung der aristotelischen Logik verankert ist, bildet den Dreh- und Angelpunkt einer angemessen reflektierten dialektischen Theorie heute.

> „Wollen wir die Antinomien nicht als ‚Fehler' oder Grenze einer Theorie betrachten und damit aus der Theorie verbannen, so müssen wir zur Anerkennung des eigenen Status' der antinomischen Begriffe einen eigenen Wahrheitswert für Antinomien akzeptieren." (Petersen 1973: 111)

Dieser eigene Wahrheitswert besteht neben den aristotelischen Werten; er geht von anderen Voraussetzungen aus. Allerdings sind dafür eine ganze Reihe notwendiger Voraussetzungen offenzulegen, die dann erst die basale Grundform einer strikten Antinomie konstituieren.

> „Die beiden entgegengesetzten Momente einer Antinomie dürfen nicht isoliert werden, sonst entsteht ein unüberwindbarer Widerspruch der einzelnen Aussagen. Das bedeutet, daß die Konjunktion die beiden Momente des Widerspruchs ‚bindet' und dadurch den Widerspruch überwindbar macht. [...] Die Antinomie tritt zunächst in der Form (A $\rightarrow$ ¬A) und (¬A $\rightarrow$ A)[8] auf." (Petersen 1973: 123)

2.5.1 Die Produktivität der Antinomie

In sozialwissenschaftlicher Hinsicht bilden die Ursachen und die Existenz strikt antinomischer Konstellationen entscheidende Hinweise für ein rationales Verfahren einer Dialektik. Kesselring (1984, 1992) arbeitet im Sinne einer ‚rationalen Rekonstruktion der hegelschen Dialektik' eng entlang formallogisch ausweisbarer Darstellungen hegelscher Dialektikfiguren. Das Verfahren der hegelschen Dialektik wird so als eine mögliche Form von Widersprüchen aufgezeigt – stets verbunden mit dem Hinweis, dass eine dialektische Theorie ohne die formale Logik nicht auskommt. Kesselring greift dazu auf die Form strikter Antinomien zurück, die er wie folgt beschreibt:

> „Eine strikte Antinomie weist also immer zwei sich gegenseitig negierende und zugleich implizierende Seiten (bzw. Bedeutungen) auf. Aufgrund der wechselseitigen Implikation dieser Seiten (bzw. Bedeutungen) entspricht einer Antinomie die ‚Äquivalenz zweier Aussagen, deren eine die Negation der anderen ist', und nicht nur – wie bei einem einfachen Widerspruch – die Konjunktion entgegengesetzter Aussagen. Strikte Antinomien weisen also Merkmale von Tautologien (logischen Äquivalenzen) und zugleich von Widersprüchen auf." (Kesselring 1984: 98f.)

---

[8] Lies: A führt zu Nicht-A *und* Nicht-A führt zu A.

Mit der Grundstruktur einer strikten Antinomie kann eine Konstellation beschrieben und formallogisch erfasst werden, die aus einem bestimmten Blickwinkel eine Gleichzeitigkeit von A und Nicht-A aufweist. In einer strikten Antinomie ist A in gewisser Hinsicht äquivalent zu Nicht-A. Nicht-A steht gleichzeitig im strikten Gegensatz zu A und beinhaltet aber konstitutiv A *in sich* selbst. Zunächst entsteht anscheinend ein sogenannter performativer Selbstwiderspruch, da die aristotelische Logik aufrechterhalten werden soll. Eine strikte Antinomie setzt scheinbar das aristotelische Gebot der Widerspruchsfreiheit außer Kraft.

Es gibt etliche Wege, die Gesamtstruktur einer strikten Antinomie zu verfehlen. So eröffnen sich viele Möglichkeiten, Einzelmomente herauszugreifen und auf ihren Status als Einzelmoment zu reduzieren. Wird das Gesamtverhältnis nicht in die Betrachtung aufgenommen, erscheinen rasch elementare Verstöße gegen die aristotelischen Axiome. Wird aber das Gesamtverhältnis einer strikten Antinomie in der logisch äußerst strengen Relationierung, wie sie in der Lügnerantinomie nachgezeichnet werden kann, einbezogen, stellen sich strikte Antinomien als Grenzfälle einer dichotomen zweiwertigen Logik heraus.

Kesselring weist darauf hin, dass die Analogien zur Lügnerantinomie nicht hypostasiert werden können. Obwohl

„der Hegelsche Antinomienbegriff weniger streng ist als der logisch-mathematische, spricht vieles dafür, daß in Hegels Dialektik Widersprüche von der Art der hier zu thematisierenden [strikten, S.M.] Antinomien eine zentrale Rolle spielen." (ebd.: 98).

Kesselring arbeitet an einer genauen Bestimmung strikter Antinomien und weist darauf hin, dass das verbindende Moment in der ‚Selbstbeziehung einer Struktur oder eines Strukturelements' und in der ‚Negation' (ebd.: 105) von konstitutiver Bedeutung ist:

„Das charakteristische an strikten Antinomien – so die Hypothese – besteht darin, daß dasjenige, was *negiert* wird, nicht irgendeine beiläufige Eigenschaft ist, sondern *die Selbstbeziehung.*" (ebd., Hervor. im Orig.)

Kesselring verortet die Entstehungsbedingungen strikter Antinomien in der negativen Beziehung einer Super-Funktion zu ihrer Basis-Funktion.[9] Super- und Ba-

---

[9] „Die Antinomie ergibt sich jeweils durch impliziten Rekurs auf eine Super-Funktion (bzw. Super-Relation), die zwei Bedingungen erfüllt: a. Die Super-Funktion steht zu der Basis-Funktion X, zu der sie die übergeordnete Funktion bildet, in derselben Relation wie die Funktion X zu ihren Argumenten (die Super-Funktion muß also eine Prädikations-Funktion sein, wenn X eine Prädikations-Funktion ist, eine Begriffs-Funktion, wenn X eine Begriffs-Funktion ist usw.). b. Die Relation, in die Super-Funktion zur Basis-Funktion X steht (d.h. die Selbstbeziehung, in der die Super-

sisfunktion müssen einem Geltungsbereich entstammen: Prädikate, die wiederum Prädikate unter sich subsumieren, Begriffe, die Unterbegriffe unter sich subsumieren, bilden die beiden entgegenstehenden Pole, die sich wechselseitig negieren. Das Verhältnis von Super- und Basisfunktion ist demnach kein eindimensionales, das einer einfachen Ableitung unterliegt. Beide beziehen sich wechselseitig derart aufeinander, dass das jeweilige andere Moment, das im Normalfall über bzw. unter der anderen Funktion stehen soll, negiert wird.

> „Die Beseitigung der Bedingungen, unter denen Antinomien eintreten, erfolgt durch Abhebung der Super-Funktion von der Basis-Funktion. Damit wird die Selbstbeziehung unterbunden und der Interpretation, derzufolge die Super-Funktion eine Abbildung der Basis-Funktion ist, jede Grundlage entzogen." (ebd.: 109)

Zumindest für die Lügnerantinomie in ihrer universalisierten Fassung kann jedoch dieser Lösungsvorschlag nur bedingt gelten. Wer soll entscheiden, was innerhalb der Lügnerantinomie die Basis- und was die Superfunktion darstellt? Es handelt sich um eine subjektive Zutat von außen, die den inneren Zusammenhang (willkürlich) nach der zweiwertigen Logik aufteilt: Wahrheit und Nicht-Wahrheit werden entweder auf die Basis- oder die Superfunktion verteilt – subjektiv. Kesselring lehnt sich hier in gewisser Weise an die Lösungsbestrebungen der Lügnerantinomie mithilfe der Sprachstufentheorie an. Auf einer ersten Ebene wird die Antinomie als Aussage behandelt, auf einer zweiten, die erste reflektierenden Ebene als Meta-Aussage. Auf diese Art lässt sich mit den verschiedenen, in sich gegenläufigen Ebenen leichter umgehen, weil ein sprachlicher Umgang gefunden ist, in dem sich die beiden sich gegenseitig negierenden Aussagen trennen lassen. Nur ist das Problem damit nicht behoben. An dieser Stelle erweist sich ein weiteres Merkmal strikter Antinomien, das insbesondere Bedeutsamkeit für die Sozialwissenschaften erlangt. An die ‚Antinomien des Gegenstandsbezugs‘ (Knoll/Ritsert 2006: 37) schließt sich das Merkmal der Eigenständigkeit strikter Antinomien trotz Offenlegung des zugrundeliegenden Mechanismus an. Gerade wenn die Auseinandersetzung mit strikten Antinomien nicht ausschließlich dem Bereich ‚bloßer‘ Logeleien zugeschrieben werden soll, ist der Hinweis auf die spezifische Eigendynamik, die strikten Antinomien zukommt, unabdingbar. Dann können sie vor dem Hintergrund diskutiert werden, inwiefern ihnen produktive Lösungsmöglichkeiten in den Sozialwissenschaften zukommen, beispielsweise im Blick auf die Analyse autonomieeinschränkender oder - unterstützender Vergesellschaftungsbedingungen (*Problemebene 3: sozial- und*

Funktion in ihrem Verhältnis zur Basis-Funktion eintritt), muß zugleich negiert sein. – Dies geschieht dadurch, daß entweder die Super- oder die Basis-Funktion negiert wird. Beides führt zum gleichen Resultat." (Kesselring 1984: 106; Hervor. im Orig.)

moralphilosophische Dimension). Die spezifische Eigendynamik strikter Antinomien erweist sich vor allem in *emergenten* Merkmalen, die sich als Eigenständigkeit gegenüber ihren Urhebern genauer beschreiben lassen. Hinzu kommt, dass diese Eigenständigkeit noch nicht behoben ist, wenn der zugrundeliegende Mechanismus aufgezeigt wird. Der Hinweis auf die Emergenz strikter Antinomien muss jedoch nicht ausschließlich über das Vorliegen einer strikt kontradiktorischen Widerspruchskonstellation ‚an sich‘ erfolgen. Die Emergenz erweist sich auch darin, dass unabhängig von Lösungsbestrebungen das Grundproblem erhalten bleibt. Es gibt keine Lösung (!) der Lügnerantinomie, es gibt aber gleichwohl höchst unterschiedliche Umgangsweisen. Lösungsversuche, die auf die Unterscheidung zwischen einer Super- und einer Basis-Funktion rekurrieren, wie sie Kesselring anführt, sind allenfalls Umgangsmöglichkeiten, um mit der Gesamtkonstellation zurechtzukommen, jedoch keine Lösung im Sinne einer dichotomen Bereinigung der zugrundeliegenden Problematik. Auch Lösungsansätze, wie sie im Rekurs auf die Alltagssprache möglich sein sollen (vgl. in kritischer Abgrenzung dazu Knoll/Ritsert 2006: 50-54, Knoll 2009a: 60-70) oder wie sie in den verschiedenen Konzeptionen einer Sprachstufentheorie nachzuzeichnen sind, verschieben nur das Problem (vgl. Knoll/Ritsert 2006: 54-63, Knoll 2009a: 47-50, 70-106). Ihnen entgeht aber die Gesamtstruktur, weil diese emergente, eigenständige Merkmale aufweist, die durch rationale Nachweise ihrer Entstehungsbedingungen ihre höchst widerspenstige Eigenständigkeit nicht verlieren.

2.5.2 Die Gleichzeitigkeit von Äquivalenz und Widerspruch

Die strikten Antinomien konstitutiv zugrundeliegende Gleichzeitigkeit von Äquivalenz und Widerspruch bildet eines der Probleme einer dialektischen Theorie heute, das insbesondere Wandschneider (1993, 1995, 1997) prägnant herausarbeitet. Er zeichnet in der Analyse des berühmt-berüchtigten Anfangs der hegelschen Logik eine Lösung der Widerspruchsproblematik nach, die für die Diskussion um eine Dialektik heute eminente Bedeutung einnimmt. Der problematische Anfang der hegelschen Logik, in dem die Kategorie ‚Sein‘ in die Kategorie ‚Nichts‘ übergeht und schließlich im ‚Werden‘ zusammengezogen wird, wird von Wandschneider rekonstruiert, indem er aufzeigt, wie das hegelsche Verfahren nur scheinbar gegen die aristotelischen Denkgesetze verstößt. Im Weiteren führt ihn die Untersuchung des Anfangs der hegelschen Logik auf eine konstitutive Gleichzeitigkeit von Äquivalenz und Widerspruch in der hegelschen Dialektik. Nach der klassischen Logik ist ‚Etwas‘ entweder Sein oder Nicht-Sein, beides zusammen geht nicht. Der suggestive Übergang, den Hegel am

Anfang der großen Logik präsentiert, in der die Idee des absoluten Seins ebenso sehr das absolute Nichts *meint*, zielt mit Wandschneider auf eine (semantische) Gleichzeitigkeit ab, in der *in dieser Hinsicht* die Kategorien Sein und Nicht-Sein bei Hegel identisch werden – obwohl sie nach wie vor in einem Widerspruch zueinander stehen.

> „Man beachte, daß die Synthese nach der hier entwickelten Argumentation nicht in der Verknüpfung entgegengesetzter *Begriffe*, etwa ‚Sein' und ‚Nichtsein', besteht, wie es dem Vulgärverständnis dialektischer Synthese entspräche, sondern in der Verbindung von *Gegensatz* und *Äquivalenz* solcher Begriffe, d.h. von *Begriffsverhältnissen* in der Form (formal) kontradiktorischer Aussagen." (Wandschneider 1997: 136; Hervor. im Orig.)

Dies führt Wandschneider

> „zu der Forderung, beide Kategorien *ebensowohl* als entgegengesetzt wie als äquivalent zu denken – eine nicht länger absurd erscheinende Konsequenz der ursprünglichen Entgegensetzung beider Kategorien. Die Einseitigkeit ihrer strikten Entgegensetzung ist in der Weise zu korrigieren, daß sie *auch* als bedeutungsäquivalent zu fassen sind." (ebd.: 138; Hervor. im Orig.)

Zur genaueren Bestimmung antinomischer Strukturen führt Wandschneider den Begriff des Scheinwiderspruchs[10] ein, der den starken, strikt kontradiktorischen Widerspruchsbegriff, welcher den Antinomien zugrunde liegt, jedoch in den Hintergrund geraten lässt. Irreführend ist der Begriff des ‚Scheinwiderspruchs' für die Beschreibung strikter Antinomien insofern, als er auch suggeriert, nur das Scheinhafte müsse durchdacht werden, um die zugrundeliegende Problematik abzuschaffen. Das Problem der *Gleichzeitigkeit* von Äquivalenz und Widerspruch, das die Grundkonfiguration strikter Antinomien auszeichnet, wird im Verweis auf einen Scheinwiderspruch nicht deutlich genug gefasst. Es handelt sich innerhalb strikt antinomischer Verhältnisse nicht nur um einen Schein, sondern gerade um einen überaus *wirklichen* und *wirksamen* Widerspruch. Hilfreich ist der Hinweis auf einen Scheinwiderspruch insofern, als dass damit auf die Differenz zwischen aristotelischer Logik und einem vermittlungslogischen Denken verwiesen wird. Aus der Perspektive der zweiwertigen Logik handelt es sich

---

[10] Vgl.: „Zur weiteren Erörterung des dialektischen Widerspruchs muß nun dessen antinomischer Charakter näher ins Auge gefaßt werden. Dieser hat zur Folge, daß wir es hier nicht mit einem normalen Widerspruch zu tun haben, bei dem eines der beiden kontradiktorischen Widerspruchsglieder (in einer zweiwertigen Logik) mit Sicherheit falsch und darum auch der Widerspruch notwendig falsch ist. Es handelt sich vielmehr, wie schon angedeutet, um einen Scheinwiderspruch, insofern seine Glieder verschiedenen Reflexionsstufen angehören." (Wandschneider 1997: 128; Hervor. im Orig.)

bei antinomischen Strukturen entweder um ‚falsche' Aussagen oder (im besseren Falle) um einen Scheinwiderspruch, weil aufgezeigt werden kann, dass beide Seiten in sich vermittelt sind und im Widerspruch zueinander stehen. So kann mit dem Hinweis auf einen Scheinwiderspruch gezeigt werden, dass strikte Antinomien nicht gegen das aristotelische Widerspruchsverbot verstoßen – außer es wird das Gesamtverhältnis nicht miteinbezogen und ausschließlich auf die Ebene rekurriert, die tatsächlich durch den Gegensatz von A und Nicht-A gekennzeichnet ist.

Eines der Hauptmerkmale, die strikte Antinomien auszeichnen, bildet die negative Selbstbezüglichkeit, die sich ebenfalls am Beispiel der Lügnerantinomie zeigen lässt. Das Ausgangsmoment wird negiert und gleichzeitig wird sich darauf bezogen. Wenn der Lügnersatz als wahr rezipiert wird, muss sofort im Umkehrschluss auf die Falschheit der Aussage geschlossen werden, da der Inhalt des Ausgesagten mit seinen Präsuppositionen in Widerspruch gerät. Der prozesshafte Charakter strikter Antinomien wird deutlich. Aus der Annahme von A (der Satz ist wahr) folgt sofort die Negation: Wenn der Satz wahr ist, muss die Auskunft, die der Satz gibt, falsch sein. Demnach ist der Satz falsch. Ergo muss man davon ausgehen, dass der Satz falsch ist – dann muss er aber wahr sein.

Das kreisförmige Denken bildet das Problem für die klassische Logik, die abschlusshafte und statische Schlussfolgerungen gewohnt ist. An dieser Stelle wird der Drang nach der Synthesenbildung verständlich: Wer möchte nicht aus diesem unmöglichen Zirkel aussteigen? Aufgrund der scheinbaren Sinnlosigkeit des Hin- und Herlavierens zwischen den beiden Möglichkeiten wird erst *rückblickend* die Komplexität des ganzen Verhältnisses deutlich. Erst nach dem Durchgang durch die Reflexion, die mindestens zwei Möglichkeiten durchlaufen und im Falle der Lügnerantinomie einmal den Satz als wahr und einmal als falsch erkennen muss, tritt die Gesamtheit der Aussage zutage. Die spezifische Besonderheit der strikten Antinomie besteht darin, dass zunächst keine der beiden nach der klassischen Logik vorhandenen Möglichkeiten greift. Erst rückblickend kann reflexiv darauf rekurriert werden, dass beide Antwortmöglichkeiten gleich-gültig sind – sowohl im Sinne der gleichberechtigten Wahrheitsaussage als auch in der Bedeutung, dass die eine Aussage zwar auf die gegensätzliche führt, sie aber dennoch in ihrer Eigenständigkeit unberührt lässt. Obwohl die eigene Negation in der Gesamtheit der Aussage auftritt (und auftreten muss), kann trotzdem nicht auf die Falschheit der Aussage geschlossen werden.

Andere Lösungsmöglichkeiten, die nicht die Gesamtheit der Aussage zu fassen versuchen, bleiben nicht nur am entsprechenden einen Ende des Pols fixiert, sondern die strikt gegensätzliche Position behält darüber hinaus auch stets Gültigkeit und kann jederzeit als Gegenargumentation angeführt werden. Die

Stärke strikter Antinomien – als Gesamtkonstellation verstanden – besteht darin, gleichzeitig Widerspruch und Äquivalenz denken zu können. Da dies im Falle strikter Antinomien prozesshaft möglich ist, kann die Gesamtheit der Aussage nicht statisch mit den Möglichkeiten der klassischen Logik vollständig erfasst werden. In der (Un-) Möglichkeit, widersprechende Aussagen äquivalent zu denken, besteht überhaupt erst die Aussicht, das hegelsche ‚Ende, das seinen Zweck voraussetzt und zum Anfange hat‘, nachzuvollziehen.

A führt auf Nicht-A und Nicht-A führt auf A (und dies stetig auf erweiterter Ebene) – es handelt sich um einen strikt antinomischen, vermittlungslogischen Ansatz. In Hegels Worten:

„Die Dialektik dagegen ist dies *immanente* Hinausgehen, worin die Einseitigkeit und Beschränktheit der Verstandesbestimmungen sich als das, was sie ist, nämlich als ihre Negation, darstellt. Alles Endliche ist dies, sich selbst aufzuheben. Das Dialektische macht daher die bewegende Seele des wissenschaftlichen Fortgehens aus und ist das Prinzip, wodurch allein *immanenter Zusammenhang und Notwendigkeit* in den Inhalt der Wissenschaft kommt, so wie in ihm überhaupt die wahrhafte, nicht äußerliche Erhebung über das Endliche liegt." (Enz.: 103; Hervor. im Orig.)

Eine nicht äußerliche Erhebung über das Endliche ist eng verknüpft mit der Suche nach dem zugrundeliegenden Prinzip, das solch ein Verfahren gewährleisten soll. Eine Bestimmung, in der die Gleichzeitigkeit von Äquivalenz und Widerspruch nachgezeichnet werden kann, bietet dafür eine der Voraussetzungen.

2.5.3 Die strikte Antinomie als formallogisches Prinzip der Dialektik

Die Hinweise, die Kesselring und Wandschneider zur Struktur und zu möglichen Umgangsweisen mit strikten Antinomien geben, tragen vorrangig zu einer rationalen Klärung hegelscher Kategorien, insbesondere der Dialektik, des Widerspruchs und der Negation bei. Ritsert und Knoll erweitern die Diskussion um strikte Antinomien und diskutieren ihre grundlegende Bedeutung für die Sozialwissenschaften (Ritsert 1995, 1997a, 2008, Knoll/Ritsert 2006, Knoll 2009b). Insbesondere arbeiten sie zur genaueren sozialwissenschaftlichen Bestimmung weitere konstitutive Eigenschaften strikter Antinomien heraus. Dabei handelt es sich um die folgenden Merkmale (Knoll/Ritsert 2006: 18-31):

1) Selbstbezüglichkeit (Reflexivität)
2) Negative Selbstbezüglichkeit
3) Gegensatz bei gleichzeitiger Implikation
4) Strikte Antinomie als Prozess

5) Negative Selbstbezüglichkeit als Kern der strikten Antinomie
6) Pragmatischer Widerspruch
7) Antinomien des Gegenstandbezugs

Auf der Grundlage der bisherigen Ausführungen erhalten diese Kriterien eine besondere Bedeutung: In einem strikt antinomischen Verhältnis bezieht sich (1) ein Ausgangsmoment auf sich selbst (Selbstbezüglichkeit), aber (2) in der besonderen Art und Weise, dass das Ausgangsmoment gleichzeitig negiert wird (negative Selbstbezüglichkeit). Die Gesamtheit einer strikt antinomischen Konstellation zeichnet sich (3) durch einen Gegensatz bei gleichzeitiger Implikation aus und (4) die Gesamtkonstellation wird nur vollständig sichtbar, wenn der prozesshafte Charakter strikter Antinomien mit einbezogen wird. Das entscheidende Merkmal, das letztlich die Differenz zu konträren, kontradiktorischen oder polaren Gegensätzen ausmacht, bildet (5) die negative Selbstbezüglichkeit. Das Ausgangsmoment wird negiert und findet sich aber gleichzeitig als strikt Entgegengesetztes im Gesamtverhältnis wieder.

> „[D]er entscheidende Punkt ist, dass bei wirklichen strikten Antinomien eine Selbstbeziehung *negiert* wird. [...] Kompliziert wird die Sache dadurch, dass es mit einer einfachen Verneinung der Selbstbeziehung nicht getan ist. Die Negation schwankt vielmehr unentscheidbar zwischen *Selbstbeziehung* und *Nicht-Selbstbeziehung* hin und her. Das heißt: Wenn der Satz des Lügners sich auf sich selbst bezieht, dann kann er sich gerade nicht auf sich selbst beziehen, da er ja seine eigene Unwahrheit behauptet. Wenn er sich aber nicht auf sich selbst bezieht, dann bezieht er sich gerade auf sich selbst. Die leidige Implikation taucht ungebrochen wieder auf: *Wenn* Selbstbeziehung, *dann* kein Selbstbezug. *Wenn kein* Selbstbezug, *dann* Selbstbeziehung." (ebd.: 34; Hervor. im Orig.)

Der konstitutiv prozesshafte Charakter strikter Antinomien hat hier seinen Ursprung. Es wohnt ihnen gleichsam eine Art ‚Handlungsanweisung' (pragmatische Ebene) inne, die innerhalb der zweiwertigen Logik von der einen auf die jeweils andere strikt entgegengesetzte Lösungsbewegung führt. In der genaueren Betrachtung (6) des pragmatischen Widerspruchs ergibt sich eine weitere Differenzierung:

> „Genau genommen sind [...] zwei Formen von Selbstbezüglichkeit im Spiel, die sich zu einem regelrechten Knoten verschränken: Zum einen liegt *semantische* Selbstbezüglichkeit vor. [...] Zum anderen haben wir es mit *pragmatischer* Selbstbezüglichkeit zu tun, weil jeder Satz auch eine auf die Sprech*handlung* selbst bezogene *Mitteilung über sich selbst macht*. [...] Unsere These lautet: Dieser Gegensatz zwischen semantischer Bedeutung und pragmatischer Zielrichtung stellt nicht nur

ein wesentliches Merkmal der Lügnerantinomie, sondern sämtlicher strikter Antinomien dar!" (ebd.: 36f.; Hervor. im Orig.)

Die letzte Eigenschaft, (7) die ‚Antinomien des Gegenstandsbezugs', führt über
den bislang diskutierten Bereich hinaus. Knoll/Ritsert zeigen auf, inwiefern der
erkenntnistheoretische Startpunkt in allen bewusstseinsphilosophischen Ansätzen
bereits eine Drehbewegung innerhalb einer strikt antinomisch strukturierten
Verhältnisbestimmung, den ‚Zirkel der Referenz' (ebd.: 39) darstellt. Damit
zeichnet sich der Startpunkt einer vermittlungslogisch konfigurierten Dialektik in
den Sozialwissenschaften (*Problemebene 2: Problem des Anfangs*) ab, in der es
elementar innerhalb des Subjekt-Objekt-Verhältnisses um den Anspruch geht,
dieses zu transzendieren, um Aussagen über die Welt außerhalb des unmittelbaren Bewusstseins treffen zu können. Damit ergibt sich auch ein erster Hinweis
auf die Größe und Reichweite dialektischer Argumentationsfiguren (*Problemebene 1: Problem des Gegenstandsbereichs*). Von einem proklamierten Startpunkt hebt sich eine offene, vermittlungslogische Argumentationsfigur ab, die
eine Dialektik in den Sozialwissenschaften nicht statisch-ontologisch verkünden
muss. Das zugrundeliegende Verhältnis eines konsequent vermittlungslogischen
Modells entspricht in syntaktischer Hinsicht einer strikten Antinomie.

> „Es entsteht ein Kreisverkehr, welcher die Struktur der strikten Antinomie aufweist.
> […] Man kann die Geschichte der Erkenntnistheorie ohne weiteres als Geschichte
> ganz verschiedenartiger Drehbewegungen im Zirkel der Referenz beschreiben."
> (ebd.: 39)

Spätestens an dieser Stelle wird jedoch ein Hinweis nötig, der der Diskussion um
die formal-syntaktischen Grundlagen einer angemessen aktualisierten Dialektik
in den Sozialwissenschaften zu einer Spezifizierung verhilft. Der Widerspruchs-
typ in einer strikten Antinomie muss nicht notwendigerweise der Widerspruchskonfiguration der Lügnerantinomie entsprechen. Unterschiedliche Widerspruchskonstellationen können zur Grundform einer strikten Antinomie führen,
die im Extremfall bis zum kontradiktorischen Gegensatz zugespitzt sein kann,
wie er in der Lügnerantinomie vorliegt. Es wird deutlich, dass die formallogisch-
syntaktische Grundlage einer Dialektik in den Sozialwissenschaften sowohl in
einem engeren Sinne als auch in einem weiteren Sinne konzipiert werden kann.
Der kontradiktorische Widerspruchsbegriff, wie er in der Lügnerantinomie stän-
dig von A auf Nicht-A verweist (und umgekehrt), ist nicht identisch mit einer
Widerspruchskonstellation, die einer strikten Antinomie nachgebildet sein kann,
aber durch einen Widerspruch von A und B charakterisiert ist. In einer formallogisch strengen Interpretation handelt es sich dabei nicht um ein kontradiktorisches Verhältnis von A und Nicht-A, sondern um eine (logisch schwächere)

Relationierung von A und B, die nicht den scharfen Widerspruchsbegriff, wie er in der Lügnerantinomie vorliegt, aufweisen kann. Es zeigt sich, dass für das Zustandekommen strikter Antinomien nicht allein formal-syntaktische Figuren ursächlich sind, sondern gerade auch die semantisch-pragmatische Ebene eine konstitutive Funktion übernimmt. Strikte Antinomien können bereits auf erheblich einfachere Art und Weise erzeugt werden. Die logisch strengste Relationierung stellt sicherlich die Form einer strikten Disjunktion, eines strikten kontradiktorischen Gegensatzes dar, in dem sich die entgegenstehenden Momente auch jeweils in den entgegenstehenden Polen wiederfinden lassen. Vorbild dafür ist die Struktur der Lügnerantinomie. Diese bildet die formal-syntaktische Grundlage einer Dialektikkonzeption im engeren Sinne. Denkbar sind aber auch strikte Antinomien, die aufgrund von konträren Gegensätzen gebildet werden. A und B stehen sich konträr gegenüber (äußere Vermittlungsrelation) und beinhalten jeweils ihr anderes Moment in sich (innere Vermittlungsrelation). Die unhintergehbare Subjekt-Objekt-Relationierung in den Sozialwissenschaften bildet hierfür bei Beachtung innerer und äußerer Vermittlungsverhältnisse das Vorbild. Angelehnt an eine strenge formallogische Orientierung bildet ‚Nicht-Subjekt' die Negation von ‚Subjekt' – und das muss nicht notwendigerweise ‚Objekt' sein. Sinnvoll erscheint es daher, von einer Unterscheidung zwischen einem *engeren* und einem *weiteren* Negationsbegriff in den Sozialwissenschaften bzw. von einem *engeren* und einem *weitem* Dialektikverständnis auszugehen. Sowohl in der Negation von A als Nicht-A als auch als B können strikt antinomische Verhältnisse in den Sozialwissenschaften aufgezeigt werden. Sowohl in konträren als auch in polaren Gegensätzen können innere Vermittlungsverhältnisse aufgrund der Negation ihres jeweils entgegenstehenden Moments auftreten, die bis zu ihrem Gegensatz zugespitzt sein können. Dies bildet die formal-syntaktische Grundlage einer Dialektikkonzeption im weiteren Sinne.

Sowohl eine engere als auch eine weiter gefasste Dialektikkonzeption sind weit davon entfernt, entlang des Schemas ‚These plus Antithese ist Synthese' zu argumentieren. Die eingangs erwähnte hegelsche Unterscheidung eines gewöhnlichen und eines reineren Dialektikverständnisses wird damit letztlich nachvollziehbar und rational ausweisbar. Hegel zielt auf einen Widerspruchsbegriff ab, der an einer Bestimmung ‚ebensosehr das entgegensetzte ihrer selbst' aufzeigt. Ob es sich dabei um eine Relationierung von A und Nicht-A oder von A und B handelt, spielt im Weiteren eine Rolle für eine enge oder eine weite Konzeptualisierung einer Dialektik. Deutlich wird allemal, dass Hegel die Rose nicht gleichzeitig rot und nicht-rot sein lässt.

2.6 Zum Verhältnis von Logik und Dialektik

Die Gleichzeitigkeit von Äquivalenz und Widerspruch, wie sie in der Lügnerantinomie aufzufinden ist, bildet allenfalls auf den ersten Blick einen Verstoß gegen die aristotelischen Axiome. Selbstreferentielle Verhältnisse, die negativ auf sich selbst bezogen sind, können mit den Mitteln der formalen Logik nachvollziehbar dargestellt werden. Erheblich erleichtert wird eine Diskussion um Verhältnisbestimmungen, die sich durch die Gleichzeitigkeit von Äquivalenz und Widerspruch auszeichnen, jedoch durch den Rückgriff auf eine philosophische Tradition, die negativ selbstreferentielle Momente seit jeher unter dem Namen der Dialektik zu erfassen und zu analysieren vermag. Die Fallstricke eines Obskurantismus und Mystizismus, einer Proklamation oder einer Weltformel, letztlich eines Irrationalismus sind damit freilich nicht gänzlich auszuräumen – auch diese führen ein Eigenleben im Bestehenden.

Mit der Herausarbeitung der Struktur einer strikten Antinomie ist die Möglichkeit geschaffen, (a) das Verhältnis der aristotelischen zu einer dialektischen Logik exakter zu bestimmen, um damit (b) formallogisch nachzeichnen zu können, dass in einer dialektischen Argumentation nicht (ausschließlich) auf den aristotelischen Widerspruchsbegriff zurückgegriffen werden muss. Wenn beispielsweise Hegel vom ,Widerspruch als Quelle der Bewegung und Entwicklung' ausgeht oder Marx den Widerspruch als ,Springquelle aller Dialektik' bezeichnet, zielen beide nicht auf den konträren oder den kontradiktorischen Widerspruch ab, der zu Dichotomien oder Disjunktionen führt.

Das Grundproblem jeder dialektischen Theorie handelt von der Frage nach dem zugrundeliegenden Widerspruchsbegriff – jenseits eines idealistischen oder materialistischen Anspruchs. Erledigt man das Problem des Widerspruchs vorschnell mit dem Hinweis darauf, dass die aristotelische in einer dialektischen Logik ,aufgehoben' sei, entgeht der sozialwissenschaftlichen Analyse Entscheidendes: Im bloßen Verstoß gegen die aristotelischen Denkgesetze wird die Produktivität des Widerspruchs zunichte gemacht. Kritik wird dadurch verunmöglicht, wie Popper in aller Deutlichkeit feststellt. Dass Poppers Hinweise ernst genommen werden können, aber gleichzeitig in einer Theorie der Dialektik darüber hinausgegangen werden kann, zeigt der Unterschied zwischen einem dichotomen und einem strikt antinomischen, d.h. dialektischen Widerspruchsbegriff.

Die *Form* einer strikten Antinomie als Form einer sozialwissenschaftlich angemessen aktualisierten Dialektik, die rational ausweisbar ist und mit den aristotelischen Axiomen einen bestimmten Umgang ermöglicht, ist damit aufgezeigt. Ein Ausgangsmoment A steht im strikten Gegensatz zur Negation dieses Ausgangsmomentes, Nicht-A. Gleichzeitig lässt sich aber, aufgrund des prozesshaften Hin- und Herlavierens zwischen den beiden Möglichkeiten ‚wahr' und ‚falsch', nicht eindeutig eine Seite als die abschlusshaft richtige und endgültige auszeichnen. Notwendigerweise muss auf beiden Seiten des strikt entgegengesetzten Verhältnisses anerkannt werden, dass die eigene Negation impliziert ist. Das ist die negative Selbstbezüglichkeit als Kern der strikten Antinomie und damit der Dialektik. In einer genaueren Betrachtung der Syntax dialektischer Argumentation wird über alle drei aristotelischen Axiome (in einer gewissen Hinsicht) hinausgegangen – sie werden aber gleichzeitig beachtet!

Mithilfe der Diskussion um die Struktur einer strikten Antinomie lässt sich die Form dialektischer Argumentation darstellen und nicht zuletzt das Verhältnis zur formalen Logik beschreiben. Gleichzeitig ist freilich die Struktur der strikten Antinomie nicht ‚von außen' auf sozialwissenschaftliche Phänomene im Stile einer Schablone anzulegen. Die Diskussion um strikte Antinomien bewegt sich in erster Linie vor dem Hintergrund der genaueren Bestimmung dessen, warum eine dialektische Argumentation nicht notwendigerweise gegen die formale Logik verstoßen muss. Poppers Einwänden, denen sich unter anderem Kuchler anschließt, kann angemessen begegnet werden, da das Schema ‚These plus Antithese ist Synthese' bestenfalls ausschnitthaft die komplexe Struktur strikter Antinomien wiederzugeben vermag. Der weitaus gewichtigere Einwand aber, dass die aristotelischen Axiome notwendigerweise in einem dialektischen Verfahren außer Kraft gesetzt werden müssen, kann nun ebenso entkräftet werden – formallogisch nachvollziehbar und unter angemessener Berücksichtigung aristotelischer Logik! Obwohl eine strikte Antinomie nicht gegen die formale Logik verstößt, wirft sie einen sozialwissenschaftlichen Blick auf die Grenzen dichotomer und disjunkter Herangehensweisen. Lässt man sich auf die Lügnerantinomie ein (und wählt damit als Lösungsmöglichkeit nicht die Verwerfung der Ausgangsfrage), enthüllt sich das viel gesuchte und fehlende ‚Dritte'. An der Stelle, an der im üblichen Falle die zweiwertige Lösungsmöglichkeit favorisiert wird, zeigt sich die Schranke der aristotelischen Logik. Das fehlende Dritte wird sichtbar und die rationale Lösungsmöglichkeit lautet: Anerkennung der scheinbar sich widersprechenden Möglichkeiten und damit Anerkennung der Gleichzeitigkeit von Äquivalenz und Widerspruch. Der Widerspruchsbegriff, der an dieser Stelle zugrundeliegt, ist kein orthodox-zweiwertiger, sondern kann in formallogischer Hinsicht als strikte Antinomie erfasst werden.

In einer verkürzten Betrachtung, die die Komplexität der Lügnerantinomie nicht zulässt, entsteht ein formallogisch unlösbarer Widerspruch: Entweder ist der Satz wahr oder falsch. Eine negative Selbstbezüglichkeit, in der sich eine Aussage oder ein Verhältnis auf sich selbst bezieht, die zudem verbunden ist mit einem Implikationsverhältnis, bildet ein komplexes Gefüge, in dem die formale Logik Gültigkeit besitzt und dennoch das *tertium non datur* an eine Grenze gerät.

Das fehlende Dritte in der klassischen aristotelischen Logik, in der eine Aussage entweder A oder Nicht-A sein muss, in der eine dritte Möglichkeit prinzipiell, grundsätzlich und scheinbar unhintergehbar ausgeschlossen ist, taucht unvermutet in der Lügnerantinomie auf. Soll die Lügnerantinomie in ihrer Einheit verstanden werden, muss über das Gesetz vom ausgeschlossenen Dritten hinausgegangen und die Gegensätzlichkeit zweier sich scheinbar ausschließender Möglichkeiten, die dennoch eine Einheit bilden, anerkannt werden. Ein starker und triftiger Einwand lautet an dieser Stelle: Gegen die formallogische Argumentation kann hier nur verstoßen werden, weil es sich um unterschiedliche Argumentationsebenen handelt! Aristoteles weist darauf hin, dass die sich widersprechenden Zuschreibungen nicht *in ein und derselben Hinsicht* (zeitlich und örtlich) Gültigkeit besitzen können. Das ist die präzise und scharfe Fassung des aristotelischen Widerspruchsverbots.

Es handelt sich in der Lügnerantinomie in einer Hinsicht um Äquivalenz und in einer anderen um einen Widerspruch – aber nicht gleichzeitig in ein und derselben Hinsicht. Greift man jedoch auf die Gesamtheit des Ausdrucks zurück, zeigt sich, dass die beiden sich scheinbar widersprechenden Lösungsmöglichkeiten gleichzeitig intrinsisch aufeinander verwiesen sind. Will man die Gesamtheit erfassen (Semantik/Pragmatik und Syntax, Inhalt und Form), besteht diese in der Anerkennung *beider* Antwortmöglichkeiten, die die aristotelische Logik bietet. Damit ist aber keinesfalls die formale Logik aufgehoben oder für obsolet erklärt. Die Formallogik selbst bietet Möglichkeiten, wie in der Diskussion um die *fuzzy logic* oder die Günther-Logik gezeigt wurde, auf dem Boden der Formallogik drei- oder mehrwertige (bis hin zu n-fachen) Kalkülsysteme zu entwerfen – außer Kraft gesetzt ist die aristotelische Zweiwertigkeit dadurch nicht!

Aus der bisherigen Verhältnisbestimmung der aristotelischen Axiome zu dialektischen Widerspruchsfiguren ergibt sich eine Notwendigkeit zur Ausdifferenzierung des jeweils zugrundeliegenden Begriffs von Widersprüchlichkeit. Eine genauere Unterscheidung, die entgegengesetzte Bestimmungen auf (mindestens) vier Ebenen differenzieren kann, erweist sich im Blick auf einen rationalen Umgang mit den aristotelischen Axiomen innerhalb einer sozialwissenschaftlich relevanten Dialektik als fundamental. Formal-syntaktische Grundlagen einer ,dialektischen Logik' können so präzisiert und diskutiert werden. Eine solche Diskussion zeigt auch, dass es sich im engeren Sinne kaum um eine eigenständige ,dialektische Logik' handelt; die Verbindungslinien und Bezugsmomente einer strikten Antinomie (als formaler Kern der Dialektik) sind deutlich den aristotelischen Axiomen verhaftet. Auch wenn aus einem bestimmten Blickwinkel über alle drei Axiome hinausgegangen wird, so ist dieser Blickwinkel nur auf Teilaufnahmen einer strikten Antinomie beschränkt. Eine strikte Antinomie ist jedoch *nur* als Gesamtverhältnis hinsichtlich der zugrundeliegenden aristotelischen Axiome fundiert und in sozialwissenschaftlicher Hinsicht produktiv. Werden Teilausschnitte betrachtet, in denen ohne weiteres eine Verletzung des Satzes der Identität und des Widerspruchs ausgemacht werden kann, wird die Gesamtkonstellation entscheidend verkürzt und sowohl Missverständnissen auf Seiten orthodox formallogischer Ansätze (Popper 1949, Puntel 1996) als auch auf Seiten der Standardinterpretation einer ‚These plus Antithese ist Synthese' der Weg geebnet.

> „Auch wenn es klar zu sein scheint, dass ein formallogisch inkonsistentes Verständnis dialektischer Formulierungen sich – wegen der Konsequenz der dann nur noch von ‚Eingeweihten' kontrollierbaren Unsinnseffekte – weder als rational zulässig noch als ethisch-politisch überhaupt vertretbar behaupten lässt, bleibt doch […] zum einen zu klären, was dies in Bezug auf die Anwendbarkeit bestimmter logischer Postulate bedeutet, welche traditionell mit der formallogischen Konsistenz konnotiert werden, ohne streng betrachtet dazu zu gehören – etwa die Postulate der Entscheidbarkeit von Alternativen, der Bestimmtheit von Begriffen oder des ‚ausgeschlossenen Dritten'." (Hoff et al. 2006: 351)

Formallogisch inspirierte Ansätze, die konstitutiv nicht auf einer zweiwertigen Entscheidbarkeit aufgebaut sind, sondern die auf der Annahme n-wertiger Kalküle basieren (wie beispielsweise in der *fuzzy logic*) oder in denen das ‚ausgeschlossene Dritte' in einen drei- und mehrwertigen Kalkül überführt wird (Günther-Logik), liegen in unterschiedlichen Varianten und Schwerpunktsetzungen vor. All diese Versuche verbleiben (letztlich) den Grundlagen der aristotelischen Logik verhaftet, selbst wenn in entscheidenden Hinsichten darüber hinausgegangen wird. Moderne Logikkalküle entwerfen ausdifferenzierte Verhältnisbestimmungen, die die orthodox interpretierten aristotelischen Möglichkeiten transzendieren. Nur ist ihnen eines gemeinsam: Sobald inhaltliche Bestimmungen in Betracht gezogen werden, führt kein Weg an der basalen Zweiwertigkeit vorbei. „Die Forderung nach Widerspruchsfreiheit der Aussagen ist […] vernünftig und gut. Da beißt auch kein Dialektiker einen Faden ab." (Knoll/Ritsert 2006: 25)

Charakteristisch für dialektisch konfigurierte Argumentationsfiguren ist der Bezug auf einen bestimmten Widerspruchsbegriff. Eine sozialwissenschaftlich zentrale Unterscheidung kann nun getroffen und expliziert werden: Eine Differenzierung zwischen *polaren, konträren, kontradiktorischen* sowie *strikt antinomischen Widerspruchsrelationen* zeichnet sich deutlich ab und erweist sich für die Diskussion um eine rational ausweisbare dialektische Theorie als fundamental. Trotz grundlegender Differenzen innerhalb dialektischer Theorien kann im Projekt einer rationalen Dialektik der Begriff des Widerspruchs für eine sozialwissenschaftlich angemessene Theorie der Dialektik offen gelegt werden, ohne dabei die notwendigen Differenzierungen unsichtbar werden zu lassen.

Tabelle 2:   Widerspruchsrelationen in den Sozialwissenschaften

Polare/ Konträre Gegensätze	A oder B	links-rechts/ Ursache-Wirkung/ schwarz oder weiß
Kontradiktorische Gegensätze	A oder ¬A	rot oder nicht-rot
Strikte Antinomie	[A→¬A und ¬A→A]	Lügnerantinomie

Inwiefern die unterschiedlichen Varianten einer Dialektik in den Sozialwissenschaften mit diesen Widerspruchsrelationen in einer produktiven oder begrenzten Art und Weise umgehen können, wird im Folgenden diskutiert. Es gilt in einem zweiten Schritt dem Geheimnis der Dialektik näher zu kommen, indem explizite und implizit dialektisch verfahrende Konzeptionen in den Sozialwissenschaften betrachtet und dargestellt werden. So können die Bedeutungsvielfalt ebenso wie genauere Angaben über die eingangs angeführten drei Problemebenen (*Problem des Gegenstandsbereichs; Problem des Anfangs; moral- und sozialphilosophische Dimension*) angemessen diskutiert werden. Ausgehend vom bisherigen Ergebnis, dass *strikte Antinomien* den syntaktischen Kern einer sozialwissenschaftlich relevanten Dialektik bilden, stellt sich die Frage nach dem semantisch-pragmatischen Anspruch, der bei dialektisch zu nennenden Verfahrensweisen gänzlich unterschiedlich aussehen kann. Hegel verbindet mit dem Projekt seiner Logik bekanntlich nichts weniger als die ‚Darstellung Gottes vor der Erschaffung der Welt und eines endlichen Wesens'. Adorno strebt nachdrücklich an, ‚Denken und Handeln so einzurichten, dass Auschwitz nicht sich wiederhole'. Freud möchte ‚neurotisches Elend in gemeines Unglück' überführen. Wie sollen sich bei diesen Ansprüchen an das jeweilig präferierte Verfahren verbindliche Angaben über die semantisch-pragmatischen Ebenen einer angemessen aktualisierten Dialektik in den Sozialwissenschaften angeben lassen?

3 Widerspruch und Vermittlung bei Theodor W. Adorno

> „Und ich möchte hier zunächst einmal thetisch ganz allgemein voranstellen, daß die negative Dialektik, von der ich Ihnen Element und Idee zu entwickeln habe, mit einer kritischen Theorie im wesentlichen dasselbe ist. Ich würde denken, die beiden Termini Kritische Theorie und Negative Dialektik bezeichnen das gleiche."
>
> (Adorno 1965: 36)

3.1 Widerspruchsfiguren in der Kritischen Theorie Adornos

Lange vor der Ausarbeitung der Negativen Dialektik setzt sich Adorno bereits mit den aristotelischen Axiomen auseinander. Die Möglichkeit eines adäquaten Umgangs mit dem aristotelischen Widerspruchsverbot bildet für ihn eine fundamentale Frage. Im New Yorker Exil werden im Kreis der älteren Kritischen Theoretiker Fragen rund um die aristotelische Logik im Blick auf mögliche Begründungsstrategien einer reflexiven Dialektik diskutiert.

> „Erst, wenn es uns gelingt, in ‚wissenschaftlichem Fortgang' und von den Voraussetzungen von Wissenschaft aus, nachzuweisen, daß diese Voraussetzungen – die nach unser beider Auffassung sich auf den Satz vom Widerspruch reduzieren – notwendig zu Widersprüchen führen, ist es uns möglich, eine ‚Theorie' einzuführen, die in legitimer Weise den Cartesianischen Ansatz selber aufhebt. Das Verdienst von Hegel ist es, daß er deutlich gezeigt hat, daß der Satz vom Widerspruch stetig auf höherer Ebene zu Widersprüchen führt." (HGS 12: 470f.)

Das Projekt, in ‚legitimer Weise den Cartesianischen Ansatz selbst aufzuheben', bildet in dieser Zeit die Grundidee einer dialektischen Logik. Max Horkheimer und seine ihm verbundenen Mitarbeiter stellen in ihren programmatischen Überlegungen das Projekt einer dialektischen Logik an erste Stelle (vgl. ebd.: 156). Das Vorhaben wird jedoch nicht in der ursprünglich angedachten Weise weiter verfolgt und führt erst einige Jahre später zu den geschichtsphilosophisch orientierten Ausführungen in der *Dialektik der Aufklärung*.

Adorno schwebt zu dieser Zeit vor, eine Art vermittlungslogischen Startpunkt zu finden, der die auf Descartes zurückweisende Trennung von Subjekt und Objekt im hegelschen Sinne aufhebt. Die aristotelischen Axiome knüpft Adorno eng an den cartesianischen Ansatz, der ihm dichotom erscheint. Aus der Perspektive Hegels, die Adorno hier übernimmt, argumentiert Descartes antinomisch: Subjekt und Objekt sind unweigerlich getrennt, aber doch nur hinsichtlich ihrer gegenseitig konstituierenden Funktion zu verstehen. Adornos Projekt einer negativen Dialektik zeichnet sich bereits grob ab, wenn er sich auf der Suche nach einem Verfahren befindet, das den zweiwertigen Ansatz überwindet.

Die folgenden Überlegungen gehen ausschnitthaft auf zum Teil unterschiedlich akzentuierte Lösungsmöglichkeiten ein, die Adorno aus dem Anspruch einer Überwindung dichotomer zweiwertiger Logik in den Sozialwissenschaften entwirft. Dabei geht es insbesondere um die Frage nach dem zugrundeliegenden Begriff des Widerspruchs dieser Ansätze. In der genaueren Betrachtung zeigt sich, dass Adorno unterschiedliche Widerspruchsbegriffe heranzieht, um genuin ‚dialektische' Sachverhalte zu bezeichnen und sein dialektisches Konzept zu legitimieren. ‚Antagonismus' und ‚Wechselwirkung' sind häufig gebrauchte Termini Adornos, die darauf überprüft werden, ob auf polare, konträre, kontradiktorische oder strikt antinomische Verhältnisbestimmungen abgezielt wird. Am Konzept von Identität und Nicht-Identität wird diskutiert, inwiefern Adorno kontradiktorische und strikt antinomische Argumentationsfiguren für das Projekt einer negativen Dialektik heranzieht.

3.1.1 Adornos Wechselwirkung als teleologische Ableitung

Adornos Bemühen, den von ihm so bezeichneten Positivisten logische Widersprüche nachzuweisen, lässt sich an verschiedenen Ausführungen verdeutlichen, insbesondere an der „großen Einleitung" zum Positivismusstreit, die ein „verwundertes Nachwort" (Albert 1964b) nach sich zieht.

> „Die Positivisten präjudizieren die Debatte insoweit, wie sie durchblicken lassen, sie verträten einen neuen, fortgeschrittenen Denktyp, dessen Auffassung sich zwar, wie Albert es nennt, nicht heute schon überall durchgesetzt hätte, demgegenüber aber die Dialektik Archaismus sei. Diese Ansicht vom Fortschritt läßt den Preis außer acht, der ihn sabotiert. Geist soll dadurch fortschreiten, daß er als Geist zugunsten der Fakten sich fesselt, wahrhaft ein logischer Widerspruch." (Adorno 1969b: 15)

Etliche Bemerkungen dieser Art, die scheinbar auf einen Standpunkt jenseits aristotelischer Logik rekurrieren können, durchziehen den weiteren Argumentationsgang Adornos in der Einleitung zum Positivismusstreit. Er verdächtigt seine Kontrahenten, dass sie sich dem „Zwangscharakter" (ebd.: 8) der formalen Logik beugen. An dieser Stelle verortet er die Problematik der Diskussion und zudem den entscheidenden Dreh- und Angelpunkt einer Differenz zwischen positivistischen und dialektischen Verfahren.

„Damit sie [die Diskussion, S.M.] überhaupt möglich sei, muß sie nach der formalen Logik verfahren. Die These von deren Vorrang ist aber ihrerseits das Kernstück positivistischer [...] Auffassung von jeglicher Wissenschaft, Soziologie und Gesellschaftstheorie inbegriffen." (ebd.: 9)

Die „Spielregeln" der Positivisten fänden sich in der formalen Logik. Für Adorno ist das nicht nur ein „taktischer Nachteil" (ebd.), sondern vielmehr eine Nötigung.

„Zu fragen wäre, ob eine bündige Disjunktion gilt zwischen der Erkenntnis und dem realen Lebensprozeß [...]. Solche Doppelschlächtigkeit, wie plausibel auch immer, widerstritte dem Prinzip der Widerspruchslosigkeit: Wissenschaft wäre dann eigenständig, und wäre es doch nicht. Dialektik, die das verficht, darf dabei so wenig wie sonst wo als ‚priviligiertes Denken' sich gebärden" (ebd.: 10).

Adornos deutliche Absage an proklamatorische Dialektikvorstellungen und postuliertes Bescheidwissen relativiert sich jedoch rasch, wenn er bereits ‚Doppelschlächtigkeiten' als Entgegensetzung zum Prinzip der Widerspruchslosigkeit anführt. An anderer Stelle und weitaus treffender weist er Dialektikkonzeptionen, die sich mit dem bloßen Verweis zufrieden geben, dass ‚jedes Ding seine zwei Seiten habe' (vgl. Adorno 1951: 283), harsch zurück. Die ‚Doppelschlächtigkeit', die Adorno im Begriff der Wissenschaft aufmacht, subsumiert lediglich zwei kontradiktorisch sich widersprechende Eigenschaften (eigenständig vs. nicht-eigenständig). Doch kontradiktorische Gegensätze innerhalb eines Begriffs treten nicht dem Prinzip der Widerspruchslosigkeit entgegen, sondern sind vielmehr konstitutiv auf diesem aufgebaut. Die Gleichzeitigkeit kontradiktorischer Gegensätze innerhalb eines Begriffs kann ohne weiteres im Rückgriff auf den aristotelischen und/oder den formallogischen Widerspruchsbegriff nachvollzogen werden. Logische Widersprüche in einer Diskussion können dadurch zweifelsohne entstehen, doch damit kann weder die Überlegenheit dialektischen Denkens in einer sozialwissenschaftlich rationalen Weise herausgestellt noch die aristotelische Logik ihrer Begrenztheit überführt werden.

Die scharfe Version des aristotelischen Widerspruchsverbots lautet, dass die beiden entgegengesetzten Momente nicht zugleich und in derselben Hinsicht (Raum und Zeit) zutreffen können. Adornos Bestreben, eine genuin dialektische Argumentation zu fundieren, befindet sich an einigen Stellen auffällig nahe an einem Dialektikmodell, das sich mit dem Festhalten eines äußeren kontradiktorischen Gegensatzes begnügt. Damit bereitet er eine proklamatorische Lesart vor.

„Prägnant lautet der Widerspruch, daß beim Tausch alles mit rechten Dingen zugeht und doch nicht mit rechten Dingen" (Adorno 1969b: 34), oder es treten „logische

Widersprüche auf wie der nicht eben irrelevante, daß das gleiche System die Pro-
duktivkräfte entfessele und fessele" (ebd.: 32).

Doch die von Adorno beschriebenen Effekte bedeuten, dass sie a) in und mit
aristotelischer Logik problemlos nachzuzeichnen sind und existieren, aber b)
nicht hinreichend für eine Konzeption eines genuin dialektischen Widerspruchsbegriffs sind, da sie in unterschiedlicher Hinsicht, auf verschiedenen Ebenen
gleichzeitig stattfinden. In gewisser Hinsicht läuft der Warentausch in modernen
spätkapitalistisch organisierten Gesellschaften (darauf zielt Adornos Tauschbe-
griff an dieser Stelle ab) gerecht ab. In gewisser Hinsicht geht es dabei jedoch
höchst ungerecht zu. Innerhalb aristotelischer Logik kommt beiden Sätzen
Wahrheit zu; eine ‚Nötigung‘ zum dialektischen Denken besteht keineswegs. Die
beiden vorfindlichen kontradiktorisch zueinander stehenden Momente von ‚ge-
rechten‘ und ‚ungerechten‘ Aspekten sind jeweils von verschiedenen Perspektiven aus formuliert. Ein Oberbegriff kann kontradiktorische Gegensätze subsumieren, ohne sich damit zu widersprechen oder gar dialektisch strukturiert zu
sein. Ungleichzeitigkeiten und negative Nebenfolgen, die sogar das strikte Gegenteil dessen hervorbringen, was dem eigenen Anspruch nach hervorgebracht
werden soll, können im Rahmen aristotelischer Logik analysiert werden. „Der
dialektische Widerspruch drückt die realen Antagonismen aus, die innerhalb des
logisch-szientistischen Denksystems nicht sichtbar werden." (ebd.: 35) Ohne das
logisch-szientistische Denksystem, so wäre Adorno an dieser Stelle zu entgeg-
nen, erschiene der dialektische Widerspruch gar nicht als solcher, er wäre weder
denk- noch darstellbar. Ohne logisch-szientistische Axiome (unter denen die
aristotelischen zuvörderst fungieren) wären Erkenntnis und Kritik absolut identisch, gleich und damit nichtig.

Mit dem Hinweis auf die ‚realen Antagonismen‘ reduziert Adorno Dialektik
an diesen Stellen entweder auf eine bloße Abbildtheorie oder er postuliert die
Erhabenheit einer selbstgewissen Dialektikkonzeption, die er ansonsten aus guten Gründen streng zurückweist. Die naive Abbildtheorie, die er proklamatorisch
einführt, verweist kaum in Grundzügen auf jene konsequent vermittlungslogischen Argumentationen entlang der Struktur der strikten Antinomie.

> „Die Idee wissenschaftlicher Wahrheit ist nicht abzuspalten von der einer wahren
> Gesellschaft. Sie erst wäre frei von Widerspruch und Widerspruchslosigkeit glei-
> chermaßen." (ebd.: 36)

So sehr dem ersten Satz zuzustimmen ist, so stark kann doch am zweiten gezwei-
felt werden. Frei von Widerspruch und Widerspruchslosigkeit ist nur die absolut
relativistische Beliebigkeit oder eine absolute (vollkommene) Identität. Adornos
Hinweise an anderer Stelle, „den besseren Zustand [...] denken als den, in dem

man ohne Angst verschieden sein kann" (Adorno 1951: 116), weisen in die entgegengesetzte Richtung. Nicht ernsthaft kann Adorno daher in der ‚wahren Gesellschaft' auf die Abschaffung formallogischer Verbindlichkeit abzielen.
Ganz im Gegenteil: Nur durch eine konsequente Explikation von Widersprüchen kann
eine ‚wahre Gesellschaft' verstanden werden als eine nicht-repressive Vergesell-
schaftungsweise auf intersubjektiver und objektiver (und letztlich auch
intrasubjektiver) Ebene. Produktive Widersprüche, verstanden als heteronome
Momente, die den Subjekten in einer Hinsicht entgegenstehen und die gleichzeitig in anderer Hinsicht handlungserweiternd sind, können sogar als konstitutiv
für eine ‚versöhnte Gesellschaft' verstanden werden (*Problemebene 3: sozial-
und moralphilosophische Dimension*). Adornos Hinweis auf eine ‚wahre Gesellschaft' wäre maßgebend zu ergänzen und umzuformulieren, sofern der Gehalt
dessen, was die Idee der ‚versöhnten Gesellschaft' bezeichnet, bis zur Verwirklichung bewahrt werden soll. Die Utopie wäre nicht frei von Widerspruch und
Widerspruchslosigkeit, sondern auf ihre emanzipatorischen und ihre repressiven
Effekte, Widersprüche und Grundannahmen hin zu überprüfen. Eigenständige
Momente und Konstellationen, die sowohl repressiven als auch emanzipatorischen Charakter gegenüber ihren Urhebern annehmen können, die sowohl in
ihrer inneren Vermittlung als auch in ihrem äußeren strikten Gegensatz zwischen
den beiden Polen Individuum und Gesellschaft, Subjekt und Objekt auszumachen sind, werden im Verfahren einer negativen Dialektik erfasst. Einem verbreiteten Missverständnis zufolge bedeutet der Verweis auf den je schon gesellschaftlichen Charakter und die je schon gesellschaftlich präformierten Konstitu-
tionsbedingungen *stets* Repression, Zurichtung und Gewalt. Obwohl dies zwei-
fellos häufig genug der Fall ist – das ganze Projekt einer Kritischen Theorie
wendet sich entschieden gegen all die Beschädigungen und Zumutungen, die den
Subjekten (nicht nur) innerhalb der Wertvergesellschaftung angetan werden –, so
verweist eine konsequent vermittlungslogische Argumentation auch immer darauf, dass gesellschaftliche Konstitution keineswegs zwangsläufig und ausschließlich mit Repression verbunden sein muss. Im Gegenteil: autonomiefördernde Momente sind notwendig an die gesellschaftlichen objektiven und intersubjektiven Möglichkeiten geknüpft. Die Konzeption einer ‚versöhnten Gesellschaft' ist daran gebunden, dass die ihr zugrundeliegenden objektiven und intersubjektiven Möglichkeiten nachhaltig Autonomie fordern und fördern können
und begnügt sich keineswegs mit einer Verlautbarung, die den ‚Widerspruch und
die Widerspruchslosigkeit gleichermaßen' verkündet. „Die Verleugnung sozialer
Objektivität läßt ihrer puren Form nach diese unbehelligt: Logik, verabsolutiert,
ist Ideologie." (Adorno 1969b: 37) Dem ist hinzuzufügen: Dialektik, verabsolutiert, ist Ideologie! Da eine konsequent vermittlungslogische Dialektik sowohl
im Anschluss an Adorno als auch an Hegel weder von unvermittelten Einzeltat-

sachen ausgehen noch aus einer statischen Totalitätsvorstellung schöpfen kann, gerät *jegliche* Verabsolutierung zur Ideologie. Weder ‚die Logik' noch ‚die Dialektik' ist per se ideologisch, nicht-ideologisch oder vor instrumentellem Zugriff gefeit. Es gibt – so auch Adorno – keine ungesellschaftlichen Begriffe. Auch die formale Logik, die ihre Stärke und ihre Schwäche durch ihre Abstraktionskraft von inhaltlichen Zuschreibungen erhält, ist nicht unabhängig von gesellschaftlichen Bestimmungen.

Adornos Bestrebungen in der ‚Einleitung in den Positivismusstreit' Gründe darzulegen, warum die Dialektik eine in mehreren Hinsichten überlegene Logik sei, führen sogar zu einer abgeschlossenen Dialektikkonzeption:

> „Eine befreite Menschheit wäre länger nicht Totalität; ihr Ansichsein ist ebenso deren Unfreiheit, wie es sich über sich selbst als das wahre gesellschaftliche Substrat täuscht. Damit ist zwar nicht das Desiderat einer logischen Analyse des Begriffs der Totalität, als eines Widerspruchslosen, erfüllt, das Albert gegen Habermas anmeldet, denn die Analyse terminiert im objektiven Widerspruch der Totalität." (ebd.: 19)

Elemente einer ableitungslogischen Dialektikvorstellung zeigen sich in der Behauptung Adornos, dass das Objekt, die Sache selbst antagonistisch sei, und deshalb im Bewusstsein auch die Möglichkeiten, den widersprüchlichen Charakter der Sache selbst zu erfahren, erscheinen. Dem Bewusstsein verbleibt so die Möglichkeit, getreu dem Modell des verabsolutierten Zusehens, die Sache selbst zum Begriff zu erheben, d.h. den Widerspruch zu entfalten und auseinanderzulegen, um den Gegenstand schließlich zum Begriff zu führen. Eine (dichotome) Ableitung, die letztlich das Problem der hegelschen Teleologie auszeichnet, liegt nahe.

> „Aber das Erkenntnisideal der einstimmigen, möglichst einfachen, mathematisch eleganten Erklärung versagt, wo die Sache selbst: die Gesellschaft nicht einstimmig, nicht einfach ist, auch nicht neutral dem Belieben kategorialer Formung anheimgegeben, sondern anders, als das Kategoriensystem der diskursiven Logik von seinen Objekten vorweg erwartet. Die Gesellschaft ist widerspruchsvoll und doch bestimmbar; rational und irrational in eins, System und brüchig, blinde Natur und durchs Bewußtsein vermittelt. Dem muß die Verfahrensweise der Soziologie sich beugen." (ebd.: 125)

Das jedoch gelingt nur im Projekt einer offenen negativen Dialektik, die die Eigenständigkeit, Selbstreferenz und Emergenz aller Momente hinsichtlich ihrer repressiven und autonomiefördernden Seiten fokussiert. *Gegen* eine abgeschlossene, ableitungslogische Dialektikkonzeption opponiert Adorno an anderen Stellen – aus besseren Gründen:

„Der drohende Rückfall der Reflexion ins Unreflektierte verrät sich in der Überlegenheit, die mit dem dialektischen Verfahren schaltet und redet, als wäre sie selber jenes unmittelbare Wissen vom Ganzen, das vom Prinzip der Dialektik gerade ausgeschlossen wird. Man bezieht den Standpunkt der Totalität, um den Gegner jedes bestimmte negative Urteil im Zeichen eines belehrenden So war es nicht gemeint aus der Hand zu schlagen und zugleich selber gewaltsam die Bewegung des Begriffs abzubrechen, die Dialektik mit dem Hinweis auf die unüberwindliche Schwerkraft der Fakten zu sistieren. Das Unheil geschieht durchs Thema propandum: man bedient sich der Dialektik anstatt an sie sich zu verlieren. Dann begibt sich der souverän dialektische Gedanke zurück ins vordialektische Stadium: die gelassene Darlegung dessen, daß jedes Ding seine zwei Seiten hat." (Adorno 1951: 282f.)

Ein genuin dialektisches Verfahren ist somit nicht darauf zu beschränken, dass ein Begriff zwei (entgegengesetzte) Bedeutungen umfassen kann. Die Zuspitzung zweier Seiten einer Konstellation bis hin zum kontradiktorischen Widerspruch bildet noch keine sozialwissenschaftlich angemessene Grundlage für eine Dialektikkonzeption im strengeren Sinne.

Im engeren Sinne eines dialektischen Verfahrens geht es – wie an der Diskussion um die Lügnerantinomie ersichtlich wurde – darum, negative Selbstbezüglichkeiten innerhalb eines Ausgangsmoments bei (mindestens) einem strikt kontradiktorisch entgegengesetzten Moment zu erfassen. Unterhalb dieser Argumentationsfigur wird sich ein genuin dialektisches Verfahren in den Sozialwissenschaften nicht rational ausweisbar konzipieren lassen. Unterhalb einer reflexiv vermittlungslogischen Struktur der strikten Antinomie bewahrheitet sich die Kritik an einem letztlich nicht rational ausweisbaren Begriff des dialektischen Widerspruchs, wie sie besonders treffend und deutlich Elbe formuliert:

„Exemplarisch seien an dieser Stelle [...] Aspekte von Theodor W. Adornos Explikationsversuch des Begriffs einer dialektischen, über kritisch-rationalistische Positionen hinausweisenden Wissenschaft erwähnt. Dabei wird deutlich, wie es Adorno nur mittels unzulässiger Äquivokationen und Präsuppositionen gelingt, eine methodologische Spezifität dialektischer Wissenschaft auszuweisen, indem er dialektische Widersprüche des Objekts in die Nähe logischer Widersprüche des Subjekts resp. der Theorie lanciert, um diese damit als ‚dialektisch' zu legitimieren. [...] Adorno verfehlt sein hoch gestecktes Beweisziel, die (logische) Widersprüchlichkeit von Theorien durch den widersprüchlichen Charakter ihres Gegenstandes zu rechtfertigen und damit den Popperschen Ansatz ‚dialektisch' zu überbieten." (Elbe 2008: 123)

Adornos Kritische Theorie greift jedoch weitaus häufiger auf einen anderen Widerspruchsbegriff zurück, der sich nicht allein aus dem (proklamierten und postulierten) widersprüchlichen Charakter des Gegenstands speist. Strikt antinomisch strukturierte Argumentationsfiguren, die Adorno zur Erklärung der negativen Dialektik heranzieht, finden sich in denjenigen seiner Ausführungen, die weniger im Handgemenge entstanden sind. Sie legen den Weg für eine vermittlungslogische, reflexive, offene Dialektik in den Sozialwissenschaften frei.

3.1.2   Strikt antinomische Argumentationsfiguren bei Adorno

Popper kritisiert Adornos schwache Versuche, Dialektik als notwendigen Verstoß gegen das aristotelische Widerspruchsverbot zu postulieren, in aller Deutlichkeit. Ebenso genüsslich weist Albert (v.a. Albert 1964a) darauf hin:

> „Auch er [Adorno, S.M.] wird im allgemeinen nicht bereit sein, das Prinzip der Widerspruchsfreiheit zu suspendieren, obwohl er in seiner Einleitung [in den Positivismusstreit, S.M.] wieder mehrfach entsprechende Formulierungen bringt. Daß ein ‚dialektischer Widerspruch‘, der ‚die realen Antagonismen‘ ausdrückt, unter Umständen durchaus mit diesem Prinzip vereinbar sein könnte, kommt ihm offenbar nicht in den Sinn." (Albert 1964b: 338)

Jedoch ist genau dies in nahezu sämtlichen anderen Ausführungen Adornos der Fall.

> „Die Kontamination von Dialektik und Irrationalismus [wie sie Albert Adorno vorwirft, S.M.] stellt sich blind dagegen, daß Kritik an der Logik der Widerspruchslosigkeit diese nicht außer Kurs setzt sondern reflektiert." (Adorno 1969b: 79)

Die Differenz einer negativen Dialektik zur formalen Logik besteht nicht in einer proklamatorischen Negation der aristotelischen Denkgesetze, vielmehr in einem bewussten Umgang, der – getreu dem hegelschen Aufhebungsbegriff – diese nicht außer Kraft setzt.

Adornos Bestreben in der langjährigen Arbeit an der *Negativen Dialektik*, verbunden mit den Vorlesungen, die er von 1960 bis 1966 dazu hielt, den *Drei Studien zu Hegel* und den späteren Arbeiten an der *Ästhetischen Theorie*, ist vor allem den Fragen einer sozialwissenschaftlich reflexiven Dialektik gewidmet, die die marxsche Kritik der hegelschen Hypostasierungen aufnimmt und kritisch weiterentwickelt: „Absicht des Ganzen ist die Vorbereitung eines veränderten Begriffs von Dialektik." (Adorno 1963a: 250) Dieser veränderte Begriff soll zudem über die logischen Grundlagen, über das Verhältnis zur formalen Logik ebenso Auskunft geben können, wie er die Überwindung hegelscher identitätslogischer Momente ermöglichen soll, welche Adorno überhaupt erst zur veränderten Schwerpunktsetzung im Projekt der Dialektik veranlassten. Zentral ist die

Idee eines dialektischen Widerspruchs, dem im rationalen Konzept einer negativen Dialektik eine entscheidende Bedeutung zukommt. Eines der Axiome der formalen Logik ist der Satz vom ausgeschlossenen Dritten und

„so nimmt alles, was ihm nicht sich einfügt, alles qualitativ Verschiedene die Signatur des Widerspruchs an. Der Widerspruch ist das Nichtidentische unter dem Aspekt der Identität." (Adorno 1966: 17)

Adorno hebt insbesondere das qualitativ Verschiedene, das Nicht-Identische innerhalb des Horizonts formaler Logik hervor. Negative Dialektik bleibt

„gebunden an die obersten Kategorien von Identitätsphilosophie. Insofern bleibt auch sie falsch, identitätslogisch, selber das, wogegen sie gedacht wird. Berichtigen muß sie sich in ihrem kritischen Fortgang, der jene Begriffe affiziert, die sie der Form nach behandelt, als wären es auch für sie noch die ersten." (ebd.: 150)

Adorno kritisiert den repressiven Gehalt, den eine abgeschlossene, statische Vorstellung von Identität hegt. Da aber ein starrer Begriff von Identität sowohl in formallogischer als auch in sozialwissenschaftlicher Hinsicht vorstellbar ist, kann die Dichotomie eines formallogisch statischen Konzepts der Identität und eines dynamischen Identitätsverständnisses in den Sozialwissenschaften kaum aufrechterhalten werden. Im Verfahren der Kritischen Theorie Adornos handelt es sich nicht um eine Verwerfung des Identitätsprinzips an sich. Der Hinweis Adornos, dass Identität „die Urform von Ideologie" (ebd.: 151) sei, verweist lediglich auf eine bestimmte, aus sozialwissenschaftlicher Perspektive verkürzte Vorstellung von Identität, die ihre eigenen Vorannahmen und ihre historische Verortung innerhalb gegebener gesellschaftlicher Macht- und Herrschaftsbeziehungen nicht in die Theoriebildung aufnimmt. Einen solchen Identitätsbegriff, „die reine Widerspruchslosigkeit [...], Tautologie, der Begriff gewordene Wiederholungszwang ohne Inhalt" (Adorno 1969b: 70), verwirft Adorno zu Recht in aller Eindeutigkeit.

Darüber hinaus greift Adorno auf einen zweiten Begriff von Identität zurück, der enger an das Projekt einer negativen Dialektik gekoppelt ist. In dieser Perspektive arbeitet er die nicht-identischen Momente (beispielsweise repressive Momente innerhalb scheinbar autonomiefördernder Konzepte) heraus – unter der Prämisse, Identität mit Blick auf die ‚versöhnte Gesellschaft‘ herzustellen. Eine solche Konzeption von Identität zeigt die repressiven und autonomiefördernden Bestimmungen der jeweiligen Sachverhalte auf und nimmt im Argumentationsgang der negativen Dialektik eine entscheidende Funktion ein: Zurückdrängung aller Beschädigungen und Aufklärung über sämtliche Ideologien. Im Rückgriff

auf dieses Verständnis von Identität erweist sich das Verfahren der negativen
Dialektik als Kritik herrschender Ideologie. So wird der Begriff der Identität von
Adorno in doppelter Funktion verwendet. Einerseits kann das Denken im Identitätsprinzip Herrschafts- und Machtstrategien verschleiern und rechtfertigen,
andererseits kann es als Kritik genau dieser Mechanismen fungieren – im Blick
auf die ‚versöhnte Gesellschaft‘. Aus dieser Perspektive ist Identität gleichsam
die Urform von Kritik. Negative „Dialektik ist das konsequente Bewußtsein von
Nichtidentität" (Adorno 1966: 17), die auf einen doppelten Begriff von Identität
(Einheit und Differenz) angewiesen ist.

Der Kritik am Identitätsprinzip Adornos kommt eine wichtige Funktion innerhalb seiner Ideologiekritik zu. Er wendet sich nicht generell gegen Identifika-
tionen, sondern gegen ein Verfahren, das im Sinne einer puren Selbstbezüglichkeit ausschließlich die Reproduktion des Bestehenden wiedergeben kann. Auch
hier erweist sich die spezifische Stärke einer konsequent vermittlungslogischen
Argumentation. Sofern kein Moment in der Wahrnehmung (oder in der Sache)
auf ein Entgegenstehendes verweist, wenn demnach eine absolute Identität zwischen Begriff und Sache, zwischen Subjekt und Objekt herrscht, verbleibt nur
die Möglichkeit einer unmittelbaren (und eben nicht vermittelten) affirmativen
Beschreibung. Die Gesamtrelation gesellschaftlicher Vermittlungszusammen-
hänge wird damit ausgeblendet. In diesem Sinne ist Identität die Urform von
Ideologie. Anders (und präziser) formuliert könnte die These Adornos lauten:
Erkennen geht nicht im Identifizieren auf! Soll (beispielsweise) die Idee der
Freiheit nicht entscheidend verkürzt werden, so müssen die Momente, die über
ein identifizierendes Verfahren hinausgehen, stets schon mitbedacht werden,
sofern nicht in einer ideologischen Verklärung, mithin in der bloßen Affirmation
verharrt werden soll.

Adornos Kritik des Identitätsprinzips besteht zusammenfassend bei weitem
nicht nur aus dem bloßen Verweis auf das Nichtidentische. Innerhalb des Identitätsprinzips selbst wird eine subsumtions- und eine emanzipationslogische Lesart
eröffnet. Identität in sozialwissenschaftlicher Hinsicht kann auf die blinde Reproduktion, auf die ‚Urform von Ideologie‘ verweisen oder auf eine Diskrepanz
von Begriff und Sache, in der Identität nur unter Zwang erreicht werden kann. So
treten in der Forderung nach Identität auch die emanzipationslogischen Möglichkeiten hervor: Der stete Verweis auf nichtidentische Momente öffnet den Blick
auf entscheidende Einschränkungen der Denk- und Handlungsmöglichkeiten der
Subjekte. Die hegelsche Identität der Identität und Nicht-Identität wird dadurch
überführt in eine Perspektive, die als übergreifendes Motiv jederzeit die nicht-
identischen Momente stärkt. Dadurch ergibt sich die Möglichkeit, die Vermittlung von Identität und Nicht-Identität nicht ausschließlich kontradiktorisch fassen zu müssen.

3.2 Zusehen und Zutat: Die zwei Kritikbegriffe Adornos

Dialektische Argumentationen werden häufig mit dem Verfahren einer immanenten Kritik verbunden oder gar gleichgesetzt. Adorno greift in einer bestimmten Art und Weise auf das hegelsche Verfahren einer immanenten Kritik zurück. Hegel schlägt in seinem Modell der immanenten Kritik zuweilen suggestive Umgangsmöglichkeiten mit Widerspruchskonstellationen vor, die einerseits die aristotelische Logik in einem sehr strengen Sinne anerkennen, aber häufig genug unterstellen, dass diese längst aus der Perspektive transzendental idealistischer Philosophie verlassen wurde.

„Die Auflösung dieses Widerspruchs ist nicht die Anerkennung der *gleichen Richtigkeit* und der gleichen Unrichtigkeit beider Behauptungen – dies ist nur eine andere Gestalt des bleibenden Widerspruchs –, sondern die *Idealität* beider, als in welcher sie in ihrem Unterschiede, als gegenseitige Negationen, nur *Momente* sind" (WW5: 168; Hervor. im Orig.).

Ganz auf dem Boden des aristotelischen Widerspruchsverbots zieht Hegel keineswegs die ‚Richtigkeit' zweier (entgegengesetzter) Behauptungen heran, um das spekulative Verfahren zu rechtfertigen. Von einer Konzeption des ‚bleibenden Widerspruchs', wie er in polaren, konträren und kontradiktorischen Bestimmungen auftaucht, grenzt er sich ab. Stattdessen argumentiert Hegel vor dem Hintergrund einer Verhältnisbestimmung, in der diese Widerspruchsbegriffe ‚aufgelöst' sind und hinsichtlich ihrer Momente betrachtet werden.

Neue Stufen ergeben sich, indem die jeweils vorhergehenden negiert und doch gleichzeitig aufbewahrt werden, indem sie auf eine höhere als die Ausgangsstufe gehoben werden. Nicht nur die Figur der Aufhebung ist dafür zentral, sondern die Spezifika des hegelschen vermittlungslogischen Denkens, der Spekulation, werden sichtbar.

„Hegel […] beschreib[t] aber den Stufenübergang nicht nur als einen Prozeß der Ablagerung einer neuen Reflexionsschicht in die Sphäre des Erkenntnisinhalts – mit jedem Stufenübergang ist vielmehr eine *Umkehrung des Bewußtseins* verbunden. Umkehrung des Bewußtseins bedeutet soviel wie Abwendung des Bewußtseins von seinen Gegenständen und Zurückwendung auf seine eigene Tätigkeit. In dieser Zurückwendung analysiert bzw. reflektiert das Bewußtsein die Schemata seiner Aktivität." (Kesselring 1992: 277; Hervor. im Orig.)

Was sich auf einer vorhergehenden Stufe als kritikwürdig erwiesen hat, wird durch Kritik auf eine höhere Stufe gehoben und dadurch aber nicht (nur) zum Verschwinden gebracht. Durch eine Unterscheidungsmöglichkeit innerhalb des

Verfahrens der Kritik in produktive und zu negierende Momente bleibt das Ausgangsmoment auf einer höheren Stufe erhalten. Stufe um Stufe wird erklommen und immer komplexere Argumentationsfiguren zeichnen sich ab, die durch vielfältige Vermittlungsrelationen gekennzeichnet sind. Damit geht das hegelsche System einem wohlgeordneten Gang der Dinge nach:

> „Aus der Tatsache, daß der Inhalt der Erkenntnis auf jeder Stufe durch Objektivierung der Form der vorausgehenden Stufe zustande kommt, wird verständlich, inwiefern die Erkenntnis von Stufe zu Stufe an Komplexität zunimmt, ohne von außen neue Elemente aufzunehmen." (ebd.: 280)

Ohne Momente ‚von außen' aufzunehmen, soll der geregelte Gang der Dinge[11] möglich sein – doch so schematisch geht es selbst bei Hegel nicht zu! An dieser Stelle erweisen sich unterschiedliche Interpretationsmöglichkeiten der hegelschen Theorie, insbesondere bezüglich des Umgang mit dem Verhältnis von *Zusehen* und *Zutat* als Zentralproblem einer dialektischen Konzeption (*Problemebene 3: sozial- und moralphilosophische Dimension*).

In der Lehre von *Zusehen* und *Zutat* stellt Hegel das Verfahren einer immanenten Kritik vor. Hegel greift dazu auf die für die idealistische Philosophie grundlegende Unterscheidung von Wissen und Wahrheit zurück. Wahrheit ist erreicht, wenn der Begriff dem Gegenstand entspricht und der Gegenstand dem Begriff:

> „Das *Ziel* aber ist dem Wissen ebenso notwendig als die Reihe des Fortgangs gesteckt; es ist da, wo es nicht mehr über sich selbst hinauszugehen nötig hat, wo es sich selbst findet und der Begriff dem Gegenstande, der Gegenstand dem Begriffe entspricht. Der Fortgang zu diesem Ziele ist daher auch unaufhaltsam und auf keiner frühern Station Befriedigung zu finden." (PdG: 69; Hervor. im Orig.)

Wie und ob dieser Fortgang unaufhaltsam ist und ob Hegel sich damit dem Ende eines dialektischen Prozesses teleologisch nähert, verbleibt eine der klassischen Fragen im Anschluss an die hegelsche Theorie.

In der Diskussion um das Verhältnis von Zusehen und Zutat im Verfahren einer immanenten Kritik legt Hegel zunächst seine Vorannahmen offen. Er hält fest, dass das Erkennen einer Sache dieser selbst nicht äußerlich bleibt, „daß die Anwendung eines Werkzeugs auf eine Sache sie vielmehr nicht läßt, wie sie für sich ist, sondern eine Formierung und Veränderung mit ihr vornimmt." (ebd.: 63)

---

[11] Vgl. auch: „Die Dialektik Hegels […] ist teleologisch aufgebaut, d.h. die Erkenntnis schreitet durch sämtliche partikularen Momente zielstrebig hindurch, so daß man auf jeder Stufe genau weiß, wo man steht. Bei dem Prozeß ist das Bewußtsein leitend, daß alle Schritte letztlich auf die vollständige Vermittlung des Ganzen zusteuern." (Bubner 1983: 39)

Auch die entgegengesetzte Annahme, dass die Erkenntnis von der Sache ausgehe, zeige, dass die Sache selbst nicht streng vom Erkenntnisvorgang getrennt werden könne. Ein unvermittelter, dichotomer Startpunkt setzt Hegel zufolge

> „Vorstellungen von dem Erkennen als einem Werkzeuge und Medium, auch einen Unterschied unserer selbst von diesem Erkennen voraus; vorzüglich aber dies, daß das Absolute auf einer Seite stehe und das Erkennen auf der andern Seite für sich und getrennt von dem Absoluten doch etwas Reelles, oder hie[r]mit, daß das Erkennen, welches, indem es außer dem Absoluten, wohl auch außer der Wahrheit ist, doch wahrhaft sei, eine Annahme, wodurch das, was sich Furcht vor dem Irrtume nennt, sich eher als Furcht vor der Wahrheit zu erkennen gibt." (ebd.: 65; Hervor. im Orig.)

,Wahrheit' als Stufe der Erkenntnis ist für Hegel weder von außen an die Dinge, Begriffe, Erkenntnisgegenstände bzw. allgemeiner: an den Weltinhalt heranzutragen, sondern sie ist bereits – wenn auch stets in vermittelter Art und Weise – den Weltinhalten selbst zu entnehmen. Ein ausschließlich äußerer Standpunkt der Kritik und Erkenntnis ist für Hegel nicht haltbar. Er geht von einer streng immanenten Argumentation aus. Sowohl Weltinhalte als auch Bewusstseinsinhalte sind nicht losgelöst vom ,Absoluten', vom je schon gegebenen und vorausgesetzten Subjekt-Objekt-Vermittlungsverhältnis. Idealtypisch werden im hegelschen Verfahren Begriff und Gegenstand, Gegenstand und Begriff miteinander verglichen. Ein vorfindlicher Stand wird an einer möglichen Bestimmung gemessen und sofern Diskrepanzen festgestellt werden können, erweist sich das Verfahren als „die bewußte Einsicht in die Unwahrheit des erscheinenden Wissens, dem dasjenige das Reellste ist, was in Wahrheit vielmehr nur der nichtrealisierte Begriff ist." (ebd.: 67) Mit nichtrealisierten Begriffen gibt sich Hegel keinesfalls zufrieden. Das Prüfungsverfahren besteht nun darin, mögliche Lücken zwischen Begriff und Gegenstand sichtbar zu machen.

> „Nennen wir das *Wissen* den *Begriff*, das Wesen oder das *Wahre* aber das Seiende oder den *Gegenstand*, so besteht die Prüfung darin, zuzusehen, ob der Begriff dem Gegenstande entspricht. Nennen wir aber *das Wesen* oder das *Ansich des Gegenstandes den Begriff* und verstehen dagegen unter dem *Gegenstande* ihn als *Gegenstand*, nämlich wie er *für ein anderes* ist, so besteht die Prüfung darin, daß wir zusehen, ob der Gegenstand seinem Begriff entspricht. Man sieht wohl, daß beides dasselbe ist; das Wesentliche aber ist, dies für die ganze Untersuchung festzuhalten, daß diese beiden Momente, *Begriff und Gegenstand*, *Füreinanderes-* und *Ansichselbstsein*, in das Wissen, das wir untersuchen, selbst fallen, und hiemit wir nicht nötig haben, Maßstäbe mitzubringen und *unsere* Einfälle und Gedanken bei

der Untersuchung zu applizieren; dadurch, daß wir diese weglassen, erreichen wir es, die Sache, wie sie *an* und *für sich* selbst ist, zu betrachten." (ebd.: 71f.; Hervor. im Orig.)

Ohne jegliche Zutat von außen soll damit ein Verfahren ermöglicht werden, das Hegel als die Position des ‚reinen Zusehens' bezeichnet. Indem der reine Begriff und der Gegenstand zusammengenommen werden, soll deutlich werden, ob beide sich entsprechen – oder eben nicht. Stillschweigend vorausgesetzt wird im Modell des reinen Zusehens, dass ein Bewusstsein der zugrundeliegenden Gesamtstruktur vorhanden sein muss. Im hegelschen Konzept des reinen Zusehens, das erst aus dem Blickwinkel einer bereits erreichten ‚Wahrheit' erscheint, ist der Begriff zum Gegenstand, der Gegenstand zum Begriff erhoben. Wird dieser Hinweis unvermittelt verstanden (und hypostasiert), ergibt sich rasch die Standardinterpretation Hegels als absoluten Idealisten, der letztlich alles und jedes in einem Übersubjekt auflöst. Unvermittelte Identität, die Übereinstimmung von Sein und Bewusstsein ist aber – selbst und vor allem im hegelschen Denken – die kompromisslose Affirmation des Bestehenden, der Reflex. Wird das Modell des reinen Zusehens hypostasiert, verbleiben keine Unterscheidungsmöglichkeiten hinsichtlich repressiver und nicht-repressiver Bestimmungen, die ‚über das Gefüge des Bestehenden' (Adorno) hinausragen. Erkenntnis und Kritik sind *identisch*, wenn Begriff und Gegenstand einander entsprechen.

Erkenntnis und Kritik bleiben daher stets *auch* auf die subjektive Zutat angewiesen, selbst wenn diese wiederum dem Immanenzzusammenhang unterliegt. Die subjektiv verhaftete Zutat ist stets auch hinsichtlich ihrer emergenten Merkmale zu betrachten – sie bleibt bestehen, sofern die Zutat nicht vollständig identitätslogisch aufgelöst werden soll. Im Falle eines absoluten Immanenzzusammenhanges werden Zusehen und Zutat ununterscheidbar und damit identisch. Begriff und Gegenstand hinsichtlich ihrer repressiven und ihrer autonomiefördernden Effekte zu diskutieren (*Problemebene 3: sozial- und moralphilosophische Dimension*) wird problematisch, wenn die subjektive Zutat vollständig im Zusehen aufgelöst wird. Die Produktivität des Widerspruchs zwischen Wissen und Wahrheit, zwischen Sein und Bewusstsein wird in einer subsumtionslogischen Lesart unterschlagen und alles wird zur ununterscheidbaren Identität, sofern das Modell des reinen Zusehens unvermittelt gedacht und hypostasiert wird. Emanzipatorisches Potenzial, das in nichtrealisierten Begriffen schlummert, entfaltet sich keinesfalls in der Rückbesinnung auf eine Subjekt-Objekt-Identität. Ob das Subjekt-Objekt-Verhältnis als abgeschlossenes und statisches konzipiert wird oder im Gegensatz dazu als offene, vermittlungslogische Konstellation, entscheidet sich nicht zuletzt am Umgang mit der Frage nach der Zutat, die wiederum nicht allein den subjektiven Anstrengungen zugeschlagen werden kann. In der Diskussion der freudschen Theorie wird sich zeigen, wie ‚unsere Einfälle und Gedanken' (Hegel) einen konstitutiven Beitrag zum Verfahren der immanenten Kritik leisten, welches dann nicht mehr als ‚reines Zusehen' ausgewiesen werden kann. Eigene Irritationen und Affekte bilden in der Psychoanalyse als Zutat paradigmatisch den Weg der Kritik und der Erkenntnis. Der identitätsphilosophische Hegel begnügt sich mit dem Zusehen:

> „Aber nicht nur nach dieser Seite, daß Begriff und Gegenstand, der Maßstab und das zu Prüfende, in dem Bewußtsein selbst vorhanden sind, wird eine Zutat von uns überflüssig, sondern wir werden auch der Mühe der Vergleichung beider und der eigentlichen *Prüfung* überhoben, so daß, indem das Bewußtsein sich selbst prüft, uns auch von dieser Seite nur das reine Zusehen bleibt." (ebd.: 72; Hervor. im Orig.)

Hegel strebt an, die Zutat in das Zusehen hineinzunehmen, sie im Modell des Zusehens aufzuheben. Begriff und Gegenstand beinhalten die (gesamte?) Erkenntnisleistung in sich. Das hypostasierte Modell des reinen Zusehens funktioniert damit nur unter (absolut-idealistischen) identitätsphilosophischen Prämissen. Aus diesem hermetischen Immanenzzusammenhang führt der Weg über die Zutat hinaus. Die Zutat ist jedoch ebenfalls nicht zu hypostasieren, da sie zunächst den subjektiven Maßstäben unterliegt und erst innerhalb der Reflexion auf das Verhältnis von Zusehen und Zutat die Einseitigkeit verlassen kann.

Im reinen Modell des Zusehens zeigt sich eine Vorstellung von immanenter Kritik, die die dialektisch-vermittlungslogischen Möglichkeiten an einem spezifischen Punkt unterschlägt. Innerhalb einer dialektisch-vermittlungslogischen Konzeption von Zusehen und Zutat, die weder die eine noch die andere Seite hypostasiert, muss im Oszillieren zwischen Zusehen und Zutat keines der beiden gegenüberstehenden Momente hypostasiert oder ein dichotomer, identitätslogischer Ausweg gefunden werden. Werden beide Momente hinsichtlich ihrer Größe und Reichweite, ihres Wissens und ihrer Wahrheit betrachtet, treten weitere sozialwissenschaftliche Möglichkeiten in den Vordergrund. Diese bestehen in erster Linie darin, nicht-verwirklichte autonomiefördernde Momente offenzulegen (*Problemebene 3: sozial- und moralphilosophische Dimension*). Gleichzeitig können die einschränkenden, repressiven Momente benannt und aufgezeigt werden. Das Verfahren einer so verstandenen immanenten Kritik, die streng vermittlungslogisch sowohl die Seite des Zusehens als auch die Momente der Zutat einbezieht, geschieht aber niemals allein durch die objektive Notwendigkeit des Seins, des Objekts. Die Handlungsmöglichkeiten der Subjekte bleiben innerhalb der Kluft zwischen Wissen und Wahrheit, zwischen Gegenstand und Begriff kontingent. Das weite Feld lässt sich hier zwischen repressiven und nicht-repressiven Konzeptionen von Wissen und Wahrheit abstecken.

Adornos Verfahren einer immanenten Kritik ist vor dem Hintergrund der hegelschen Ausführungen zum Verhältnis von Zusehen und Zutat zu verstehen.

Auch Adorno trifft zunächst eine Unterscheidung zwischen Begriff und Sache. Die Ausgangskonstellation ist ganz dem hegelschen Horizont verhaftet.

> „Indem Denken sich versenkt in das zunächst ihm gegenüberstehende, den Begriff, und seines immanent antinomischen Charakters gewahr wird, hängt es der Idee von etwas nach, was jenseits des Widerspruchs wäre." (Adorno 1966: 149)

Im Einklang mit den hegelschen Grundannahmen über das Verhältnis von Zusehen und Zutat weist Adorno darauf hin, dass Begriffe von ihrer Erscheinungsform unterschieden werden können und dass die Erscheinung nicht dem Begriff entsprechen muss. Das hierbei zugrunde gelegte Modell (Kritikbegriff 1) soll das ‚Messen der Verhältnisse an ihrem Begriff' ermöglichen. Beispielsweise kann die Frage nach dem Stand der Freiheit heute an (möglichen weiteren semantisch-pragmatischen Dimensionen) der Idee der Freiheit verglichen werden. Daraus ergibt sich eine Konstellation, in der ein Widerspruch zwischen der Verwirklichung und den Möglichkeiten deutlich wird. Zusammengenommen strebt diese Vorstellung von immanenter Kritik (Kritikbegriff 1) an, verwirklichte Freiheit bei gleichzeitigem Hinweis auf zu verwirklichende Freiheitsmöglichkeiten zusammenzudenken. Die Kluft zwischen beiden Momenten ist der Spielraum der Kritik.

Das ist das klassische Modell eines reinen Zusehens, einer immanenten Kritik, auf das auch Adorno zurückgreift. Diesem Verfahren liegt die Vorstellung zugrunde, dass durch das Messen der Verhältnisse an ihrem Begriff die Lücke zwischen Begriff und Sache erscheint und deswegen Veränderungen in Kraft treten (müssen?). Zentrale Bedeutung kommt dem ‚Messen' bei: Wie und wodurch wird klassifiziert, ob ein Widerspruch oder eine Identität im Verfahren der immanenten Kritik vorliegt? Sind diese (moral- und sozialphilosophischen) Maßstäbe, mit denen (vollständig oder teilweise?) letztlich gemessen wird, dem herrschaftlich präformierten Zwangszusammenhang selbst entlehnt? Oder gibt es darüber hinaus die Möglichkeit, einen (subjektiven, intersubjektiven und/oder objektiven) Maßstab an die zu kritisierende Sache anzulegen, um dem ‚universellen Verblendungszusammenhang' (Adorno) zu entkommen? Hegel favorisiert letztlich die Lösung, in der der Immanenzzusammenhang erhalten bleibt und die ‚Zutat' in das ‚Zusehen' aufgelöst wird. Der reflexiv-kritische Materialismus Adornos begnügt sich damit nicht.

In der Kritischen Theorie Adornos wird noch eine zweite Ebene (Kritikbegriff 2) sichtbar, die sich nicht ausschließlich auf das Verfahren der immanenten Negation beschränkt.

„Immanente Kritik hat ihre Grenze daran, daß schließlich das Gesetz des Immanenzzusammenhanges eins ist mit der Verblendung, die zu durchschlagen wäre." (Adorno 1966: 183).

Adorno geht über einen immanent verhafteten Kritikbegriff hinaus, indem er vermittlungslogisch auf die je schon gegebene und vorfindliche Einbettung des Kritikbegriffes 1 verweist, der nicht restlos im Verfahren des reinen Zusehens aufgeht. Er rekurriert damit auf die konstitutive Funktion einer moral- und sozialphilosophisch reflexiven ‚Zutat', die über das ‚Gesetz des Immanenzzusammenhangs' hinausragt. Verbunden ist damit eine unbedingte Parteinahme für die Reflexionsmöglichkeiten des Subjekts, das den Beschädigungen und Zumutungen innerhalb einer Gesellschaftsweise, die maßgeblich durch die Wertvergesellschaftung charakterisiert ist, unterliegt. Die Totalitätsvorstellung, auf die Adorno hier zurückgreift, erweist sich nicht als totalitär, sondern lediglich als konsequentes vermittlungslogisches Denken im je schon gegebenen gesellschaftlichen Zusammenhang, der insbesondere auf Macht- und Herrschaftsaspekte hin untersucht und kritisiert wird. Auf diese Weise ist eine Wendung beschrieben, die den Kritikbegriff 2 vom hegelschen Denken absetzt. Das Subjekt ist nicht mehr notwendige Durchgangsstufe für ein höheres Ziel, sondern es wird selbst der Referenzpunkt und das Ziel einer reflexiven Wendung im Eingedenken all der herrschaftlichen Strategien, Beschädigungen und bestehenden Machtverhältnisse:

„Philosophie, wie sie im Angesicht der Verzweiflung einzig noch zu verantworten ist, wäre der Versuch, alle Dinge so zu betrachten, wie sie vom Standpunkt der Erlösung aus sich darstellten." (Adorno 1951: 283)

Ein bloßes Verfahren der Messung von Verhältnissen an ihrem Begriff ist hier überschritten, wenn auch nicht obsolet geworden. Der Standpunkt der Erlösung ist nicht mehr das absolute Subjekt-Objekt (Hegel) oder das Proletariat in Herrschaftsfunktion (wie im Marxismus-Leninismus). Adorno ist sich der Gefahren eines verkürzten proklamatorischen sozial- und moralphilosophischen Maßstabs nur allzu bewusst (*Problemebene 3: sozial- und moralphilosophische Dimension*), wenn er ironisch das von ihm scheinbar verhängte Bilderverbot durchbricht (vgl. Adorno 1969a: 743). Das Modell des reinen Zusehens (Kritikbegriff 1) und das Eingedenken einer Zutat (Kritikbegriff 2) werden gleichermaßen einer sozial- und moralphilosophischen Reflexion unterworfen, dadurch in ihrer Unvermitteltheit eingeholt und ihrer jeweiligen Vermittlung überführt. Beide sind stets bereits gesellschaftlich präformiert und innerhalb einer reflexiven negativen Dialektik nie gänzlich eindimensional auflösbar. Ein angemessenes Modell des Zusehens ist ebenso auf die Reflexion des Kritikbegriffes 2 verwiesen, wie auch der Kritikbegriff 2 nie gänzlich verabsolutiert werden kann und von der immanenten Negation des Kritikbegriffes 1 abhängt. Zudem unterliegen beide Modelle dem ‚gesellschaftlichen Verblendungszusammenhang‘ und dennoch ist beiden Kritikbegriffen eine ‚Anweisung auf Wahrheit‘ zu entnehmen, die der ‚versöhnten Gesellschaft‘ entgegenkommt.

Die Standardinterpretation eines dialektischen Verfahrens, das von der These zur Antithese in die Synthese holpert, kann kaum annähernd diese beiden Kritikbegriffe angemessen erfassen. Adorno weist darauf hin, dass die ‚versöhnte Gesellschaft‘ weder durch eine ununterschiedene Einheit (absolute Identität) noch durch eine (vollständige) Trennung von Subjekt und Objekt gekennzeichnet ist. Die inneren Vermittlungsverhältnisse bei aufrechterhaltenem kontradiktorischem Widerspruch bilden die konstitutive Struktur. Es gibt eine Trennung, aber diese Trennung ist nicht hypostasiert. Es gibt eine Einheit, aber diese Einheit ist nicht zu verabsolutieren.

Immanente Kritik ist damit nicht nur auf das Messen der Verhältnisse an ihrem Begriff angewiesen. Immanente Kritik legt vielmehr die Struktur von der Emanzipation entgegenstehenden Momenten und Argumentationen offen, um sie ihrer eigenen Unzulänglichkeit und letztlich ihrer Unwahrheit zu überführen. So wird schließlich der Übergang zu einer Argumentationsweise ermöglicht, die sich orientiert an einer subjektgerechten Einrichtung auf objektiv-gesellschaftlicher und auf intersubjektiver Ebene. Die Idee einer subjektgerechten Einrichtung ist an ein Moment der Zutat gebunden, das den bestehenden Zwangszusammenhang transzendiert.

> „Ganz ohne Wissen von außen freilich, wenn man will ohne ein Moment von Unmittelbarkeit, eine Dreingabe des subjektiven Gedankens, der übers Gefüge von Dialektik hinausblickt, ist keine immanente Kritik fähig zu ihrem Zweck.“ (Adorno 1966: 183)

Das Moment, auf das Adorno hier eindrücklich verweist, ist neben dem Modell des Zusehens ein Verfahren der Kritik, die subjektiv als Unmittelbarkeit erscheint und als sozial- und moralphilosophische Reflexion in die Gesellschaftsanalyse eingeht (Kritikbegriff 2).

Beide Kritikbegriffe öffnet Adorno in zwei Richtungen: Zum einen verweist er auf die stark repressive Richtung, die sich als ‚universeller Verblendungszusammenhang‘ auszeichnet. Zum anderen greift Adorno auf die (häufig implizit verbleibende) Annahme einer nicht-repressiven Vergesellschaftung zurück. Dafür hält er die Kategorie der ‚versöhnten Gesellschaft‘ bereit. Beide Annahmen sind auf den reflexiven Einbezug der Zutat angewiesen. Ein gleichsam willfähriges Subjekt, das sich gänzlich dem objektiven Zwangszusammenhang beugen muss und dessen Kritikmöglichkeiten nur in der Anpassung an die äußeren Bedingungen zu verorten sind, sieht Adorno dagegen im hegelschen System gegeben. Adornos Hinweise auf eine *Zutat* sind dabei nicht ausschließlich der subjektiven Seite zuzuschlagen. Das von ihm favorisierte Modell greift auf eine Konzeption zurück, die (a) in gewisser Hinsicht ein reichhaltigeres sozialwissenschaftliches Potential als das hegelsche Zusehen bietet und die (b) letztlich erst den genuinen Kritikbegriff innerhalb der Kritischen Theorie auszeichnet. Immanente Kritik im Sinne Adornos verlässt sich nicht allein auf den Nachvollzug gesellschaftlich induzierter Beschädigungen und Zumutungen, sondern verfährt so streng vermittlungslogisch, dass noch die Anteile auf intrapsychischer, intersubjektiver und objektiver Ebene, die Hegel als Zutat hinausdefiniert, in die sozialwissenschaftliche Analyse miteinbezogen werden.

3.3 Denken in Konstellationen: Adornos Vermittlungsbegriffe

Nahezu alle Dialektikkonzeptionen weisen trotz ihrer Unterschiedlichkeiten die Kernvorstellung auf, dass (mindestens) zwei Momente gegensätzlicher Art verbunden und aufeinander angewiesen sind – sie sind *vermittelt*. Selbst in der Standardinterpretation findet sich ein Hinweis auf die These, die über die Antithese sich in einer Synthese *vermittelt*. Damit ist jedoch der sozialwissenschaftliche Gehalt von Vermittlung keineswegs erschöpfend dargestellt. Ein differenzierter Begriff von Vermittlung ist erforderlich, der verdeutlicht, dass sie über eine Schematisierung, in der nur die jeweilige Antithese gefunden werden muss, hinausgeht.

Eine angemessene Konzeption von Vermittlung kann als Springpunkt einer sozialwissenschaftlich relevanten Theorie der Dialektik verstanden werden. Beinahe definitionsgemäß verankert Adorno an dieser Stelle das Prinzip der Dialektik:

> „Dies ist eine innere Vermittlung; sie besteht darin, daß die beiden einander entgegengesetzten Momente nicht etwa wechselseitig aufeinander verwiesen sind, sondern daß die Analyse eines jeden in sich selbst auf ein ihr Entgegengesetztes als ein Sinnesimplikat verweist. Das könnte man das Prinzip der Dialektik gegenüber einem bloß äußerlich, dualistisch oder disjunktiv, unterscheidenden Denken nennen." (Phil. Term. II: 142)

Adorno gibt hier den entscheidenden Hinweis, wie er über den Dualismus von These und Antithese hinauszugelangen strebt. Innerhalb einer (negativen) Dialektik komme es darauf an, dass die beiden entgegengesetzten Momente (These und Antithese) nicht etwa ,nur' wechselseitig aufeinander verwiesen seien. Eine wechselseitige Verhältnisbestimmung zeige sich beispielsweise, wenn ein Sinnesimplikat einer These auf deren Antithese verweist und gleichzeitig die Antithese auf ihre These. Adorno bestimmt sein Verfahren dagegen genauer. Ihm geht es vorrangig um den Gegenstands- und Erkenntnisbereich, in dem ‚die Analyse eines jeden in sich selbst auf ein ihr Entgegengesetztes als ein Sinnesimplikat verweist'. Ein Ausgangsmoment wird analysiert und es zeigt sich in der genaueren Betrachtung, dass (mindestens) ein entgegenstehendes Moment *im* Ausgangsmoment enthalten ist. Dies jedoch bildet noch keine genuin dialektische Aussagenkonfiguration. Eine solche ist erst gegeben, wenn sich im Ausgangsmoment auf der einen Seite und im strikt entgegengesetzten Moment auf der anderen Seite (mindestens) das jeweils strikt entgegengesetzte Moment aufweisen lässt. Dialektische Vermittlung ist hier kein ausschließlich äußerliches Verfahren, in dem verschiedene (oder gar gegensätzliche) Bestimmungen schlicht zusammengezogen werden. Der Bezug aufeinander, das Wechselverhältnis zwischen den beiden Extremen ereignet sich ‚in sich selbst'. Das Festhalten entgegengesetzter innerer und äußerer Momente innerhalb einer Gesamtrelation kennzeichnet diesen Vermittlungsbegriff als dialektischen. Es liegt eine Gleichzeitigkeit vor, die innere Vermittlungsverhältnisse als konstitutiv für das Gesamtverhältnis betrachtet. Dabei besteht keineswegs ein Zwang zu einer Synthese; dieser ergibt sich ausschließlich aus der Perspektive einer teleologischen Identitätskonzeption.

3.3.1 Die Vermittlung von Gesellschaft und Individuum

Ein dialektischer Vermittlungsbegriff erlaubt eine andere Darstellung von Relationsbeziehungen, als sie mit additiven oder subsumierenden Verfahren möglich sind. Die sozialwissenschaftliche Bedeutung eines dialektischen Vermittlungsbegriffs (*Problemebene 1: Problem des Gegenstandsbereichs*) besteht darin, innere und äußere Gegensatzverhältnisse präziser im Blick auf handlungseinschränkende bzw. autonomiefördernde Bedingungen fassen zu können (*Problemebene 3: sozial- und moralphilosophische Dimension*). Größe und Reichweite eines dialektischen Verfahrens ergeben sich damit aus dem jeweils zugrundegelegten Vermittlungsbegriff.

Dass selbst ausgewiesene Dialektiker nicht vor der Problematik einer Standardinterpretation der Dialektik gefeit sind, zeigt sich im genaueren Blick auf einige (im Folgenden kursorisch vorgetragene) Behauptungen Adornos: Dialektik sei die „Ontologie des falschen Zustandes" (Horkheimer/Adorno 1944: 22). „Tatsächlich ist Dialektik weder Methode allein noch ein Reales im naiven Verstande." (ebd.: 148) Wenn Dialektik weder Methode noch reale Prozesse (wenn auch im naiven Sinne) bezeichnet, was bleibt dann noch übrig? Ist Dialektik demnach im ‚richtigen' Zustand etwa abgeschafft und überflüssig? Auch im Anschluss an Adornos Ausführungen können sich die Fallstricke einer Standardinterpretation der Dialektik einstellen, sofern man sich allzu vertrauensselig auf einzelne proklamatorisch vorgetragene Passagen verlässt. In zahlreichen Ausführungen hat Adorno jedoch beharrlich darauf verwiesen, wie er die Ordnung seiner dialektischen Argumentationsfiguren verstanden wissen möchte.

Die Stärke einer vermittlungslogischen Argumentation wird ersichtlich, wenn eines der Schlüsselprobleme in den Sozialwissenschaften, das Verhältnis von Individuum und Gesellschaft genauer betrachtet wird. In der Idee und im Begriff der Gesellschaft, wie ihn Adorno verschiedentlich nachzeichnet (vgl. Adorno 1955, 1956a, 1966), findet sich ein sozialwissenschaftliches Denken, das nicht der Feststellung äußerer Relationen verhaftet bleibt. In der genaueren Analyse des strikten Gegensatzes zwischen Individuum und Gesellschaft erweist sich die jeweilige innere Angewiesenheit und Verbundenheit der gleichzeitig (auf einer anderen Ebene) strikt getrennten Bereiche. Weder muss dichotom auf eine der beiden Seiten zurückgefallen werden, noch muss eine der Seiten hypostasiert und die Wahrheit des entgegengesetzten Moments dadurch außer Kraft gesetzt werden.

> „Das vereinzelte Individuum, das reine Subjekt der Selbsterhaltung verkörpert im absoluten Gegensatz zur Gesellschaft deren innerstes Prinzip. Woraus es sich zusammensetzt, was in ihm aufeinanderprallt, seine ‚Eigenschaften', sind allemal zugleich Momente der gesellschaftlichen Totalität." (Adorno 1956: 55)

Individuum und Gesellschaft werden nicht unverbunden gegenübergestellt oder auf wechselseitige Beeinflussung beschränkt. Am einen Ende der Argumentationsfigur findet sich ‚das Individuum', am anderen ‚die Gesellschaft'. Eine konsequent vermittlungslogische Argumentation verweist auf eine Verhältnisbestimmung innerer Vermittlungsrelationen, die gleichzeitig den äußeren strikten Widerspruch in die Argumentationsfigur aufnehmen.

Ersichtlich ist, dass es sich hierbei um keinen Vermittlungsbegriff handelt, der unterschiedliche Grade von Mischungsverhältnissen diskutiert. Basal geht Adorno davon aus, dass ‚das vereinzelte Individuum im absoluten Gegensatz zur Gesellschaft deren innerstes Prinzip verkörpert' (ebd.). Die Relationsbestimmung ist im ersten Schritt eine konträre (Individuum vs. Gesellschaft), der ein ‚absoluter Gegensatz' (ebd.) von zwei sich gegenüberstehenden Momenten zugrundeliegt. Doch nicht nur eine äußere Relationierung, sondern auch innere Vermittlungsverhältnisse sind aufzufinden. Die Gesellschaft ist erst von Individuen hervorgebracht und so verkörpert das Individuum das innerste Prinzip seines Gegensatzes, der Gesellschaft. Zugleich gehen die Individuen nicht restlos in

dem sie umfassenden absoluten Gegensatz, der Gesellschaft auf. Der Gesellschaft kommen zudem emergente Merkmale gegenüber den Individuen zu. Die
Struktur einer Antinomie, die hier auf einem konträren Gegensatz (A oder B)
aufgebaut ist, zeichnet sich ab. Der strikte Gegensatz zwischen Individuum und
Gesellschaft ist aufrechterhalten, während im innersten des einen Pols, der Gesellschaft, das entgegengesetzte Moment, nämlich individuelle Momente, aufzufinden sind. Auch auf der anderen Seite zeichnen sich die je schon gesellschaftlich präformierten Momente im Innersten des Individuums ab, während es zeit-
gleich emergente Momente aufweist. Damit ist die grundlegende Argumentationsfigur eines klassischen dialektischen Vermittlungsverhältnisses als ‚Vermittlung durch die Extreme hindurch in ihnen selber' (vgl. Adorno 1963a: 257) beschrieben. Dass für eine Vermittlung in und durch die Extreme eine Aufrechterhaltung eines strikten (konträren oder kontradiktorischen) Widerspruchs notwendig ist, spielt in der vermittlungslogischen Konzeption Adornos eine hervorgehobene Rolle.[12]

Doch Adorno begrenzt die vermittlungslogische Konfiguration im Verhältnis von Individuum und Gesellschaft nicht auf zwei (sich konträr gegenüberstehenden) Pole. Er erweitert die Vermittlungslogik entscheidend, indem er ein
weiteres basales Moment hinzunimmt, die Natur.

> „Das Verhältnis von Individuum und Gesellschaft läßt sich [...] nicht trennen von
> dem zur Natur. Die Konstellation zwischen den drei Momenten ist dynamisch. Es

---

[12] Adorno weist an zahlreichen Stellen darauf hin, dass die Kritische Theorie einen nicht-additiven,
nicht-agglomerierten Begriff von Gesellschaft und Individuum hegt und für eine sozialwissenschaftliche Analyse fruchtbar machen möchte: „Sie können sich hier vielleicht sehr einfach klar-
machen, was es eigentlich mit der Dialektik für eine Bewandtnis hat. [...] Deshalb ergreife ich
ganz gern die Gelegenheit, Ihnen an diesem relativ einfachen Modell, das ich Ihnen entwickelt habe, zu zeigen, in welchem Sinn der Begriff der Gesellschaft bereits an sich selbst ein dialektischer
Begriff sein soll und ein dialektischer Begriff ist. Ich habe Ihnen das letzte Mal sehr eingehend
gezeigt, daß er eben als ein vermitteltes und vermittelndes Verhältnis zwischen den einzelnen Individuen, nicht als bloßes Agglomerat von Individuen, gedacht werden kann. Ich habe heute [...]
darauf aufmerksam gemacht, daß auf der anderen Seite Gesellschaft aber auch genauso wenig ein
absoluter Begriff jenseits der Individuen ist. Er ist tatsächlich weder bloß die Summe oder die
Agglomeration [...] zwischen den Individuen, noch ist er ein den Individuen gegenüber absolut
Selbständiges, sondern er hat in sich selber immer gleichzeitig diese beiden Momente; er verwirklicht sich nur durch die Individuen hindurch, ist aber auf sie, eben als ihre Relation, nicht zu reduzieren und ist auf der anderen Seite auch nicht als ein an sich seiender reiner Oberbegriff zu fassen. Diese Tatsache, daß er auf die bündige Bestimmung: entweder Summe von Individuen oder
ein – etwa nach dem Bild des Organismus – Ansichseiendes, sich nicht reduzieren läßt, sondern
daß er eine Art von Wechselwirkung zwischen den Individuen und einer ihnen gegenüber sich verselbständigten Objektivität darstellt, das ist eigentlich das [...] makrosoziologische Modell für eine
dialektische Auffassung der Gesellschaft [...], weil nämlich hier der Begriff der Vermittlung der
beiden einander entgegengesetzten Kategorien, der Individuen auf der einen Seite und auf der anderen der der Gesellschaft, in beiden drinsteckt." (Adorno 1968: 68f.)

genügt nicht, bei der Einsicht in ihre perennierende Wechselwirkung sich zu beruhi-
gen, sondern eine Wissenschaft von der Gesellschaft hätte wesentlich die Aufgabe,
die Gesetze zu erforschen, nach denen jene Wechselwirkung sich entfaltet, und die
wechselnden Gestalten abzuleiten, die Individuum, Gesellschaft und Natur in ihrer
geschichtlichen Dynamik annehmen." (Adorno 1956: 43)

Obwohl Adorno hier von einer Wechselwirkung ausgeht und sogar Gesetze ‚ableiten' möchte, ist die grundlegende Struktur der Argumentation keine eindimensionale linear-kausale Ableitungslogik. Im Verhältnis von Individuum und Gesellschaft lassen sich nicht nur die beiden sich zunächst konträr gegenüberstehenden Momente jeweils in ihrer inneren Vermittlung im gegenüberliegenden
Pol nachzeichnen, sondern zudem wird das Verhältnis noch eingebettet in die es
umgebende Subjekt-Objekt-Konstellation. Die Natur bildet innerhalb des vermittlungslogisch konzipierten Zusammenhangs wiederum keine invariante Enti-
tät, auf die unvermittelt zurückgegriffen werden könnte. Die erste und die zweite
Natur wird in der Kritischen Theorie Adornos hinsichtlich ihrer Eigenständigkeit
im Verhältnis von Individuum und Gesellschaft einbezogen – sowohl im Blick
auf ihre konstitutiven Momente, bei gleichzeitiger Beachtung der inneren Vermittlungsverhältnisse, als auch in ihrer unmittelbaren Entzogenheit für die in ihr
lebenden Subjekte. Äußere und innere Natur[13] weisen in sozialwissenschaftlicher
Hinsicht (ebenfalls) emergente Merkmale auf – eine Eigenständigkeit, die sich
bis zur Verselbständigung und Verdinglichung zuspitzen kann. Beide (innere wie
äußere Natur) können zwar durch Reflexion durchdrungen werden, nicht aber
kann ihr materielles Substrat vollständig im Bewusstsein aufgehen; die ‚gesellschaftlichen Naturverhältnisse' (vgl. Görg 1999: 114ff.) stehen den Subjekten
gleichzeitig stets entgegen. Damit trägt Adornos Konzeption dem Umstand
Rechung, dass nicht nur die äußere, sondern auch die innere Natur dem unmittelbaren Zugriff des Subjekts entzogen ist. Es zeichnet sich eine vermittlungslogische Konzeption ab, die innerhalb eines dichotomen Rahmens nicht angemessen erfasst werden kann. Adorno argumentiert so streng vermittlungslogisch,
dass die Anerkennung der Eigengesetzlichkeit innerer und äußerer Natur, die

---

[13] Vgl. zu den einheitlichen Momenten objektiver und intrasubjektiver Analyse der dem Bewusstsein
entzogenen Natur vor allem die bedeutsamen Hinweise von Schmidt: „Der fast bis zum Überdruß
von Marx vorgebrachte Gedanke, stets müsse die Menschheit einen Stoffwechsel mit der Natur
führen, ganz gleich unter welchen geschichtlichen Bedingungen sie lebe, hat sein genaues Pendant
in Freuds Realitätsprinzip. Materialistische Dialektik und Psychoanalyse spiegeln sich ineinander.
[…] Es gehört wesentlich zu der als organisierter Herrschaft fortschreitenden Zivilisation, daß die
zu bloßem Material menschlicher Zwecke herabgewürdigte Natur dadurch sich an den Menschen
rächt, daß diese ihre eigene Herrschaft nur mit stets sich mehrender Unterdrückung ihrer eigenen
Natur erkaufen können. […] Die geheime Utopie der Psychoanalyse […] ist im Grunde die Marxsche, von ‚innen gesehen'." (Schmidt 1962: 1421f.)

dem unmittelbaren Zugriff der Menschen widersteht und ihm deshalb als äußere entgegensteht, bestehen bleibt. Adorno bemerkt an anderer Stelle:

> „So wenig Dialektik auf Natur als universales Erklärungsprinzip auszudehnen ist, so wenig doch sind zweierlei Wahrheiten nebeneinander aufzurichten, die dialektische innergesellschaftlich und eine gegen sie indifferente." (Adorno 1966: 145)

Adorno argumentiert so konsequent vermittlungslogisch, dass letztlich die soziale Faktizität selbst in den historischen Vermittlungszusammenhang fällt und eingeholt wird durch den Einbezug der logisch und historisch vorgängigen Momente.

> „Menschliches Leben ist wesentlich, nicht bloß zufällig Zusammenleben. Damit aber wird der Begriff des Individuums als der letzten sozialen Einheit fragwürdig." (Adorno 1956: 42)

Anders formuliert: Das Projekt einer negativen Dialektik, recht verstanden, kennt keine ungesellschaftlichen Ideen oder Begriffe.[14] Das heißt jedoch keineswegs, dass der Verblendungszusammenhang totalitär ist.

> „Es gehört zu den anscheinend nicht zu beseitigenden Missverständnissen, den Totalitätsbegriff mit einer vollkommen widerspruchslosen Angelegenheit zu verwechseln [...], während Totalität doch in erster Linie auf die Tatsache der Vermittlung abstellt, darauf, dass das Tauschprinzip alle Lebensbereiche durchdringt und zum Mittel der Wertverwertung macht, ohne jemals mit sich selbst ganz identisch zu werden." (Meisenheimer 2009: 58)

So gesehen handelt es sich in der Kritischen Theorie Adornos um ein konsequentes Denken im gesellschaftlichen Vermittlungszusammenhang.

Diese basale vermittlungslogische Relationierung von Individuum, Gesellschaft und Natur wird in der Kritischen Theorie Adornos noch von einer weite-

---

[14] Es zeigt sich deutlich, dass es in der Kritischen Theorie Adornos schlechterdings keine (und hier gilt die ausschließende und dichotome Aussage uneingeschränkt) ungesellschaftlichen Begriffe, Tatsachen oder Kategorien gibt: „Es gibt also genausowenig im gesellschaftlichen Sinn Individuen, nämlich Menschen, die als Personen mit eigenem Anspruch und vor allem als Arbeit verrichtende existieren können und existieren, es sei denn mit Rücksicht auf die Gesellschaft, in der sie leben und die sie bis ins Innerste hinein formt, wie es auf der anderen Seite auch nicht Gesellschaft gibt, ohne daß ihr eigener Begriff vermittelt wäre durch die Individuen; denn der Prozeß, durch den sie sich erhält, ist ja schließlich der Lebensprozeß, der Arbeitsprozeß, der Produktions- und Reproduktionsprozeß, der durch die einzelnen, in der Gesellschaft vergesellschafteten Individuen in Gang gehalten wird. Das ist eigentlich in einem sehr einfachen und – wenn Sie wollen – elementaren Sinn ein Beispiel für das, was man mit der Nötigung zu einer dialektischen Betrachtung der Gesellschaft bezeichnen könnte." (Adorno 1968: 69f.)

ren Ebene durchzogen. Häufig genug implizit, doch zuweilen auch explizit wird auf eine pragmatische Ebene (*Problemebene 3: sozial- und moralphilosophische Dimension*) verwiesen, die letztlich eine ebenso konstitutive Funktion einnimmt.

> „Die wichtigste Konsequenz aus der Einsicht in die Wechselwirkung von Individu-
> um und Gesellschaft [...] ist der Gedanke, daß der Mensch als Individuum nur in ei-
> ner gerechten, menschlichen Gesellschaft zu sich selber kommt."
> (Adorno 1956: 48)

Obwohl Adorno hier die Relationsbestimmung, die er selbst an- und ausführt, nur verkürzt mit dem Terminus der Wechselwirkung wiedergibt, zielt er auf eine logisch strengere Relationierung ab, die innere Vermittlungsbeziehungen ebenso wie die äußere entgegenstehende Vermittlungsrelation von Individuum und Gesellschaft betont. Sind die beiden Momente Gesellschaft und Individuum nicht nur starr getrennt, sondern auch als innere Vermittlungsverhältnisse aufeinander verwiesen, wird deutlich, dass sie sich letztlich gegenseitig konstituieren – in jeweils unterschiedlicher, qualitativ anderer Art und Weise. Diese Trennung von Subjekt und Objekt äußert sich darin, „dass sie wechselseitig durcheinander vermittelt sind, Objekt durch Subjekt, mehr noch und anders Subjekt durch Objekt." (Adorno 1969a: 742) Die dadurch entstehende asymmetrische Konstellation im Subjekt-Objekt-Verhältnis ist durch die berühmte ‚Präponderanz des Objekts' geprägt, die nicht ausreichend damit beschrieben wäre, dass sie sich ‚in letzter Instanz' (Engels) mit dem Objekt begnügt. Auch an dieser Stelle zeigt sich Adorno als *kritischer* Materialist, der die marxschen Hinweise vor allem hinsichtlich ihrer geschichtlichen Kontingenz betrachtet und der um eine angemessene sozialphilosophische Reformulierung bemüht ist, die sich nicht mit abschlusshaften Letztbegründungen zufrieden gibt.

> „Vorrang des Objekts heißt vielmehr, daß Subjekt in einem qualitativ anderen, radi-
> kaleren Sinn seinerseits Objekt sei als Objekt, weil es nun einmal anders nicht denn
> durch Bewußtsein gewußt wird, auch Subjekt ist. Das durch Bewußtsein Gewußte
> muß ein Etwas sein, Vermittlung geht auf Vermitteltes." (ebd.: 746)

Adorno beschränkt sich nicht auf den Hinweis, dass jeder erkenntnistheoretische Startpunkt bereits vermittelt ist, sondern weist eindrücklich auf die dynamische Konstellation innerhalb der beiden entgegengesetzten Momente hin.

> „Will man indessen das Objekt erlangen, so sind seine subjektiven Bestimmungen
> oder Qualitäten nicht zu eliminieren: eben das wäre dem Vorrang des Objekts ent-
> gegen. Hat Subjekt einen Kern von Objekt, so sind die subjektiven Qualitäten am
> Objekt erst recht ein Moment des Objektiven." (ebd.: 747)

Wird eines der beiden konstitutiven und dennoch strikt entgegengesetzten Momente hypostasiert, so kann die Stärke einer Argumentation, die die inneren Vermittlungsverhältnisse mit einbezieht, nicht mehr aufrechterhalten werden. Die entscheidende sozialwissenschaftliche Stärke einer konsequent vermittlungslogischen Argumentationsfigur ergibt sich nicht zuletzt daraus, dass die der Autonomie aller Beteiligten entgegenstehenden Momente festgehalten, analysiert und beschrieben werden können. Dabei muss nicht eindimensional und dichotom auf die Ursache in letzter Instanz rekurriert werden, sondern die Interdependenz von (verschieden gewichteten) Momenten, die hier innerhalb zweier Pole (Subjekt/Objekt) nachgezeichnet wurde, kann in die sozialwissenschaftliche Analyse einbezogen werden. Deshalb bezeichnet Adorno sein Verfahren auch als ‚Denken in Konstellationen‘, das freilich nicht als statisches missverstanden werden darf. „Daß Gesellschaft nicht als Faktum sich festnageln läßt, nennt eigentlich nur den Tatbestand der Vermittlung" (Adorno 1969b: 18f.). Adorno betont den prozesshaften Charakter sozialwissenschaftlicher Bestimmungen und er benutzt dafür den Terminus eines dialektischen Vermittlungszusammenhangs.

> „Vermittlung zwischen den einander entgegengesetzten Paaren des Denkens stellt sich nicht auf dem berühmten goldenen Mittelweg her, von dem Arnold Schönberg einmal sehr hübsch gesagt hat, er sei der einzige Weg, der ganz bestimmt nicht nach Rom führe. Diese Vermittlung ist, wenn überhaupt, dann möglich nur durch die Extreme hindurch. Die Extreme dieser Denktypen sind in sich selbst vermittelt" (Phil. Term II: 38).

Ein dialektisches Vermittlungsverhältnis bedeutet demnach nicht, so Adorno, dass die beiden entgegengesetzten Momente zusammentreffen und gemischt oder addiert werden, woraus sich dann ein Vermittlungsverhältnis ergibt. Das wäre der goldene Mittelweg. Die beiden Pole sollen nicht nur äußerlich zusammengefügt werden, sondern die innere Vermittlungskonstellation ist ebenso in die Betrachtung miteinzubeziehen. Dadurch ergibt sich im Vergleich mit einer rein äußerlichen Verhältnisbestimmung eine grundlegende andere Konstellation. Ein solcher dialektischer Vermittlungsbegriff grenzt sich von einem Verständnis ab, das lediglich These und Antithese zusammenfügt. Adornos Vermittlung durch die Extreme hindurch erscheint vor dem Hintergrund einer zweiwertigen Logik nicht besonders eingängig.

> „Vermittlung [wird] nicht als ein Mittleres verstanden, sondern in dem Sinn, daß durch die Vermittlung von den beiden einander entgegengesetzten Momenten das eine dessen inne wird, daß es das andere in sich notwendig impliziert." (Adorno 1963b: 156)

Es unterscheidet sich insofern grundlegend von einer dichotomen Herangehensweise, als dass die Idee und der Begriff der Vermittlung streng in der Logik strikter Antinomien konzeptualisiert werden. In solch einem dialektischen Vermittlungsverhältnis treffen nicht die beiden (Extrem-)Pole aufeinander und werden dann zusammengefügt oder gemischt, um ein Vermittlungsverhältnis zu erhalten. Der Vermittlungsbegriff Adornos, den er hegelschen Vermittlungsfiguren entnimmt, argumentiert mit einer anderen Relationierung von vermittelten Verhältnissen.

„Vermittlung heißt bei Hegel niemals [...] ein Mittleres zwischen den Extremen, sondern die Vermittlung ereignet sich durch die Extreme hindurch in ihnen selber, das ist der radikale, mit allem Moderantismus unvereinbare Aspekt Hegels. Was die traditionelle Philosophie als ontologische Grundbestände auszukristallisieren hofft, sind, so erweist er, nicht diskret gegeneinander abgesetzte Ideen, sondern eine jegliche verlangt ihr Gegenteil, und das Verhältnis aller zueinander ist der Prozeß." (Adorno 1963a: 257f.)

Dieser Vorstellung nach wird im (negativen) Selbstbezug auf sich selbst eine stete Dynamik in Bewegung gesetzt, in der sowohl der Inhalt als auch die Form der ursprünglichen Ausgangssituation *wesentlich* verändert ist. Der strenge Vermittlungsbegriff kann dadurch gekennzeichnet werden, dass die Analyse ‚durch die Extreme hindurch' ein Vermittlungsverhältnis am jeweils strikt entgegengesetzten Pol konstitutiv benötigt.

Es dürften sich in den Sozialwissenschaften, verstanden als Analyse gesellschaftlicher Macht- und Herrschaftsrelationen in intrasubjektiver, intersubjektiver und objektiver Hinsicht, kaum Problembereiche ausmachen lassen, die auf eine linear-kausale, eindimensionale Logik zurückgeführt werden können. Vermittlungslogische und strikt antinomische Argumentationsfiguren bewegen sich strukturell bereits jenseits von Dichotomien und können auf die jeweils autonomieeinschränkenden Momente der gegebenen Heteronomie ebenso deutlich verweisen wie auf ihre autonomiefördernden Möglichkeiten. Mit dem konsequenten Hinweis auf innere Vermittlungsverhältnisse,[15] die eine äußere strikt gegensätzliche Widerspruchsrelation konstituieren, gelingt es, gesellschaftliche

---

[15] Eine konsequent vermittlungslogische Argumentation behält Adorno selbstverständlich nicht nur dem Subjekt-Objekt-Verhältnis vor, auch wenn der sozialwissenschaftliche Gehalt hier besonders deutlich wird. In den musiksoziologischen Auseinandersetzungen spürt Adorno den subjektiven Vermittlungen im Objekt und den objektiven im Subjekt nach: „Die Frage nach der Vermittlung von Geist und Gesellschaft reicht weit über die Musik hinaus, wo man sie allzu leicht auf die nach dem Verhältnis von Produktion und Rezeption einengt. Gelten dürfte, daß jene Vermittlung nicht äußerlich, in einem dritten Medium zwischen Sache und Gesellschaft stattfindet, sondern innerhalb der Sache. Und zwar nach ihrer objektiven und subjektiven Seite." (Adorno 1973: 409)

Vermittlungsverhältnisse hinsichtlich ihrer emanzipatorischen und repressiven Dimensionen in die Analyse aufzunehmen.

> „Ist der individuelle Geist nicht, wie es der vulgären Trennung von Individuum und Allgemeinen gefällt, vom Allgemeinen ‚beeinflußt‘, sondern *in sich* durch die Objektivität vermittelt, so kann diese dem Subjekt nicht immer nur feindlich sein; die Konstellation verändert sich in der geschichtlichen Dynamik." (Adorno 1966: 300; eigene Hervor.)

Zusammenfassend sind dialektische Vermittlungsverhältnisse im Sinne Adornos nicht als bloße Mischungsverhältnisse zweier Mengen zu bezeichnen. Sie unterscheiden sich dadurch, dass die (mindestens) zwei entgegenstehenden Momente konstitutiv in das jeweilige andere Moment eingehen und gleichzeitig eine Gegensatzbeziehung der äußeren Vermittlung vorzufinden ist. Unterhalb der Struktur einer Antinomie, die die basale Bedeutung innerer Vermittlungsverhältnisse in die Analyse aufnimmt, wird der genuin dialektische Vermittlungsbegriff nicht ausreichend deutlich.

3.3.2 Die drei Stellungen des Gedankens zur Objektivität: Subjekt und Objekt

Dialektik als konsequent vermittlungslogisches Denken erweist sich besonders eindrücklich an den Hinweisen Adornos zum Verhältnis von Subjekt und Objekt. Sowohl Hegel als auch Adorno verankern den erkenntnistheoretischen Startpunkt (*Problemebene 2: Problem des Anfangs*) innerhalb einer je schon gegebenen Subjekt-Objekt-Konstellation. Hegel stellt die für ihn in der Geschichte der Philosophie vorfindlichen erkenntnistheoretischen Startpunkte unter anderem in seinen Ausführungen zu den „Drei Stellungen des Gedankens zur Objektivität" (Enz.: §§ 26-78) dar. Unterschiedliche Akzente in der Bestimmung des Verhältnisses von Subjekt und Objekt stehen im Zentrum der hegelschen Diskussionen. Ein reflexiver Einbezug des gegebenen und vorausgesetzten Subjekt-Objekt-Verhältnisses in die Theoriebildung selbst bildet eine der grundlegenden Bestrebungen, die Hegel zeitlebens beschäftigten. Adorno erweitert und fundiert diese Überlegungen. In sozialwissenschaftlicher Hinsicht geht es im Folgenden um den Nachweis, dass im Anschluss an Hegel und Adorno ein substanzieller Reflexionsbegriff – im Gegensatz zum Reflex – aufgezeigt werden kann.

    Die erste Stellung der von Hegel kritisch diskutierten drei Stellungen des Gedankens zur Objektivität kann als naiver Realismus, in philosophischer Terminologie als die *intentio recta* charakterisiert werden. Die unmittelbare Anschauung ist die zugrundeliegende Annahme, die den Erkenntnisprozess als solchen auszeichnet. Unterstellt wird, dass das Objekt der Erkenntnis sich im erkennenden Subjekt (in allen Dimensionen und Hinsichten) offenbart und damit erfasst wird.

> „Die erste Stellung ist das *unbefangene* Verfahren, welches, noch ohne das Bewußt-
> sein des Gegensatzes des Denkens in und gegen sich, den *Glauben* enthält, daß
> durch das *Nachdenken* die *Wahrheit erkannt*, das, was die Objekte wahrhaft sind,
> vor das Bewußtsein gebracht werde. In diesem Glauben geht das Denken geradezu
> an die Gegenstände, reproduziert den Inhalt der Empfindungen und Anschauungen
> aus sich zu einem Inhalte des Gedankens und ist in solchem als der Wahrheit befrie-
> digt. Alle anfängliche Philosophie, alle Wissenschaften, ja selbst das tägliche Tun
> und Treiben des Bewußtseins lebt in diesem Glauben." (Enz.: § 26; Hervor. im
> Orig.)

Der hegelschen Figur der Aufhebung gemäß schreitet das Bewusstsein voran und verbleibt nicht der ersten Stellung verhaftet. Dabei wird dem dreifachen An-spruch der Aufhebung genüge getan: auf einer nachfolgenden Stufe werden die produktiven Momente der ursprünglichen Ebene erhalten, die für nichtig befun-denen Anteile verworfen und damit – gemessen an der Ausgangssituation – auf eine höhere Stufe gehoben. Auf den Reflex der ersten Stufe wird damit reflek-tiert.

> „Die zweite Stellung des Gedankens zur Objektivität hebt die Selbstvergessenheit
> auf. Sie macht die konstruktiven Anteile des Subjekts bei der Erkenntnis deutlich."
> (Knoll/Ritsert 2006: 73)

Die reflektierende Einsicht, dass das erkennende Subjekt auch in den Erkennt-nisgegenstand eingeht, kann jedoch in die Hypostasierung dieser Feststellung übergehen und zum idealistischen Konstruktivismus werden, der die Konstituti-on der inneren und äußeren Welt nur noch allein aus dem Geiste heraus begreift (vgl. ebd.; Müller 2010). In der näheren Bestimmung der zweiten Stellung, der *intentio obliqua*, weist Hegel einerseits auf Hume und dessen Empirismus hin, andererseits auf die von Hegel so genannte kritische Philosophie, allen voran Kant. Bei beiden, so Hegel, sei die Vorstellung einer Rückwendung auf die sub-jektiven Anteile im Erkenntnisprozess konstitutiv:

> „Diese Kritik geht jedoch nicht auf den *Inhalt* und das bestimmte Verhältnis dieser
> Denkbestimmungen gegeneinander selbst ein, sondern betrachtet sie nach dem Ge-
> gensatz von *Subjektivität* und *Objektivität* überhaupt. [...] Aber die kritische Philo-
> sophie erweitert den Gegensatz so, daß in die *Subjektivität* das *Gesamte* der Erfah-
> rung, d.h. jene beiden Elemente zusammen fällt, und derselben nichts gegenüber
> bleibt als das *Ding-an-sich*." (Enz.: § 41; Hervor. im Orig.)

Das kantsche ‚Ding-an-sich' als die unbekannte Ursache der Erscheinungen bleibt für Hegel ein Ärgernis. Hegel geht aufs Ganze – auch das ‚Ding-an-sich' soll in einer dritten Stellung einbezogen werden:

> „Für das Wahre aber kann nur ein Inhalt erkannt werden, insofern er nicht mit einem Andern vermittelt, nicht endlich ist, als sich mit sich selbst vermittelt, und so in Eins Vermittlung und unmittelbare Beziehung auf sich selbst ist" (ebd.: § 74).

Hegel erhebt in einer möglichen dritten Stellung den Anspruch auf eine Konstellation, die reflexiv innere Vermittlungsverhältnisse und die äußere Vermittlungskonstellation im Subjekt-Objekt-Verhältnis bei gleichzeitiger Eigenständigkeit (unmittelbare Beziehung auf sich selbst) bewahrt. Ob damit das ‚Ding-an-sich' mit einem Handstreich in die Immanenz der hegelschen Theorie befördert wurde und ob das ‚Wahre' hier notwendigerweise der absolute Geist und damit Gott sein muss, verbleibt in der Standardinterpretation des deutschen Idealismus das Grundproblem. Die Frage, ob die hegelsche Lehre letztlich die innere und äußere Welt aus dem Geiste heraus erschafft, steht aber im Folgenden nicht im Mittelpunkt. Bedeutsam sind vielmehr die Überlegungen einer dritten Stellung des Gedankens, die über die Selbstbesinnung und die Reflektion der zweiten Stellung auch reflexiv auf die erste Stellung übergreift und zu einer dritten Erkenntnisposition zu gelangen versucht. Auch wenn Hegel eine solche Konstellation als ‚Spekulation' bezeichnet, greife ich im Folgenden auf den Begriff der Reflexion zurück, weil dies der heute gebräuchlichere Terminus für eine substanzielle Bestimmung dieser Denkbewegung ist. In der ersten Stellung sind die stets aufzufindenden konstruktiven Anteile des Subjekts innerhalb der Reflexion nicht aufgenommen. Die Selbstbesinnung, die Reflektion, zeichnet als zentrales Bestimmungsmerkmal die zweite Stellung aus. Die zweite Stellung nimmt den blinden Fleck der ersten auf und stellt daher (in philosophischer Terminologie) die *intentio obliqua* der *intentio recta* dar. Hegel strebt eine vermittlungslogisch-reflexive dritte Stellung an, die den Reflex – der das Objekt hypostasiert – und die Reflektion – welche das Subjekt hypostasiert – in einer Art und Weise innerhalb der Reflexion zusammenfasst, in der beide Momente enthalten sind und hinsichtlich ihrer historisch kontingenten Wahrheit überprüft werden.

> „Gesucht wird gleichsam nach einer *dritten* Stellung des Gedankens zur Objektivität, die weder in der *intentio recta* noch in der *intentio obliqua* aufgeht." (Knoll/Ritsert 2006: 73; Hervor. im Orig.)

Für Adorno bildet die hegelsche Lösung der dritten Stellung ein Ärgernis: „Das hegelsche Subjekt-Objekt ist Subjekt" (Adorno 1963a: 261). Die hegelsche Lösung einer dritten Stellung, in der Subjekt und Objekt sowohl getrennt als auch intrinsisch verbunden hinsichtlich ihrer weltkonstitutiven Wirkung gedacht und dargestellt werden, kann für Adorno nicht ausschließlich auf einem subjektiven Willen basieren. Adorno verankert das Bestreben einer dritten Stellung daher anders. Für ihn sind Subjekt und Objekt nicht nur wechselseitig aufeinander verwiesen, sondern sie sind es in qualitativ anderer und zu spezifizierender Art und Weise. Der berühmte Vorrang des Objekts, die Präponderanz des Objekts hat hier ihren Ort. Die Differenz von Subjekt und Objekt ist so dem Erkenntnisprozess vorgängig:

> „Die Differenz von Subjekt und Objekt schneidet sowohl durch Subjekt wie durch Objekt hindurch. Sie ist sowenig zu verabsolutieren wie vom Gedanken fortzuschaffen." (Adorno 1969a: 755)

Gleichzeitig sind beide aufeinander verwiesen und konstituieren sich gegenseitig, allerdings asymmetrisch:

> „Vermittelt ist auch Objekt, nur nicht dem eigenen Begriff nach so durchaus auf Subjekt verwiesen wie Subjekt auf Objektivität. Solche Differenz hat der Idealismus ignoriert und damit eine Vergeistigung vergröbert, in welcher Abstraktion sich tarnt. [...] Will man indessen das Objekt erlangen, so sind seine subjektiven Bestimmungen oder Qualitäten nicht zu eliminieren: eben das wäre dem Vorrang von Objekt entgegen." (ebd.: 747)

Der Anspruch, dass objektive Bestimmungen im Subjekt und – qualitativ anders – das subjektiv Konstituierende im Objekt aufzufinden sind, bildet das Bestreben Adornos in seinem Versuch einer möglichen dritten Stellung. Die im Anschluss an Hegel rasch einsetzende Kritik der Präponderanz und der letztendlichen Hypostasierung des Subjekts (Feuerbach, Marx) kehrt in der Präponderanz des Objekts bei Adorno als eine erneute spezifische Stärkung einer dritten Stellung in veränderter Schwerpunktsetzung wieder: Die Eigengesetzlichkeiten, Verdinglichungen und Vergegenständlichungen der intrasubjektiven, intersubjektiven und objektiven Verhältnisse werden konstitutiv einbezogen und unterscheiden diese von der zweiten Stellung. Zentral ist die Frage, wie ein reflexiver Vorrang des Objekts konzeptualisiert und begründet werden kann, bei dem die konstruktiven und konstitutiven Anteile des Subjekts innerhalb des Erkenntnisprozesses im Subjekt-Objekt-Vermittlungszusammenhang berücksichtigt sind.

Eine dritte Stellung des Gedankens zur Objektivität strebt an, innere Vermittlungsverhältnisse bei Bewahrung eines strikten äußeren Gegensatzes denken zu können. Zentral ist die sozialwissenschaftlich entscheidende Einsicht, dass inneren Vermittlungsbeziehungen zwischen den beiden Polen Subjekt und Objekt, zwischen Erkenntnisinstanz und Erkenntnisgegenstand eine *produktive* Funktion zukommt. Entscheidende Verkürzungen werden rasch deutlich, wenn eine der beiden Seiten hypostasiert und abgetrennt wird: Reflexion ist weder ausnahmslos auf der einen noch auf der anderen Seite zu verorten. Werden innere Vermittlungsverhältnisse, die in einer möglichen dritten Stellung als eigenständige begriffen werden, berücksichtigt, so können die jeweiligen konstruktiven und konstitutiven Momente des Subjekts und des Objekts gedacht und dargestellt werden. Dies kann als konsequente Vermittlungslogik im Anschluss an Hegel und Adorno verstanden werden.

> „Die dritte Stellung des Gedankens zur Objektivität gründet in der Tat in bewusst gedachter ‚Vermittlung'. Diese besteht in der Elementarform jedoch in konsequentem Denken nach den Prinzipien der strikten Antinomie, ohne dass das produktive und dynamisierende Gegensatzverhältnis (Ausschluss), das sie impliziert, in irgendeiner letzten Instanz zum Verschwinden gebracht werden könnte." (Ritsert 2008: 78)

Strukturelle (syntaktisch-formale) (Minimal-)Bedingungen der möglichen Stellungen des Gedankens zur Objektivität, wie sie den Ausführungen von Hegel und Adorno entnommen werden können, lassen sich (schematisch verkürzt) wie folgt darstellen:

Tabelle 3:   Zur Struktur der drei Stellungen des Gedankens zur Objektivität

intentio recta	$S \rightarrow O / S \leftarrow O$
intentio obliqua	$S \leftrightarrow O / S (S \leftrightarrow O)$
intentio obliqua der intentio obliqua *und* der intentio recta	$R = [S (O) \leftarrow g,u,i \rightarrow O (S)]$

(S = Subjekt, O = Objekt, R = Reflexion, g = Gegensatz, u = Unterschied, i = Identität, R = Reflexion)

Die *intentio recta* begnügt sich mit einer eindimensionalen Verhältnisbestimmung, die aus dem Subjekt (oder im umgekehrten Fall aus dem Objekt) die Erkenntnisleistungen ableitet. Darauf reflektierend zeigt sich im Modell der *intentio obliqua*, dass entweder beide Seiten als Wechselverhältnis konzipiert

werden oder dass dieses Wechselverhältnis wiederum innerhalb der konstruktiven Leistungen des Subjekts gefasst wird. Werden die konstruktiven Leistungen
des Subjekts nicht einseitig hypostasiert und vermittlungslogisch gedacht, ergibt
sich die Perspektive, die Hegel und Adorno (aus unterschiedlichen Gründen)
anstreben. Im Modell einer dritten Stellung wird versucht, innere Vermittlungsverhältnisse bei Bewahrung eines äußeren Widerspruchs anzuerkennen.

Am Beispiel der vermittlungslogisch-reflexiven Verhältnisbestimmung von
Theorie und Praxis soll die Stärke einer möglichen dritten Stellung im Folgenden
verdeutlicht werden.

> „Sind Theorie und Praxis weder unmittelbar eins noch absolut verschieden, so ist ihr
> Verhältnis eines von Diskontinuität. [...] Trotzdem verläuft Praxis nicht unabhängig
> von Theorie, diese nicht unabhängig von jener. [...] Das Dogma von der Einheit von
> Theorie und Praxis ist entgegen der Lehre, auf die es sich beruft, undialektisch: es
> erschleicht dort simple Identität, wo allein der Widerspruch die Chance hat, frucht-
> bar zu werden." (Adorno 1969c: 780)

So wenig wie es eine ungebundene, losgelöste Praxis gibt, die gleichsam a-
theoretisch agiert, so wenig gibt es im entgegengesetzten Pol der Theorie ein
ausschließlich ‚reines‘ Moment, das in jeder Hinsicht von einer gesellschaftlichen Bezugnahme absehen kann. Jede Theorie verweist (mindestens implizit) auf
eine (wenn auch weit entfernte) Praxis. Praxisimplikationen von Theorien bzw.
Theorieimplikationen jeglicher Praxis bilden die vermittlungslogische Ebene im
Theorie-Praxis-Verhältnis. Obwohl beiden Polen jeweils das eigene Gegenteil
inhärent ist, so besteht die Stärke der Gesamtheit dieser Konstellation eindeutig
in der Trennung beider: Praxis *ist* Praxis, Theorie *ist* Theorie und beide gehen
nicht ineinander auf – auch nicht, wenn sie innere Vermittlungsverhältnisse aufweisen.

> „So wenig indessen die Getrenntheit von Subjekt und Objekt durch den Machtan-
> spruch des Gedankens unmittelbar revozierbar ist, so wenig gibt es unmittelbare
> Einheit von Theorie und Praxis: sie imitierte die falsche Identität von Subjekt und
> Objekt und perpetuierte das identitätssetzende Herrschaftsprinzip, gegen das anzu-
> gehen in wahrer Praxis liegt." (ebd.: 766)

Nur im vollen Bewusstsein des Widerspruchs, der in der ebenso aufzufindenden
Trennung von Theorie und Praxis wie in den einheitlichen Momenten besteht,
wird die Stärke der gesamten Relation deutlich. Der Anspruch einer möglichen
dritten Stellung im Anschluss an Adorno fordert dazu auf, die Eigenständigkeit
bei dennoch zu bewahrender Verbundenheit von diametral gegenüberstehenden
Polen in ihrer Eingebundenheit in gesellschaftliche Macht- und Herrschaftsver-

hältnisse zu beschreiben. Hierbei ist von zentraler Bedeutung, dass diejenigen Momente, die für die Subjekte zwar handlungsleitend sind, aber kaum bewusst gestaltet sind, durch eine reflexive Bearbeitung bewusst gemacht werden. So können die strukturierenden Rahmenbedingungen und die ausgeschlossenen Momente als Voraussetzungen der Konstitution einer je spezifischen Ordnung berücksichtigt werden. Dazu gehört auch, dass die strukturierenden Rahmenbedingen nicht nur als solche objektiver Art verstanden werden. In der Analyse von Affekten, Irritationen und Auffälligkeiten werden auch die strukturierenden Rahmenbedingungen intrasubjektiver Art in den Blick genommen. Durch die Aufnahme von dem Bewusstsein (zunächst) verborgenen Momenten in die Betrachtung kann zudem nachvollzogen werden, warum gerade diese Momente aus dem Bewusstsein ausgeschlossen sind und warum handlungsbegrenzende Konstellationen als solche wirksam werden. Dieser Anspruch verändert die theoretische Konzeptualisierung. Die Theorie-Praxis-Konstellation bleibt dynamisch, obwohl die beiden Extrempole Theorie und Praxis statisch erscheinen. Der Raum gegebener und verstellter Handlungsmöglichkeiten wie auch die objektiven, strukturellen und theoretischen Gründe und Prämissen der jeweiligen (verstellten und möglichen) Handlungsoptionen werden zum Gegenstand der Reflexion. In Anlehnung an die Überlegungen einer dritten Stellung ist Reflexion nicht eindimensional auf Praxis oder Theorie begrenzt, sondern beide nehmen in der Förderung eines handlungserweiternden Rahmens eine konstitutive Bedeutung ein.

Eine Herausforderung für die Begründung einer möglichen dritten Stellung kommt in sozialwissenschaftlicher Hinsicht der Unterscheidung zwischen Selbstreferenz und Reflexion zu: Wie kann beurteilt werden, ob der selbstreferentielle Rahmen überschritten wird? Mit Hilfe welcher Kriterien und welcher Perspektiven lässt sich eine Erweiterung von Reflexionsmöglichkeiten beschreiben, ohne sich auf Postulate und Proklamationen beschränken zu müssen? Deutlich wird die Notwendigkeit, unterschiedliche Möglichkeiten und qualitative Differenzen zu explizieren, die eine Trennung von Selbstreferenz und Reflexion erlauben. Es muss (mindestens) eine Unterscheidungsmöglichkeit gegeben werden, damit die Ausgangssituation nicht mit dem jeweiligen Endpunkt (in absolut jeder Hinsicht) identisch ist. Der gewählte Ausgangspunkt unterscheidet sich in (mindestens) einer Hinsicht vom Endpunkt (Differenz), sofern nicht auf eine Verdoppelung des Ausgangsmoments abgezielt werden soll. Feedback- oder Rückkoppelungsmodelle, die Reflexionsprozesse erfassen möchten, müssten demnach eine Unterscheidung treffen, mit der das Ausgangsmoment A als A' und nicht wiederum als A erscheint. Damit lassen sich nicht zuletzt die emanzipatorischen Reflexionsmöglichkeiten vom repressiven Reflex unterscheiden (*Problemebene 3: sozial- und moralphilosophische Dimension*). Im Anspruch einer dritten Stellung wäre zudem der gesellschaftliche Vermittlungszusammenhang berücksichtigt.

Adorno betont an dieser Stelle die Präponderanz des Objekts. Die Perspektive einer strikten Vermittlungslogik von Subjektivität und Objektivität, die als konsequente vermittlungslogische dritte Stellung skizziert werden kann, verweist auf das Erfordernis, im Bewusstsein des Zirkels auch diejenigen Momente mit einzubeziehen, die diesen hervorbringen und reproduzieren. So können sowohl innerhalb als auch außerhalb des Zirkels die jeweils spezifischen produktiven und repressiven subjektiven, intersubjektiven und objektiven Bedingungen in der Gesamtkonstellation erfasst werden. Zudem wird dem Umstand Rechnung getragen, dass Reflexion stets als unabgeschlossene einen Blick ‚von außen' erlaubt und diesen sogar erlauben muss, um die jeweils vorfindlichen Begrenzungen sichtbar zu machen.

Reflexion im Streben nach der dritten Stellung kann sich nicht in deren Wiederholung oder gar Begrenzung erschöpfen. Die Hinweise Adornos und Hegels verdeutlichen, dass Reflexion ihrem Gegenstand nicht äußerlich bleibt. Sie geht konstitutiv in ihren Gegenstand ein. Inhalt und Form der Reflexion verbleiben nicht abgeschlossen und statisch. An dieser Stelle zeichnet sich die Lösung zur Unterscheidung von Ausgangs- und Endpunkt ab, durch die eine produktive Differenzierung zwischen *Selbstbezüglichkeit* und *Reflexion* ermöglicht wird. Wird die sozial- und moralphilosophische Ebene beachtet, in der konstitutiv der Inhalt der Reflexion miteinbezogen wird, so können in einem zweiten Schritt die Momente, die reflexiv das Ausgangsmoment verändert haben, auf ihre Erweiterung bzw. Einschränkung von Handlungsmöglichkeiten untersucht werden.

Ein solches Denken im Vermittlungszusammenhang kann in einer schematischen Darstellung nur eingeschränkt wiedergegeben werden, da es sich bei dieser Denkbewegung um einen ‚Kreis von Kreisen' (Hegel) handelt, um eine sich entwickelnde, spiralförmige offene Bewegung. In Anlehnung an Knoll und Ritsert (Knoll/Ritsert 2006: 28, Ritsert 2008: 81) kann ein konsequent vermittlungslogisches Modell zwischen den beiden Polen Autonomie (A) und Heteronomie (H) aber strukturell folgendermaßen aussehen:

Tabelle 4:   Die zwei Modelle der Selbstreferenz in den Sozialwissenschaften

1.) A = A
2.) A = [A+/- (H+/-) ← g → H +/- (A+/-)] → A'

Das erste Modell bildet den Satz der Identität ab. Im zweiten Modell zeigt sich die Stärke sozialwissenschaftlicher Vermittlungslogik. In der genaueren Betrachtung des Ausgangsmoments A erweist sich, dass auch (mindestens) ein heteronomes Moment (H) zu finden ist. Dieses ist hinsichtlich seiner autonomiefördernden (+) und seiner einschränkenden, repressiven (-) Funktionen unterscheidbar. Die autonomiefördernden und die einschränkenden Momente sind aber nicht nur in der Heteronomie (H) aufzufinden, sondern bereits im Ausgangsmoment A (A+/-) selbst. Innerhalb des gesellschaftlichen Vermittlungszusammenhangs stehen sich autonome (A) und heteronome (H) Momente strikt gegenüber (g), aber ihre inneren Vermittlungsverhältnisse verweisen insofern aufeinander, als dass die jeweils entgegengesetzten Momente auch im Ausgangsmoment enthalten sind und dieses letztlich konstituieren ([A+/- (H+/-) ← g → H +/- (A+/-)]. Selbstbezügliche Verhältnisse können damit einerseits durch den Satz der Identität charakterisiert sein. Andererseits können Selbstbezüglichkeiten auch auf die Beschreibung von Verhältnissen abzielen, die durch innere Vermittlungen geprägt sind. A kann in dieser Denkbewegung auch als individuelles Subjekt oder als Autonomie verstanden werden; H steht dann für die heteronomen, die gesellschaftlichen Momente.

Reflexivität kann als allgemeines Merkmal einer möglichen dritten Stellung des Gedankens zur Objektivität ausgezeichnet werden. Reflexion – vermittlungslogisch verstanden – ist kein abgeschlossenes statisches Konzept, sondern eine prozesshafte, dynamische, offene Selbstbeziehung, die gleichzeitig auf eine Erweiterung dieser Selbstbeziehung abzielt. Reflexion weist über sich selbst hinaus. Es handelt sich mithin um eine offene Denkfigur, die strukturell von einem Kreis von Kreisen, von der Schwierigkeit subjektiver Bestimmungen und Begrenzungen und gleichzeitig vom Überschreiten derselben geprägt ist. Innerhalb des offenen und sich erweiternden Zirkels gibt es mehrere Möglichkeiten, sich darin zu bewegen, wobei die drei Stellungen des Gedankens keinesfalls als additive Stufenfolge zu verstehen sind. Es handelt sich vielmehr um jeweils andere vermittlungslogische Möglichkeiten, sich innerhalb des Zirkels zu bewegen; um Subjekt-Objekt-Konstellationen mit unterschiedlicher Schwerpunktsetzung. Adorno und Horkheimer weisen darauf hin: „In gewissem Sinn ist alles Wahrnehmen Projizieren." (Horkheimer/Adorno 1944: 212) Deutlich wird, dass Reflex, Reflektion und Reflexion weder als Stufenfolge der Zivilisation noch als real zu trennende Dimensionen zu verstehen sind. Selbst im Reflex kann es sich (zunächst) um den Zugang zur Reflexion handeln. Im Modell einer dritten Stellung bildet der Reflex die allererste Unmittelbarkeit, die dann aber selbst der Vermittlung zugeführt wird, indem die konstruktiven und konstitutiven Anteile subjektiver und objektiver Momente aufgezeigt werden. Die von Hegel und Adorno favorisierte dritte Stellung des Gedankens verweist auf die Prozessualität von Reflexion, die nicht bloß als beliebiger Erkenntnisinhalt erscheint, sondern stets auch über sich selbst hinausweist, weil sie sich auf die eigenen konstruktiven und konstitutiven Anteile richtet. Im Sinne der dritten Stellung gilt es, Reflexionsmöglichkeiten zu fördern, die sich als subjektives Vermögen zeigen, die Einheit von intrasubjektiven, intersubjektiven und objektiven Handlungsoptionen und -bedingungen anzuerkennen, obwohl sie faktisch als getrennt erfahren werden. Reflexion wäre, so verstanden, eine Chance zur Erweiterung von Handlungsmöglichkeiten. Insbesondere ist dabei zu berücksichtigen, dass Handlungsmöglichkeiten sich nicht zuletzt durch den reflexiven Bezug auf das Nicht-Bewusste erweitern, auf die zunächst verborgenen Handlungsintentionen und ihre allmähliche Bewusstwerdung. Für einen sozialwissenschaftlichen Einbezug der Prozesse, die sich hinter dem Rücken der Beteiligten und durch diese hindurch vollziehen, ist eine reflexive Bearbeitung unabdingbar. Eine konsequent vermittlungslogische Argumentation kann diese Prozesse angemessen konzeptuell berücksichtigen. Wenn Reflexion ausschließlich selbstreferentiell konzipiert wird, kann weder das produzierte Wissen auf seine Machteffekte hin befragt, noch können die damit verbundenen Herrschaftsstrategien offen gelegt werden. Damit eine solche Selbstbezüglichkeit nicht im unendlichen Regress verharrt, zeichnet das dargestellte vermittlungslogische Konzept nach, inwiefern der Ausgangsgedanke nach dem Durchlaufen der Reflexion angereichert und gehaltvoller wird – in einer Erweiterung von Handlungsmöglichkeiten.

Reflexion ist nicht ohne weiteres als solche zu klassifizieren und kann daher nicht unmittelbar ohne einen Bezugspunkt gemessen werden. Strukturelle Minimalbedingungen, die eine negative Selbstbezüglichkeit als produktives und sinnvolles Moment zur Erweiterung von Handlungsmöglichkeiten begreifen, sind ebenso unabdingbar wie ein genauer Blick auf die semantische Explikation unterschiedlicher Reflexionsformen. Spätestens hier erscheint (wieder) die Frage nach dem zugrundeliegenden Maßstab (*Problemebene 3: sozial- und moralphilosophische Dimension*). Ob dieser expliziert wird oder implizit verbleibt, berührt die Frage nach Reflexivität in den Sozialwissenschaften erheblich. Durch Explikation kann der Maßstab offen gelegt, nachvollzogen und überprüft werden. Verbleibt der Maßstab implizit, erschwert dies eine substanzielle Diskussion über Größe und Grenzen, Reichweite und Gegenstandsbereich der Reflexion unnötig. Der Anspruch an ein ‚höheres Niveau' von Reflexivität bleibt bloße Hoffnung oder Vermutung, sofern nicht ein Maßstab für diese Form von Reflexivität entwickelt, begründet und expliziert wird. Maßstab und Referenz sind aus der Perspektive einer dritten Stellung bereits vermittelt, aber dennoch als eigenständige zu kennzeichnen. Eine Offenlegung der Maßeinheit ist notwendigerweise verbunden mit der Benennung der sozialen Verhältnisse, die Reflexion ermöglichen bzw. verhindern, die mithin emanzipatorisch oder repressiv wirksam sind.

Inhaltlich (semantisch-pragmatisch) schließt ein solcher Maßstab an das Bemühen an, subjektfördernde, produktive Heteronomie bei gleichzeitiger Zurückdrängung einer repressiven Heteronomie zu unterstützen und hervorzubringen. Die Maßstabsfrage kann vor dem Hintergrund einer möglichen dritten Stellung expliziert werden, indem auf eine Erweiterung der Handlungsmöglichkeiten auf subjektiver und objektiver Seite im vermittlungslogischen Kreis von Kreisen rekurriert wird. Nicht zuletzt entscheidet die Explikation des Maßstabs darüber, wie der Begriff der Reflexion inhaltlich verstanden wird. Die dritte Stellung zeigt darüber hinaus unterschiedliche Dimensionen von Reflexivität auf, die in intrasubjektiver, intersubjektiver und objektiver Hinsicht diskutiert werden können. Alle drei verweisen aufeinander und lassen sich real nicht trennen. Die hier dargestellten Überlegungen zu einer möglichen dritten Stellung des Gedankens zur Objektivität zeigen, dass Reflexion konstitutiv an die das Ich umgebenden Subjekt-Subjekt-Beziehungen, die diese umschließende Objektwelt und die intrapsychischen Voraussetzungen gekoppelt ist. Reflexion ist stets an das Ich gebunden und weist dennoch konstitutiv darüber hinaus. So sehr die objektiven Möglichkeiten Reflexion unterstützen und nicht untergraben, so sehr werden letztlich erst die subjektiven Möglichkeiten nachhaltige und substanzielle Reflexion in Gang setzen können.

Ohne die Gleichzeitigkeit realer und scheinbarer Trennung, ohne den Widerspruchscharakter im Subjekt-Objekt-Verhältnis erscheinen sozialwissenschaftliche Erkenntnismöglichkeiten erheblich eingeschränkt. Zudem kann mit Adorno nachdrücklich betont werden, dass die Aufhebung des Subjekt-Objekt-Verhältnisses keineswegs per se emanzipatorischen Charakter trägt, ganz im Gegenteil.

> „Das Bild eines zeitlich oder außerzeitlich ursprünglichen Zustands glücklicher Identität von Subjekt und Objekt aber ist romantisch, zuzeiten Projektion der Sehnsucht, heute nur noch Lüge. Ungeschiedenheit, ehe das Subjekt sich bildete, war der Schrecken des blinden Naturzusammenhangs, der Mythos; die großen Religionen hatten ihren Wahrheitsgehalt im Einspruch dagegen. Übrigens ist Ungeschiedenheit nicht Einheit; diese erfordert, schon der Platonischen Dialektik zufolge, Verschiedenes, dessen Einheit sie ist." (Adorno 1969a: 743).

Die reflexionslose Ungeschiedenheit von Subjekt und Objekt verweist auf die fehlenden subjektiven Chancen und Möglichkeiten zur Autonomie. Sozialwissenschaftlich ergibt sich daraus der entscheidende Hinweis Adornos, dass es zur Subjektivität, zur Herausbildung von Autonomie das Spannungsverhältnis zwischen den heteronomen und den autonomen Bedingungen einerseits, zwischen den objektiven und den subjektiven Anforderungen andererseits bedarf, um durch die Trennung hindurch Momente der Einheit innerhalb des gegensätzlichen Verhältnisses feststellen zu können. Heteronomie bringt Autonomie hervor und ermöglicht diese erst. In einem zweiten Schritt, in dem die Reflexionsmöglichkeiten der Subjekte wiederum auf das diese konstituierende Subjekt-Objekt-Verhältnis zurückgewendet werden, zeigt sich die asymmetrische Ausgangskonstellation, der Vorrang des Objekts nicht nur als ‚reales' Verhältnis, sondern auch als Schein (vgl. Adorno 1969a: 742) Die zweite Stellung wird aber erst in der Reflektion auf die *intentio obliqua* überschritten:

> „Der Vorrang des Objekts ist die intentio obliqua der intentio obliqua, nicht die aufgewärmte intentio recta; das Korrektiv der subjektiven Reduktion, nicht die Verleugnung eines subjektiven Anteils." (ebd.: 747)

Im Einklang mit ähnlich lautenden Ansätzen (Ritsert 2008, Knoll 2009b) gehe ich davon aus, dass der Anspruch Adornos einer ‚intentio obliqua der intentio obliqua' konstitutiv an sozial- und moralphilosophische Erwägungen gebunden ist, die auf eine Kritik all der repressiven Zumutungen, die die Beschädigungen der Subjekte nach sich ziehen, verweist. Weder der subjektive noch der objektive Extrempol bezieht sich in der Verhältnisbestimmung, die Adorno eröffnet, eindimensional auf den jeweils anderen. Es sind repressive (im Sinne einer Einschränkung von Denk- und Handlungsmöglichkeiten) und emanzipatorische (im Sinne einer Erweiterung, Unterstützung und Hervorbringung potentieller Handlungs- und Denkoptionen) Relationen innerhalb der Gesamtkonstellation nachzuzeichnen.

> „Subjekt ist in seiner Selbstsetzung Schein und zugleich ein geschichtlich überaus Wirkliches. Es enthält das Potential der Aufhebung seiner eigenen Herrschaft." (Adorno 1969a: 755)

In der versöhnten Gesellschaft ist die Subjekt-Objekt-Trennung weder sistiert (still gestellt) noch aufgehoben. Vielmehr sind die repressiven, einschränkenden Momente der Autonomie aller Beteiligten aufgehoben. Eine Heteronomie, die die Autonomie erst konstituiert und hervorbringt, entspricht den Maßstäben einer subjektgerechten Einrichtung, in der Autonomie und Mündigkeit nachhaltig unterstützt werden. Emanzipatorische Heteronomie zu denken, bildet in der Geschichte der Sozialwissenschaften, auch in den Bemühungen und Hinweisen der Kritischen Theorie, eine nur in Spuren aufzufindende Perspektive. Allzu rasch verfallen derartige Bemühungen in reflexionslose Affirmation oder verharren auf einer gesinnungsethisch inspirierten Sozialromantik. Adorno deutet mit seinem Begriff der ‚Chiffren' Möglichkeiten einer nicht-repressiven Heteronomie, einer nicht-repressiven Vergesellschaftung an. Im Verhältnis von Autonomie und Heteronomie erweist sich die repressive Bestimmung eines ‚universellen Verblendungszusammenhangs' (Adorno); der emanzipatorische Horizont öffnet sich im Blick auf die ,versöhnte Gesellschaft'.

In einer verkürzten Lesart können die Hinweise Adornos auf eine ,versöhnte Gesellschaft' kurz entschlossen als Ende der Dialektik verstanden werden, zumal er in einigen Stellen seines Werks einer solchen Interpretation Vorschub leistet.[16] So

> „bildet Versöhnung – sei es im Modus der Potentialis – als Ziel und Versprechen den Fluchtpunkt der Kritik: Dialektik ,hätte' ein Ende in der Versöhnung, die ,das Nichtidentische freigäbe' und eine Vielheit des Verschiedenen jenseits von Antagonismus und Zwang ,eröffnete'. Solcher Versöhnung ,dient' Dialektik." (Angehrn 2008: 273)

Ist die Dialektik der Steigbügelhalter für die versöhnte Gesellschaft? Sollte die Hegel-Kritik, die seit über 150 Jahren (spätestens mit der marxschen Kritik der hegelschen Rechtsphilosophie) ein ums andere Mal bemüht ist, auf die Problematik einer abschlusshaften, teleologisch verkürzten und letztlich eingeschränkten Dialektik hinzuweisen, innerhalb der Kritischen Theorie keinen Bestand haben? Adornos kritisch materialistische Version ist nicht gänzlich vor den Fallstricken einer abgeschlossenen Dialektik-Konzeption gefeit.

Dialektik, die der Versöhnung dient und in dieser endet, steht im Widerspruch zu einer reflexiven vermittlungslogischen Konzeption, die das stillgestellte Ende der Dialektik als Schrecken der Geschichte begreift. Vergesellschaftung ist zwar historisch höchst unterschiedlich zwischen den beiden Polen Subjekt und Objekt vorstellbar, aber weder in der Barbarei noch in der Versöhnung ist Dialektik, verstanden als unhintergehbare Subjekt-Objekt-Konstellation, aufgelöst. Der eine Extrempol, die Barbarei, erhebt das Ressentiment und die Vernichtung zum Programm; der andere Pol die zu fördernde Autonomie aller Beteiligten einer freien Assoziation freier Assoziierter bei gleichzeitiger Zurückdrängung der einschränkenden, repressiven Zumutungen. Dennoch ist in beiden (disjunkt) gegenüberstehenden Möglichkeiten in sozialwissenschaftlicher Hinsicht kein Ende der Dialektik auszumachen. Nicht das höchst repressive Ende der Subjekt-Objekt-Dialektik wäre zu beschwören, vielmehr das Ende all der repressiven

---

[16] Vgl. „Dialektik entfaltet die vom Allgemeinen diktierte Differenz des Besonderen vom Allgemeinen. Während sie, der ins Bewußtsein gedrungene Bruch von Subjekt und Objekt, dem Subjekt unentrinnbar ist, alles durchfurcht, was es, auch an Objektivem, denkt, hätte sie ein Ende in der Versöhnung. Diese gäbe das Nichtidentische frei, entledigte es noch des vergeistigten Zwanges, eröffnete erst die Vielheit des Verschiedenen, über die Dialektik keine Macht mehr hätte. Versöhnung wäre das Eingedenken des nicht länger feindseligen Vielen, wie es subjektiver Vernunft anathema ist. Der Versöhnung dient Dialektik." (Adorno 1966: 18)

heteronomen Anforderungen, unter denen das Subjekt mehr schlecht als recht jene Residuen von Autonomie entwickeln kann, die Adorno zu Zeiten der *Minima Moralia* auf dem ‚Stadium der Lurche' verortete. Dementsprechend wäre das von Adorno andiskutierte Ende der Dialektik dahingehend zu spezifizieren, dass erst nach Zurückdrängung repressiver, autonomieeinschränkender Momente das Potential, ‚ohne Angst verschieden zu sein' (Adorno), strukturell ermöglicht wird. Dies wäre nicht das Ende der Dialektik, sondern das Ende gesellschaftlicher Macht- und Herrschaftsmechanismen. Versöhnung und Dialektik sind nicht identisch, wie Adorno zuweilen suggeriert. Freilich bildet der aus dem Zusammenhang der Theologie entlehnte Begriff der Versöhnung den unterhintergehbaren moral- und sozialphilosophischen Bezugspunkt der Kritischen Theorie. Deshalb ist aber ‚die Dialektik' weder Garant der Versöhnung noch im Stande der Versöhnung aufgelöst.

Demnach kann anderen Pfaden der Interpretation getrost gefolgt werden, die sich ebenfalls in den Ausführungen Adornos finden.

„[W]ir haben nicht die Dialektik so vollständig, dass in ihr in der Tat so etwas wie die Einheit oder Versöhnung ihrer Momente erreicht wäre, sie ist offen, sie ist gewissermaßen eine Fragefigur." (Adorno 1957: 282)

Kurz: „Dialektik ist gewiss kein Ewigkeitswert – dies am allerwenigsten" (Adorno 1965: 22). Eine offene reflexiv-vermittlungslogische Konzeption von Dialektik bildet gerade im Blick auf eine ‚versöhnte Gesellschaft' den entscheidenden sozialwissenschaftlichen Referenzpunkt, um Subjekt-Objekt-Konstellationen erfassen zu können.

Es zeigt sich: *Die* Dialektik gibt es selbst innerhalb der Kritischen Theorie Adornos nicht! Adorno klassifiziert bereits eine Konstellation von A und B (Antagonismus) als genuin dialektisch. Streng genommen geht Adorno auffällig großzügig mit dem zugrundeliegenden Widerspruchsbegriff einer dialektisch konfigurierten Aussage um: Sowohl polare, konträre und kontradiktorische als auch strikt antinomische Verhältnisbestimmungen erweisen sich bei ihm als dialektisch. Dieses Vorgehen kann angebracht sein, um unterschiedliche Widerspruchskonstellationen (vor allem gegenläufige Verhältnisbestimmungen) in den Sozialwissenschaften diskutieren zu können. Problematisch wird es, wenn dabei die Überlegenheit dialektischen Denkens gegenüber der aristotelischen Logik behauptet wird. Dieser Anspruch untergräbt sich selbst, sofern keine Explikation des jeweils zugrundeliegenden Widerspruchsbegriffs aufzufinden ist.

Adornos Widerspruchskonstellationen, wie er sie an der Verhältnisbestimmung von Identität und Nichtidentität (A und Nicht-A) heranzieht, unterscheiden sich von den Bestimmungen, die im Verhältnis von Subjekt und Objekt, Gesellschaft und Individuum, Theorie und Praxis (A oder B) zugrunde gelegt werden. Strikt antinomische Verhältnisbestimmungen bei gleichzeitigem Verweis auf die inneren Vermittlungsverhältnisse sind allerdings auch bereits auf dieser Widerspruchsebene möglich. Damit finden sich unterschiedliche, zum Teil verschieden gewichtete Überlegungen, die von Adorno unter dem Begriff der Dialektik zusammengezogen werden. Aus pragmatischen Gründen ist dies sicherlich ein vorteilhafter Umgang, um ‚die Dialektik' vom Ruch einer geheimnisumwitterten Sache, die sich mystifizierten Vorgängen im Sein hingibt, zu befreien. Doch letztendlich kann das Projekt einer rationalen Dialektik in den Sozialwissenschaften, die die aristotelischen Denkgesetze aufnimmt, nur in einer genauen Ausweisung ihrer formal-syntaktischen Grundlage Bestand haben. Konstellationen als dialektische zu klassifizieren, die *irgendwie* einen widersprüchlichen Charakter aufweisen, kann kaum zu einer adäquaten Bestimmung genuin dialektischer Argumentationsfiguren beitragen.

Adornos Kritische Theorie greift zudem auf unterschiedlich akzentuierte Vermittlungsbegriffe zurück. Allen gemeinsam ist, dass inneren Vermittlungsverhältnissen eine konstitutive Funktion innerhalb einer Gesamtkonstellation zukommt, die durch einen äußeren Gegensatz gekennzeichnet ist. Adorno arbeitet unter der Perspektive der Präponderanz des Objekts mit einem Vermittlungsbegriff, der Vermittlung in und durch die Extreme hindurch nachzeichnet, wie beispielsweise in der Verhältnisbestimmung von Individuum und Gesellschaft, Subjekt und Objekt. An der Diskussion um eine offene oder abgeschlossene Dialektikkonzeption zeigt sich die (sozialwissenschaftlich basale) Unhintergehbarkeit des Subjekt-Objekt-Vermittlungsverhältnisses. Wird dieses verkürzt oder gar das Ende der Dialektik behauptet, werden auch die entscheidenden sozialwissenschaftlichen Lösungsmöglichkeiten der Dialektik abgeschnitten. Das konsequente Denken im Vermittlungszusammenhang, das sowohl hinsichtlich autonomiefördernder als auch hinsichtlich autonomieeinschränkender Dimensionen Unterscheidungen treffen kann, benötigt keinen heilsgeschichtlichen Fluchtpunkt, der letztlich mit einer Einschränkung von Perspektiven einhergeht. Innerhalb einer konsequent vermittlungslogischen Argumentation wird ausgeschlossen, dass ein Rückfall in Dichotomien erfolgt. Strukturell emanzipatorisch ist eine reflexiv vermittlungslogische Aussagenkonfiguration deswegen noch nicht. Ebenfalls bildet eine Vielzahl von Perspektiven noch keine Wahrheit. Es benötigt eine Reflexion (vgl. *Problemebene 3: sozial- und moralphilosophische Dimension*) innerhalb einer sozialwissenschaftlich relevanten Dialektik, die Freiheit zu jeder Zeit an jedem Ort der Unfreiheit sowohl praktisch vorzuziehen als auch theoretisch auszuweisen erlaubt.

4 Widerspruch und Vermittlung in der freudschen Psychoanalyse

„Indessen haben wir schon so oft in der Psychoanalyse erfahren, daß Gegensätze keinen Widerspruch bedeuten."
(Freud 1916/17: 298)

Aus der Perspektive der älteren Kritischen Theorie erscheinen dialektische Motive in der freudschen Theorie vor allem im Verweis auf die je schon gesellschaftliche Präformation der psychoanalytischen Konzepte und Begrifflichkeiten. Die Beschädigungen und Zumutungen, die objektiv und intersubjektiv den Subjekten abverlangt werden, sind mit der freudschen Analyse bis auf die intrapsychische Ebene nachvollziehbar. Adorno weist jedoch auf das Problem einer Angleichung der Begrifflichkeiten hin.

„Die Vereinheitlichung von Psychologie und Gesellschaftslehre durch Verwendung der gleichen Begriffe auf verschiedenen Abstraktionsebenen läuft inhaltlich notwendig auf Harmonisierung hinaus." (Adorno 1955: 45)

Sein Lösungsvorschlag lautet: „Nur durch die Bestimmung der Differenz hindurch, nicht durch erweiterte Begriffe, wird ihr Verhältnis angemessen ausgedrückt." (ebd.) Diese Bestimmung ‚durch die Differenz hindurch' bildet im Kreise der frühen Mitarbeiter am Institut für Sozialforschung den zentralen Bezugspunkt, durch den die freudsche Theorie in die Kritische Theorie eingeht. Für eine Verhältnisbestimmung zwischen der Psychoanalyse und den Sozialwissenschaften wird die Entwicklung eines kategorialen Rahmens angestrebt, innerhalb dessen beide in der Trennung zusammengedacht werden können. Wenn auch mit unterschiedlichen Schwerpunkten, so sind sich Adorno und Marcuse einig, dass der genuin dialektische Gehalt der freudschen Theorie in der *Einheit in der Trennung* und der *Trennung in der Einheit* von Sozialwissenschaft und Psychoanalyse besteht. Demzufolge sei eine getrennte Arbeit in beiden Bereichen nötig (vgl. Adorno 1952, 1955).

Marcuse sieht die Einheit in der Trennung durch den gesellschaftlich präformierten Charakter der theoretischen Grundannahmen Freuds bestätigt, da innerhalb der psychoanalytischen Kategorien bereits implizit gesellschaftstheoretische Bestimmungen notwendigerweise enthalten sind.

„Ich glaube [...], daß Freuds Theorie in ihrer eigentlichen Substanz ‚soziologisch‘ ist und daher keiner neuen kulturellen oder soziologischen Orientierung bedarf, um diese Substanz freizulegen. Freuds ‚Biologismus‘ ist Gesellschaftstheorie in einer Tiefendimension, die von den neo-freudianischen Schulen konsequent verflacht worden ist." (Marcuse 1955: 13)[17]

Adorno argumentiert über weite Strecken in seiner Rezeption der Psychoanalyse vergleichbar (vgl. Adorno 1968: 186f.) In der ‚Einleitung in die Soziologie‘, die Vorlesung Adornos im Sommersemester 1968, zeigt er beispielhaft am scheinbar subjektiven Begriff der Lebensnot in der freudschen Theorie, wie dieser sich bei genauerer Betrachtung als bereits gesellschaftlich vermittelt erweist. Auch die Konzeption des Über-Ichs bzw. des Ich-Ideals weist nach Adorno auf die freudschen Bemühungen hin, gesellschaftlich vorgängige Momente in die am Modell absoluter Subjektivität orientierte Instanzenlehre zu integrieren:

„Sie finden hier, wenn ich mir diesen Exkurs noch gestatten darf, in einer so durchaus positivistisch konzipierten Lehre, wie es die Freudsche Psychoanalyse gewesen ist, ein überraschend dialektisches Motiv, obwohl er sicher, wenn man ihm das gesagt hätte, in dasselbe Entsetzen ausgebrochen wäre wie nur irgendein positivistischer Soziologe heutzutage. Das dialektische Motiv ist das, daß Freud, und zwar genuin, einfach durch die Arbeit an seinem eigenen Material, die Entdeckung gemacht hat, daß je tiefer man in die Phänomene der Individuation der Menschen sich versenkt, je rückhaltloser man das Individuum in seiner Geschlossenheit und Dynamik begreift, um so mehr sich dem nähert im Individuum selbst, was eigentlich nicht Individuum ist. Also meine Forderung, gerade durch Versenkung in spezifische Kategorien der Einzelwissenschaften, und nicht von außen her, in diesen Kategorien ihres gesellschaftlichen Gehalts gewahr zu werden, für diese Forderung bietet die Freudsche Behandlung des Individuums ein großartiges Beispiel." (ebd.: 192)

Auch wenn Adorno die sozialwissenschaftlichen Bestimmungen, die in der freudschen Lehre bereits stets enthalten sind, pointiert darstellt, lässt er ebenso keinen Zweifel an der sozialwissenschaftlichen Beschränktheit der freudschen Theorie. Für den Hegelmarxisten Adorno sind die freudschen Ausführungen über die basalen Vergesellschaftungsbedingungen bestenfalls verkürzt: „Freuds unaufgeklärte Aufklärung spielt der bürgerlichen Desillusion in die Hände." (Adorno 1951: 67)[18] Ebenso deutlich arbeitet Adorno jedoch die autonomiefördernden Möglichkeiten der freudschen Theorie heraus. In erster Linie verankert

---

[17] Vgl. dazu auch die Aufsätze, die die Überlegungen aus ‚Triebstruktur und Gesellschaft‘ ergänzen und weiterführen: Marcuse 1956a, 1956b, 1968.

[18] Vgl. auch: „Diagnostizieren läßt die Krankheit der Gesunden sich einzig objektiv, am Mißverhältnis ihrer rationalen Lebensführung zur möglichen vernünftigen Bestimmung ihres Lebens." (Adorno 1951: 66)

er das emanzipatorische Potential der Analyse in der Stärkung der Reflexionsmöglichkeiten, die letztlich einen der konstitutiven Bestandteile der ‚versöhnten
Gesellschaft' darstellen.

> „Die analytische Theorie denunziert die Unfreiheit und Erniedrigung der Menschen
> in der unfreien Gesellschaft ähnlich wie die materialistische Kritik einen von der
> Wirtschaft blind beherrschten Zustand." (Adorno 1955: 62)

Zusammengefasst besteht die Freud-Rezeption der Frankfurter Schule im zentralen Nachweis, dass bereits in den scheinbar höchst individuellen Kategorien und
Begriffen gesellschaftstheoretische Bestimmungen notwendigerweise enthalten
sind. In der Bezugnahme auf diese inneren Vermittlungsverhältnisse, in der Zurückdrängung der repressiven und der Unterstützung der emanzipatorischen
Momente der Aufklärung besteht für die Kritischen Theoretiker der Modus der
Psychoanalyse, der deshalb auch einer dialektisch konzipierten Gesellschaftstheorie entgegenkommt. Der Rückgriff auf die Psychoanalyse erlaubt, gesellschaftlich induzierte Zumutungen, Entbehrungen, vor allem Beschädigungen und das
Leiden in das Konzept einer Kritischen Theorie, einer dialektischen Gesellschaftstheorie zu integrieren.

Doch nicht nur im Nachweis vermittlungslogischer Subjekt-Objekt-
Konstellationen, anhand denen die ältere Kritische Theorie vorrangig den dialektischen Charakter der Psychoanalyse nachzuweisen bestrebt ist, zeigen sich Motive innerhalb der freudschen Ausführungen, die für eine rationale dialektische
Konzeption heute relevant sind. Vor dem Hintergrund der Diskussion um einen
angemessenen dialektischen Widerspruchs- und Vermittlungsbegriff werden im
Folgenden ausgewählte Argumentationsstrategien untersucht, die Freud in unterschiedlichen Phasen seines Werks heranzog, um die von ihm neu geschaffene
und entdeckte Wissenschaft zu legitimieren und zu fundieren. Zuerst (1) werden
die in der Traumdeutung – dem Begründungskontext der Psychoanalyse – nachzuzeichnenden basalen Widerspruchsrelationen zwischen latenter und manifester
Traumebene vor allem hinsichtlich ihrer kontingenten Eigenschaften (Verschiebung, Verdichtung) diskutiert. In einem zweiten Schritt (2) wird der Gegenstand
der Psychoanalyse, das Unbewusste, genauer auf die zugrundeliegende Wider-
spruchsstruktur hin untersucht. Daraufhin wird (3) im zentralen Kernstück der
Psychoanalyse, in der Übertragung, das zugrundegelegte Konzept von Widerspruch und Vermittlung betrachtet. Es wird sich zeigen, dass die Entdeckung des
Unbewussten durch die Traumdeutung mit Problemen behaftet war, die einen
Ausweg jenseits einer zweiwertigen dichotomen Logik verlangten. In den freudschen Begründungsstrategien für die Erkenntnis der (zunächst) unstrukturierten
Relationsbeziehungen im Traum und im Übergang zu einer rational

ausweisbaren Analyse treten Annahmen hervor, die eine deutliche Nähe zu strikt antinomischen Widerspruchsfiguren und zu einer reflexiv-vermittlungslogischen Konzeption aufweisen. Nicht zuletzt arbeitet Freud implizit an einem Umgang mit den Problemen einer möglichen dritten Stellung des Gedankens zur Objektivität – freilich ohne auf diese hegelsche Begrifflichkeit zurückzugreifen. Inhaltlich diskutiert Freud die Schwierigkeit, inwiefern in einer gegebenen handlungseinschränkenden Subjekt-Objekt-Konstellation (*Problemebene 2: Problem des Anfangs*) in emanzipationslogischer Absicht darüber hinausgegangen werden kann. Derart sind die Bemühungen des psychoanalytischen Verfahrens eng verknüpft mit normativen Fragen (*Problemebene 3: sozial- und moralphilosophische Dimension*), über deren (gesellschaftlich bedingte) Begrenztheit sich Freud kaum Illusionen macht. Die zentrale freudsche Denkfigur, die an der Konzeption der Übertragung ersichtlich wird, strebt an, die strukturellen (Minimal-) Bedingungen bereitzustellen, um handlungseinschränkende Momente nicht nur auf der Ebene der Sprache offensichtlich werden zu lassen. Erst im bewussten Durcharbeiten handlungseinschränkender Momente werden diese einer möglichen Veränderung zugeführt. Die besondere Bedeutung in sozialwissenschaftlicher Hinsicht besteht darin, dass nicht nur die bewussten, sondern vor allem die unbewussten, in Latenz gehaltenen Momente in und durch das Agieren in einer besonders dafür geeigneten Situation offengelegt werden, damit sie im Weiteren einer Veränderung zugeführt werden können. Handlungseinschränkende Momente treten als solche nicht bewusst und ausschließlich auf der Ebene der Sprache in Erscheinung, sondern verharren latent und werden agiert. Die Struktur des Übertragungsgeschehens ist von mehreren Widerspruchsebenen durchzogen, die sich im Agieren zudem nur in ihrer Vermittlung zeigen. Die freudschen Lösungsbestrebungen von Vermittlungsverhältnissen und von Widerspruchsfiguren, unter anderem der Umgang mit negativen Selbstbezüglichkeiten, die die besondere Schwierigkeit im Umgang mit strikten Antinomien auszeichnen, werden für eine rationale Theorie der Dialektik Bedeutung erlangen.

Eine genauere Verhältnisbestimmung von Momenten, die in ihrer Wirkmächtigkeit eine Eigenständigkeit gegenüber ihren Urhebern angenommen haben und dadurch emergente Merkmale aufweisen, spielt für einen sozialwissenschaftlich adäquaten Begriff von Vermittlung eine hervorgehobene Rolle. Die freudschen Lösungsversuche weisen so einen Anknüpfungspunkt an eine sozialwissenschaftlich entscheidende Problemkonstellationen auf: Wie sind verselbstständigte Momente, die bis zur Verdinglichung zugespitzt sein können, mit den Mitteln, die diese Prozesse erst in Gang setzten, zu erfassen und zu bearbeiten? Wie können die repressiven Auswirkungen dieser vergegenständlichten und verdinglichten Momente durch eine Bearbeitung in eine produktivere Form überführt werden? Die Perspektive der freudschen Theorie setzt deutlich an der konsequenten Unterstützung autonomieermöglichender Subjektivität an. Die moral- und sozialphilosophische Ebene wird deutlich, die (positiv formuliert) aus der Perspektive einer konsequenten Orientierung an der Zurückweisung subjektiven Leidens argumentiert; negativ formuliert Freud diesen Gedanken im Hinweis auf das Bestreben, ‚neurotisches Elend in allgemeines Unglück' (Freud) zu überführen.

4.1 Die Entdeckung des Unbewussten: Die freudsche Traumdeutung

Der Königsweg zum Unbewussten öffnet sich Freud, laut seinem berühmten Hinweis, durch die Traumdeutung. „Die Traumdeutung aber ist die *via regia* zur Kenntnis der Unbewußten im Seelenleben." (Freud 1900: 577; Hervor. im Orig.) Die Traumdeutung war nicht nur der Königsweg zum Unbewussten, sondern auch zur Begründung der gerade entdeckten und neu geschaffenen Wissenschaft. In der Traumdeutung arbeitet Freud die notwendigen Begründungsstrategien heraus, um die Psychoanalyse als Wissenschaft zu positionieren und zu legitimieren. Damit werden auch Abgrenzungen von anderen Verfahrensweisen und die Kennzeichnung des eigenen Gegenstandbereiches ermöglicht und verdeutlicht.

Die expliziten Hinweise zum wissenschaftstheoretischen Verfahren der Psychoanalyse, die Freud gibt, sind eng an der naturwissenschaftlich-empirischen Medizin seiner Zeit orientiert. „Streng genommen gibt es ja nur zwei Wissenschaften, Psychologie, reine und angewandte, und Naturkunde." (Freud 1932: 606) Im freudschen Verständnis genügen beide, um die innere und äußere Natur des Menschen erkennen und analysieren zu können. Der ‚geistige Naturforscher' (Schmidt/Görlich 1995) stand in dieser Hinsicht ganz auf dem Boden der zeitgenössischen Naturwissenschaften.

> „Freud – darin genuiner Erbe von Aufklärung und Positivismus – hat immer wieder die alleinige Verbindlichkeit streng naturwissenschaftlicher Methoden für sein Denken hervorgehoben." (ebd.: 76)

Naturwissenschaftlich orientierte Empirie stellt das Kriterium im freudschen Wissenschaftsverständnis dar. Dementsprechend spielt das Postulat der Widerspruchsfreiheit als Grundlage seines Wissenschaftsverständnisses eine zentrale Rolle.[19]

---

[19] „Es ist durchaus unwissenschaftlich, die Psychoanalyse danach zu beurteilen, ob sie geeignet ist, Religion, Autorität und Sittlichkeit zu untergraben, da sie wie alle Wissenschaft durchaus tendenz-

> „Ganz in der Art der Aufklärung verachtete er das Philosophieren der Metaphysiker als nutzlose Abstraktionen. [...] *Seine* Philosophie war ein wissenschaftlicher Empirismus, wie er sich in einer wissenschaftlichen Theorie der Psyche verkörperte." (Gay 1989: 139; Hervor. im Orig.)

Erschwert wurden Freuds Ansprüche dadurch, dass das Feld der Traumdeutung vor ihm kaum durch rational ausweisbare Erklärungsversuche besetzt war. Mystifizierende und letztlich irrationale Herangehensweisen prägten den Bereich der Traumdeutung (vgl. Goldmann 2003).

> „Indem ich den Versuch wagte, tiefer in die Psychologie der Traumvorgänge einzudringen, habe ich eine schwierige Aufgabe unternommen, welcher auch meine Darstellungskunst kaum gewachsen ist. Die Gleichzeitigkeit eines so komplizierten Zusammenhangs durch ein Nacheinander in der Beschreibung wiederzugeben und dabei bei jeder Aufstellung voraussetzungslos zu erscheinen will meinen Kräften zu schwer werden." (Freud 1900: 559)

Die ‚Gleichzeitigkeit eines komplizierten Zusammenhangs‘ stellt eine Schwierigkeit für eine Darstellungsweise dar, die Prozesse hinsichtlich gleichzeitig existierender Effekte (welche zudem in sich gegenläufig sein können) beschreiben möchte. Ein subsumierendes Vorgehen, das ein ‚Nacheinander in der Beschreibung‘ erlaubt, bietet den erheblichen Vorteil, aus Oberbegriffen die darunter liegenden Kategorien ableiten zu können. Doch Freud strebt eine andere Darstellungsart an, denn der

> „Traum ist unzusammenhängend, vereinigt ohne Anstoß die ärgsten Widersprüche, läßt Unmöglichkeiten zu, läßt unser bei Tag einflußreiches Wissen beiseite, zeigt uns ethisch und moralisch stumpfsinnig." (Freud 1900: 78)

Der Gegenstandsbereich, den Freud einer rationalen Analyse zugänglich macht, stellt sich damit nicht nur in ethisch-moralischer Hinsicht als problematisch heraus, sondern auch in der Erfassung der zugrundeliegenden Struktur: die herkömmlichen Kategorien von Logik, Rationalität, Vernunft, Ethik und Moral versagen zunächst. Dennoch soll der ‚unzusammenhängende‘ und ‚widerspruchsvolle‘ Gegenstandsbereich einer rational nachvollziehbaren und allgemeinverbindlichen Analyse unterzogen werden können. Freud, naturwissenschaftlich-empirisch orientiert, stand somit vor erheblichen Problemen in der Begründung der Psychoanalyse: Ursache und Wirkung, Wesen und Erscheinung

---

frei ist und nur die eine Absicht kennt, ein Stück Realität widerspruchsfrei zu erfassen." (Freud 1923: 228)

von Träumen sollen nicht nur dargestellt, sondern ihr sozialer Sinn soll in rational ausweisbarer und nachvollziehbarer Art und Weise ermittelt werden. Die elementare Erkenntnis der Traumdeutung, die Freud als Ergebnis seiner Beobachtungen und Analysen herausstellt, geht von der Annahme aus, dass der Traum eine Wunscherfüllung darstellt. Im Traum werden (niedergehaltene, verdrängte) Wünsche (nachträglich) erfüllt, um unterschiedlichen Anforderungen im psychischen Haushalt gerecht zu werden. Verdrängte, verpönte oder für das Bewusstsein unangenehme Wünsche lösen sich nicht auf oder verschwinden, sondern sie streben weiterhin nach ihrer Verwirklichung. Diese ist nicht ausschließlich an das ursprüngliche Ziel gebunden, sondern kann auch in anderer Art und Weise erreicht werden. Eine Möglichkeit einer nachträglichen Erfüllung bildet der Traum. Die Wunscherfüllung im Unbewussten findet zunächst unabhängig vom Bewusstsein statt und die Unterscheidung zwischen der Wunscherfüllung auf einer bewussten und auf einer unbewussten Ebene liefert den Schlüssel für die Analyse des Traums, die die freudsche Traumdeutung abgrenzt von vorhergehenden Modellen.

> „Alle anderen bisherigen Versuche, die Traumprobleme zu erledigen, knüpfen direkt an den in der Erinnerung gegebenen *manifesten* Trauminhalt an und bemühen sich, aus diesem die Traumdeutung zu gewinnen oder, wenn sie auf eine Deutung verzichteten, ihr Urteil über den Traum durch den Hinweis auf den Trauminhalt zu begründen. Nur wir allein stehen einem anderen Sachverhalt gegenüber; für uns schiebt sich zwischen den Trauminhalt und die Resultate unserer Betrachtung ein neues psychisches Material ein: der durch unser Verfahren gewonnene *latente* Trauminhalt oder die Traumgedanken. Aus diesem letzteren, nicht aus dem manifesten Trauminhalt entwickelten wir die Lösung des Traumes." (Freud 1900: 280; Hervor. im Orig.)

Die entscheidende Änderung, die Freud im Gegensatz zu vormaligen Traumdeutungsverfahren vornimmt, besteht darin, eine basale Unterscheidung von manifester und latenter Ebene einzuführen und diese konsequent hinsichtlich ihrer Vermittlungsbeziehungen zu betrachten – bei steter Betonung einer Präponderanz der latenten Ebene. Die Wunscherfüllung unterliegt keiner linear-kausalen Logik, in der eindimensional von der latenten auf die manifeste Ebene geschlossen werden könnte. Die Wünscherfüllung ist stets und unhintergehbar nur *vermittelt* gewährleistet. Die latente Ebene erweist sich nie gänzlich als solche, sondern sie erscheint auf der manifesten. Daher zeigt sich in der Traumarbeit nie unmittelbar die Verknüpfung von verdrängtem Ausgangsmoment und seiner vermittelten Erscheinung auf manifester Ebene. Die ursprüngliche Situation, die sich auf der latenten Ebene wirkmächtig zeigt, erscheint auf der manifesten Ebene verzerrt und verändert.

Der Traumarbeit kommt die Funktion zu, zwischen latenter und manifester Ebene[20] zu vermitteln. Die Traumarbeit zwischen latenter und manifester Ebene sowie ihre Relationen bilden das Feld, in dem die Widerspruchsfiguren, mit denen Freud einen Umgang finden muss, ersichtlich werden. Die genauere Betrachtung der Relationen zwischen latentem und manifestem Trauminhalt, die freudsche Frage nach dem Wesen und der Erscheinung zeigen, dass er von unterschiedlichen Widerspruchsrelationen ausgeht.

„Zu den überraschendsten Funden gehört die Art, wie die Traumarbeit Gegensätzlichkeiten des latenten Traumes behandelt. [...] Gegensätze werden ebenso behandelt wie Übereinstimmungen [...]. Ein Element im manifesten Traum, welches eines Gegensatzes fähig ist, kann also ebensowohl sich selbst bedeuten wie seinen Gegensatz oder beides zugleich; erst der Sinn kann darüber entscheiden, welche Übersetzung zu wählen ist." (Freud 1916/17: 185)

Der Traum legt nicht alles, worauf er abzielt und sich bezieht, offen. Nicht ausschließlich in einer linear-kausalen Logik, sondern in verzerrter, vermittelter Form zeigen sich die Relationsbeziehungen zwischen der latenten und der manifesten Ebene. Die Mechanismen, die die Verzerrung und Veränderung ermöglichen, vermitteln in sozialwissenschaftlicher Hinsicht zwischen Wesen und Erscheinung, die nicht ohne weiteres auseinandergehalten werden können. „Die einzelnen Stücke dieses komplizierten Gebildes stehen natürlich in den mannigfaltigsten logischen Relationen zueinander." (Freud 1900: 310) Die maßgeblichen Vermittlungsrelationen der Traumarbeit, die Freud herausarbeitet, sind die *Verdichtung*, die *Verschiebung*, die *Rücksicht auf Darstellbarkeit* sowie die *sekundäre Bearbeitung*. So erscheinen zwischen den beiden Polen einer latenten und einer manifesten Ebene in der Traumarbeit die (vielfältigen) Relationsbeziehungen.

Die Verdichtungsleistungen bilden ein „*mittleres Gemeinsames*" (ebd.: 285; Hervor. im Orig.). Freud stellt sich die Frage nach der Struktur dieses mittleren Gemeinsamen, der Vermittlung. Insbesondere die „kunstvolle Verschlingung der wechselseitigen Beziehungen" (ebd.: 287) ist für Freud von Interesse. Die Verdichtungsleistungen in der Traumarbeit sind nicht nur kondensiert als besonders

---

[20] Vgl. zur Unterscheidung der manifesten und der latenten Ebene: „Der manifeste Inhalt des Traumes umfaßt alle Aspekte dessen, woran der Träumer sich nach dem Erwachen bewußt erinnert und das ihm in jeder beliebigen Form im Gedächtnis haften bleibt, in Form von Bildern, widersinnigen Situationen, gegensätzlichen Gefühlen usw. [...] *Manifester* und *latenter* Trauminhalt müssen einander gegenübergestellt werden. [...] Die *latenten Traumgedanken* sind nicht bewußt, während der manifeste Trauminhalt bewußt erinnert wird. Diese bewußte Erinnerung ist ein Ersatz für die latenten Gedanken und Strebungen, die in entstellter und unerkennbarer Form von der Zensur zum Bewußtsein zugelassen worden sind." (Nagera 1974: 277f.; Hervor. im Orig.)

ausgeprägte Eigenschaften gegensätzlicher Bestrebungen, die gemeinsam erhalten werden sollen. Freud verdeutlicht, dass die Vermittlungsrelation in der Verdichtung nicht ausschließlich additiver Art zu sein braucht und daher nicht aus einem übergeordneten Ganzen deduziert werden kann.

> „Ich habe nicht Züge, die dem einen eigen sind, mit den Zügen des anderen vereinigt und dafür das Erinnerungsbild eines jeden um gewisse Züge verkürzt, sondern ich habe das Verfahren eingeschlagen, nach welchem Galton seine Familienporträts erzeugt, nämlich beide Bilder aufeinanderprojiziert, wobei die gemeinsamen Züge verstärkt hervortreten, die nicht zusammenstimmenden einander auslöschen und im Bilde undeutlich werden." (ebd.: 295)

In der Verdichtung handelt es sich um einen Vorgang, der verschiedenen Strebungen gleichermaßen gerecht zu werden bemüht ist. Die unterschiedlichen Strebungen negieren sich jedoch nicht ausschließlich in der Art und Weise, dass nur eine der beiden jeweiligen Seiten bestehen bleibt. Beide können nebeneinander bestehen – trotz Gegensätzlichkeit.

> „Die Verdichtung kommt dadurch zustande, daß 1. gewisse latente Elemente überhaupt ausgelassen werden, 2. daß von manchen Komplexen des latenten Traumes nur ein Brocken in den manifesten übergeht, 3. daß latente Elemente, die etwas Gemeinsames haben, für den manifesten Traum zusammengelegt, zu einer Einheit verschmolzen werden. Wenn Sie wollen, können sie den Namen ‚Verdichtung' für diesen letzten Vorgang allein reservieren." (Freud 1916/17: 179)

Das Konzept der Verdichtung im engeren Sinne der letztgenannten Definition ist formal-syntaktisch so aufgebaut, dass Momente, die Gemeinsamkeiten aufweisen (trotz aller ansonsten vorfindlichen Gegensätzlichkeit), zusammengezogen und zu ‚einer Einheit verschmolzen werden'. Diese Einheit muss nicht, aber *kann* auch widersprüchliche Konfigurationen so zusammenfügen, dass scheinbar kein Widerspruch mehr existiert. Der freudsche Determinismus erweist sich als flexibel genug, um die notwendige Kontingenz zu erhalten, die eine Vielfalt von Möglichkeiten offen lässt. Dass die Annahme strukturierender Basismerkmale nicht notwendigerweise eine Abbild- und Widerspiegelungstheorie nötig macht, bildet eine der entscheidenden sozialwissenschaftlichen Stärken der freudschen Theorie. Freuds Herangehensweise verfällt selten in kausale eindimensionale Ableitungszusammenhänge und gestattet dadurch, den zugrundeliegenden Determinismus[21] flexibel zu erhalten.

---

[21] Vgl. dagegen: „Gewiß, die Freiheit dem Griff der Kausalität zu entreißen, ist einer der liebsten und daher hartnäckigsten illusorischen Wünsche des Menschen. Aber Freud warnte streng, die Psycho-

Im zweiten, wichtigen Mechanismus der Traumarbeit, der Verschiebung, ist Freud mit einer schärferen Widerspruchsrelation konfrontiert. „Während der Zensor an der Verdichtung nicht beteiligt zu sein braucht, ist die Verschiebungsarbeit sein Meisterwerk." (Gay 1989: 135) Strukturell kann der Mechanismus der Verschiebung so aufgebaut sein, dass die zugrundeliegende Widerspruchsfigur eine Verkehrung ins Gegenteil nachzuzeichnen erlaubt.

> „Die Traumarbeit kann mit den Affekten der Traumgedanken noch etwas anderes vornehmen, als sie zuzulassen oder zum Nullpunkt herabzudrücken. Sie kann dieselben *in ihr Gegenteil verkehren*. Wir haben bereits die Deutungsregel kennengelernt, daß jedes Element des Traums für die Deutung auch sein [polares, konträres, kontradiktorisches oder strikt antinomisches, S.M.] Gegenteil darstellen kann, ebenso wohl wie sich selbst […]. Man weiß nie im vorhinein, ob das eine oder das andere zu setzen ist; erst der Zusammenhang entscheidet hierüber." (Freud 1900: 454; Hervor. im Orig.)

Die Lösungsbewegung einer solchen Widerspruchsrelation gelingt Freud durch den Rückgriff auf den sozialen Sinn der gesamten Konstellation. Erst eine annähernde Kenntnis der vollständigen Relation lässt stichhaltige Rückschlüsse zu, ob es sich innerhalb der Verschiebung überhaupt um eine solche handelt. Wesen und Erscheinung werden erst unterscheidbar, wenn eine Konzeption der gesamten Relation und vor allem ihrer Bedeutung innerhalb der je spezifischen Traumarbeit vorhanden ist. Die Verkehrungen, die im Übergang von der latenten zur manifesten Ebene vorgenommen werden, können sogar das Ausgangsmoment durch das Gegenteil repräsentieren. Es findet eine „Umkehrung des Sinnes, Ersetzung durch das Gegenteil" (Freud 1916/17: 186) statt. Ein negativ selbstbezügliches Verhältnis zeichnet sich ab und Freud verweist umgehend auf die einzig gangbare Lösungsmöglichkeit, die auch die adäquate Umgangsweise mit der Lügnerantinomie darstellt: Die Kenntnis und der Einbezug der gesamten Relation ist erforderlich. Erst so wird ersichtlich, ob es sich um eine Verkehrung ins Gegenteil handelt oder nicht. Negativ selbstbezügliche Relationen können, müssen aber nicht in der Verschiebung auftreten. Die Leistungen der Verschiebung bestehen darin, dass erstens

> „ein latentes Element nicht durch einen eigenen Bestandteil, sondern durch etwas Entfernteres, also durch eine Anspielung ersetzt wird, und zweitens, daß der psychische Akzent von einem wichtigen Element auf ein anderes, unwichtiges übergeht, so daß der Traum anders zentriert und fremdartig erscheint." (Freud 1916/17: 181)

---

analyse solle solchen illusorischen Phantasien keinen Trost bieten. Freuds Theorie der Psyche ist daher strikt und eindeutig deterministisch." (Gay 1989: 140)

Das Konzept der Verschiebung ist so flexibel angelegt, dass unterschiedliche Widerspruchsrelationen damit erfasst werden können. Eine der Varianten besteht in einer negativen Selbstbezüglichkeit. Der kontradiktorische Widerspruch, der in der Verschiebung auftauchen kann, zeichnet sich dadurch aus, dass das Ursprungsmoment negiert wird, indem die damit verbundenen Affekte[22] verkehrt oder gar ins Gegenteil verschoben werden. So tritt eine komplexe Widerspruchsfigur hervor, die jeweils nur angemessen zu erfassen ist, wenn der Blick auf die gesamte Konstellation beibehalten wird – als Denken im konsequenten Totalitätsbezug. Die Gesamtkonstellation ist ebenfalls nicht in einem engen Sinne deterministisch zu begreifen, weil die Traumarbeit nur adäquat in der je besonderen individuellen Situation zu verstehen und zu deuten ist. Die Inhalte der Mechanismen der Traumarbeit sind wiederum so variabel, dass nur anhand des je individuellen Subjekts die jeweils autonomieeinschränkenden von den handlungserweiternden Dimensionen unterschieden werden können. Kontingenz zeigt sich in der Traumarbeit als wesentliches Merkmal, auch wenn die Mechanismen verallgemeinert werden können. Die Verschiebung

„hängt durch die äußerlichsten und entlegensten Beziehungen mit dem Element, das sie ersetzt, zusammen, ist darum unverständlich, und wenn sie rückgängig gemacht wird, macht ihre Deutung den Eindruck eines mißratenen Witzes oder einer gewaltsamen, gezwungenen, an den Haaren herbeigezogenen Auslegung. Die Traumzensur hat eben nur dann ihr Ziel erreicht, wenn es ihr gelungen ist, den Rückweg von der Anspielung zum Eigentlichen unauffindbar zu machen." (Freud 1916/17: 182)

Die weiteren Elemente der Traumarbeit, die Rücksicht auf Darstellbarkeit und die sekundäre Bearbeitung, spezifizieren die Mechanismen der Verschiebung und der Verdichtung. Rücksicht auf Darstellbarkeit bedeutet weniger, dass die Traumarbeit moralischen und sozialen Einschränkungen unterliegt, sondern dass die Ausdrucksmittel der Traumarbeit begrenzt sind und daher kaum Kausalrelationen in der Traumarbeit zu finden sind. „[I]nsbesondere werden die logischen Verknüpfungen zwischen den Traumgedanken eliminiert oder mehr oder weniger glücklich durch Ausdrucksformen ersetzt" (Laplanche/Pontalis 1973: 112). So findet sich „[d]ie *Rücksicht auf die Darstellbarkeit in dem eigentümlichen psychischen Material, dessen sich der Traum bedient,* also zumeist in visuellen Bildern" (Freud 1900: 339; Hervor. im Orig.). Das weitere Merkmal der Traum-

---

[22] Vgl. auch: „An den Träumen hat immer Verwunderung erregt, daß Vorstellungsinhalte nicht die Affektwirkung mit sich bringen, die wir als notwendig im wachen Denken erwarten würden. […] Dieses Rätsel des Traumes verschwindet uns so plötzlich und so vollständig wie vielleicht kein anderes der Traumrätsel, wenn wir vom manifesten Trauminhalt zum latenten übergehen. […] Die Analyse lehrt uns, *daß die Vorstellungsinhalte Verschiebungen und Ersetzungen erfahren haben, während die Affekte unverrückt geblieben sind.*" (Freud 1900: 444; Hervor. im Orig.)

arbeit, die sekundäre Bearbeitung zielt darauf ab, allzu schroffe Übergänge zu meiden. Der sekundären Bearbeitung obliegt es, Kohärenz und Stimmigkeit in und zwischen den vorangegangenen Momenten der Traumarbeit herzustellen. Die sekundäre Bearbeitung „tritt an den Trauminhalt mit dem Anspruch heran, er müsse verständlich sein." (ebd.: 480).

Die Mechanismen der Traumarbeit, insbesondere die Verschiebung und die Verdichtung, können als konträre oder kontradiktorische Widersprüche auftreten, müssen dies aber nicht notwendigerweise. So entscheidet erst in einem zweiten Schritt der ‚Sinn' darüber, ob es sich um eine Widerspruchsrelation handelt bzw. um welche Art von Widersprüchlichkeit. Der für die freudsche Theorie untrennbare Form-Inhalt-Zusammenhang zeichnet sich ab. So universalisierbar die Mechanismen der Traumdeutung bzw. der Symptombildung sind, so individualisiert ist der je spezifische Sinn und die Funktion, die dem Traum zukommt. Er ist immer an das einzelne Individuum und das je individuelle psychische Geschehen gebunden. Damit ist auch die Gesamtkonstellation, die erst im Nachhinein deutlich erkennen lässt, welcher Widerspruchsbegriff zugrunde liegt, in der freudschen Konzeption eng an das je konkrete Subjekt und dessen spezifische handlungseinschränkende bzw. autonomiefördernde Momente geknüpft. Eine der sozialwissenschaftlichen Stärken der freudschen Theorie kann darin aufgezeigt werden, dass Freud sich nicht mit eindimensionalen Erklärungsmustern zufrieden gibt. Seine Theorie kann im Sinne Adornos Widersprüche unaufgelöst nebeneinander bestehen lassen.

Der ‚Sinn' der gesamten Relationsbeziehung, der sich aus Kenntnis der jeweiligen Funktion des Traumes/Symptoms innerhalb des einzelnen Subjekts ergibt, ist kein von außen neu hinzugenommener. Der Sinn

> „wird in der Psychoanalyse gerne als *latent* bezeichnet, was aber irreführende räumliche Vorstellungen evoziert. Denn der latente Sinn ist nicht ‚hinter' oder ‚unter' dem manifesten verborgen, sondern – wenn schon räumlich bezeichnet – *in ihm*." (Haubl/Mertens 1996: 67; eigene Hervor.)

Der soziale Sinn ergibt sich erst durch eine Analyse der gesamten Konstellation und dazu ist die Analyse innerer Vermittlungsverhältnisse, die Analyse von ‚Sinnesimplikaten' (Adorno) unabdingbar, um den wesentlichen Kern der manifesten Ebene auf einer latenten Ebene nachzuzeichnen. Der wesentliche Sinn erweist sich nicht neben oder außerhalb der manifesten Erscheinung, sondern *in ihr* selbst – eine klassische vermittlungslogische Figur.

> „Der Prozeß der Traumarbeit ist also etwas ganz Neues und Fremdartiges, dessengleichen vorher nicht bekannt worden war. Er hat uns den ersten Einblick in die Vorgänge gegeben, die sich im unbewußten System abspielen, und uns gezeigt,

daß sie ganz andere sind, als was wir von unserem bewußten Denken kennen, daß sie diesem letzteren als unerhört und fehlerhaft erscheinen müßten. Die Bedeutung dieser Funde ist dann durch die Entdeckung erhöht worden, daß bei der Bildung der neurotischen Symptome dieselben Mechanismen – wir getrauen uns nicht zu sagen: Denkvorgänge – wirksam sind, die die latenten Traumgedanken in den manifesten Traum verwandelt haben." (Freud 1932: 460)

Nicht nur, dass die Traumarbeit einen wesentlichen Sinn im psychischen Haushalt übernimmt, sondern dass durch die Analyse dieses Sinns Rückschlüsse auf die zugrundeliegenden einschränkenden Verhaltensdispositionen gezogen werden können, führt die Traumdeutung in Richtung eines rational ausweisbaren Verfahrens, das die Kriterien einer verallgemeinerbaren Nachvollziehbarkeit erfüllt. Werden durch Deutungsarbeit die verborgenen widersprüchlichen Anforderungen im psychischen Geschehen erkennbar, liegen zudem die handlungseinschränkenden Momente offen. In einem weiteren Schritt kann die repressive Wirkmächtigkeit verdrängter Wünsche geändert und können die autonomiefördernden Anteile zugleich erhalten bleiben.
Der Arbeit des Traumes steht die Deutungsarbeit entgegen.

„Lassen Sie sich auch noch einmal vorhalten, daß jene Arbeit, welche den latenten Traum in den manifesten umsetzt, die *Traumarbeit* heißt. Die in entgegengesetzter Richtung fortschreitende Arbeit, welche vom manifesten Traum zum latenten gelangen will, ist unsere *Deutungsarbeit*. Die Deutungsarbeit will die Traumarbeit aufheben." (Freud 1916/17: 178; Hervor. im Orig.)

Die Traumarbeit steht unter der Anforderung, Wunscherfüllung zu ermöglichen und muss sich daran orientieren, die latente Ebene auf einer manifesten Ebene akzeptabel, Ich-gerecht erscheinen zu lassen. Die Deutungsarbeit verschreibt sich dem entgegengesetzten Ziel, diesen Prozess der Umarbeitung wieder rückgängig zu machen. Die Deutungsarbeit wird notwendig, weil die Wunscherfüllung nicht offen nachvollziehbar erscheint, sondern vermittelt. Auf der vermittelten manifesten Ebene erscheint der Traum absurd, zusammenhanglos, scheinbar unabhängig vom Subjekt.
Die freudsche Vorgehensweise begnügt sich nicht mit den überlieferten Annahmen der vormals irrationalen Traumdeutung. In seiner beharrlichen Suche nach den letzten Ursachen naturwissenschaftlicher Tatsachen[23] (die sich als je

---

[23] Moderne neurowissenschaftliche Ansätze, die die psychischen Leistungen bis ins scheinbar Objektive, in die rein biologischen Mechanismen nachzeichnen wollen und sich auf (zahlreiche) Ausführungen in der freudschen Theorie beziehen können, unterschlagen das dazugehörige eigenständige Moment, das trotz Einheit auch auf der Trennung beharrt. Diese Hinweise finden sich bereits bei Freud selbst: „Wir wollen ganz beiseite lassen, daß der seelische Apparat, um den es sich hier

schon gesellschaftlich präformiert erweisen) befindet sich Freud in sozialwissenschaftlicher Terminologie auf der Suche nach dem Wesen, nach der Basis des
Subjekts, die dieses überhaupt erst als solches konstituiert.

> „Was *Die Traumdeutung* von allen früheren Versuchen, den Sinn von Träumen zu
> entschlüsseln, unterscheidet, ist der systematische und induktive Charakter, mit dem
> sie dem unerklärlichen und irrationalen Phänomen des Traums zu Leibe rückt."
> (Lohmann 2002: 20; Hervor. im Orig.)

Nicht nur induktive, sondern auch vermittlungslogische Argumentationsfiguren
zieht Freud jedoch zur Begründung seines Verfahrens heran. Einheit in der Gegensätzlichkeit und die dazugehörige Gegensätzlichkeit in der Einheit finden
sich in der Relationsbestimmung zwischen manifesten und latenten Traumgedanken wieder. Eine Vermittlung der Gegensätze in sich zeigt sich im freudschen
Versuch, das ‚mittlere Gemeinsame' zu entschlüsseln. Dieses sucht Freud nicht
nur als vergleichendes Drittes (*tertium comparationis*), sondern ‚in und durch die
Extreme hindurch' (Adorno) zeigt sich die innere Vermittlung bei gleichzeitigem
äußerem Gegensatz. Innerhalb bereits vermittelter Momente verbergen sich unterschiedliche Widerspruchskonstellationen, die sogar bis zum (strikten) Gegenteil zugespitzt sein können. Eine solche vermittlungslogische Konstellation, die
eine negative Selbstbezüglichkeit aufweisen kann, macht einen besonderen Umgang mit dem aristotelischen Non-Kontradiktionsgebot erforderlich. Freud zeigt
in der Traumanalyse, insbesondere an den Mechanismen der Verdichtung und
der Verschiebung auf, wie Umgangsmöglichkeiten mit ‚nicht-additiven Vermittlungen' in naturwissenschaftlich orientierten, empirisch ausgerichteten Konzeptionen möglich und nicht zuletzt auch nötig sind.

4.2 Die Logik des Unbewussten

Wie und mit welchen Mitteln Freud den Bereich der Irrationalität rational er-
schließt, ist für den erkenntnistheoretischen Startpunkt der freudschen Psychoanalyse (*Problemebene 2: Problem des Anfangs*) aufschlussreich. Erwiesen wird
sich, dass der freudsche Startpunkt bereits vermittlungslogisch gedacht und gesetzt ist.

Auch wenn das Es im freudschen Instanzenmodell nicht mit dem Unbewussten zusammenfällt oder gleichzusetzen wäre, weist Freud auf einen Bereich
hin, der sich zunächst der aristotelischen Logik sperrt. Im Es ist das aristotelische

---

handelt, uns auch als anatomisches Präparat bekannt ist, und wollen der Versuchung sorgfältig aus
dem Wege gehen, die psychische Lokalität etwa anatomisch zu bestimmen." (Freud 1900: 512)

Widerspruchsverbot aufgehoben – aber nicht im hegelschen Sinne, sondern es ist schlicht und einfach außer Kraft gesetzt.

> „Für die Vorgänge im Es gelten die logischen Denkgesetze nicht, vor allem nicht der Satz des Widerspruchs. Gegensätzliche Regungen bestehen nebeneinander, ohne einander aufzuheben oder sich voneinander abzuziehen, höchstens daß sie unter dem herrschenden ökonomischen Zwang zur Abfuhr der Energie zu Kompromißbildungen zusammentreten. Es gibt im Es nichts, was man mit der Negation gleichstellen könnte, auch nimmt man mit Überraschung die Ausnahme von dem Satz des Philosophen wahr, daß Raum und Zeit notwendige Formen unserer seelischen Akte seien." (Freud 1932: 511)

Während das Es im freudschen Strukturmodell die verdrängten Vorstellungen und Wünsche umfasst, ist die freudsche Konzeption des Unbewussten basaler. Nicht nur aus verdrängten und verpönten Wünschen speist sich das Unbewusste; es ist zudem so basal konzeptualisiert, dass es nie vollständig bewusstseinsfähig erscheinen kann. Zudem ist das Unbewusste alogisch strukturiert. Das Ausgangsproblem wird von der Frage gebildet, wie etwas bewusst werden kann, das *per definitionem* nicht-bewusst, dem Bewusstsein stets entzogen und damit der Beweisführung (zunächst) nicht unmittelbar zugänglich ist. Der Gedanke, dass nicht alles Psychische auch jederzeit bewusst zugänglich ist, bildet eine der zentralen Voraussetzungen psychoanalytischer Theorie. Freud rechtfertigt die Herausarbeitung der Kategorie des Unbewussten, indem er auf die ‚gewohnte Denkweise' – und das ist die aristotelische Logik – verweist:

> „Die Annahme des Unbewußten ist […] eine völlig *legitime*, insofern wir bei ihrer Aufstellung keinen Schritt von unserer gewohnten, für korrekt gehaltenen Denkweise abweichen." (Freud 1915: 128; Hervor. im Orig.)

Probeweise spielt Freud verschiedene Möglichkeiten durch, um (rational ausweisbare) Begründungsstrategien für die Annahme eines Unbewussten geben zu können. Vorstellbar sei zunächst auch ein hinter dem Bewusstsein stehendes zweites oder gar drittes Bewusstsein. Diese Überlegung verwirft er jedoch umgehend:

> „Allein hier findet die Kritik berechtigten Anlaß, einiges einzuwerfen. Erstens ist ein Bewußtsein, von dem der eigene Träger nichts weiß, noch etwas anderes als ein fremdes Bewußtsein, und es wird fraglich, ob ein solches Bewußtsein, dem der wichtigste Charakter abgeht, überhaupt noch Diskussion verdient." (ebd.: 129)

Die Möglichkeit, dass das Bewusstsein einen Teil eines anderen Bewusstseins bilde und damit ein zweites Bewusstsein, das unter oder neben dem Bewusstsein parallel existiere (das heißt ein Unterbewusstsein[24]), stellt Freud nicht zufrieden, weil damit die Verbundenheit des Unbewussten bei *gleichzeitiger* Entzogenheit vom Bewusstsein nicht erfasst werden könnte. Ihm geht es vor allem um die *Eigengesetzlichkeit* und *Eigenständigkeit* des gesuchten Phänomens bei *gleichzeitiger* Verbundenheit. Die Einheit von Bewusstsein und Unbewusstem soll durch eine gleichzeitige und konstitutive Trennung charakterisiert werden. Mit einer orthodox dichotomen Logik ist eine solche Widerspruchsrelation nicht ausreichend zu konzipieren. Zudem kommt es Freud darauf an, Verbindungslinien und innere Vermittlungsverhältnisse zwischen Bewusstsein (Bw) und Unbewusstem (Ubw) zu beschreiben. Für die klassische zweiwertige Logik zeigt sich hier ein nicht unerhebliches Problem: Einerseits sollen die beiden Bereiche, Bewusstsein und Unbewusstes, streng geschieden werden. Andererseits (und gleichzeitig!) bildet die Verwandtschaft des Unbewussten mit dem Bewusstsein, die Genese des Bewusstseins aus dem Unbewussten eine der basalen Annahmen psychoanalytischer Erkenntnis. Freud benötigt demnach eine Konzeption, mit der er die Entzogenheit des Bewusstseins durch das Bewusstsein selbst darstellen kann.

> „Es bleibt uns in der Psychoanalyse gar nichts anderes übrig, als die seelischen Vorgänge für an sich unbewußt zu erklären und ihre Wahrnehmung durch das Bewußtsein mit der Wahrnehmung der Außenwelt durch die Sinnesorgane zu vergleichen. [...] Wie Kant uns gewarnt hat, die subjektive Bedingtheit unserer Wahrnehmung nicht zu übersehen und unsere Wahrnehmung nicht für identisch mit dem unerkennbaren Wahrgenommenen zu halten, so mahnt die Psychoanalyse, die Bewußtseinswahrnehmung nicht an die Stelle des unbewußten psychischen Vorganges zu setzen, welcher ihr Objekt ist. Wie das Physische, so braucht auch das Psychische nicht in Wirklichkeit so zu sein, wie es uns erscheint." (Freud 1915: 129f.)

Freud, sich auf Kant berufend, hebt die subjektive Bedingtheit jeglicher Erkenntnis hervor und gibt sich mit der Unerkennbarkeit des Unbewussten nicht zufrieden. Er befindet sich auf der Suche nach Möglichkeiten, das Unbewusste ins Bewusstsein zu holen. Wenn das freudsche Ding-an-sich, das Unbewusste, schon nicht in Gänze erkannt werden kann, soll es zumindest Möglichkeiten geben, das Unbewusste zugänglicher zu gestalten. ‚Wo Es war, soll Ich werden' – das ist das freudsche Postulat, mit der er dem Unbewussten näher rücken

---

[24] Die Vorstellung eines ‚Unterbewusstseins' verurteilt er scharf: „Somit werden wir Grund haben, den gegen die eigene Person gewendeten Schluß dahin abzuändern, er beweise uns nicht ein zweites Bewußtsein in uns, sondern die Existenz von psychischen Akten, welche des Bewußtseins entbehren. Wir werden auch die Bezeichnung eines ‚Unterbewußtseins' als inkorrekt und irreführend ablehnen dürfen. Die bekannten Fälle von ‚double conscience' (Bewußtseinsspaltung) beweisen nichts gegen unsere Auffassung." (Freud 1915: 129; Hervor. im Orig.)

möchte. Damit ist aber noch nicht dem Umstand Rechung getragen, dass das Unbewusste – trotz Möglichkeiten des Zugangs – konstitutiv stets entzogen bleibt. Die Gleichzeitigkeit (scheinbar) entgegengesetzter Bestimmungen, die in sich gegenläufig sein können und daher auf unterschiedlichen Ebenen die Gleichzeitigkeit von A und Nicht-A beinhalten, bildet in dialektischen Konzeptionen die elementare Schwierigkeit. Vor diesem Problem stand Freud – sowohl theoretisch als auch praktisch. Das Unbewusste enthüllt sich nur vermittelt, verdeckt, und gibt sich durch Widerstand zu erkennen. Dabei sind die dem Bewusstsein nicht zumutbaren Vorstellungen und Affekte verdrängt. Eine verdrängte Vorstellung ist dem Bewusstsein zunächst entzogen, enthält aber *in sich* die Möglichkeit, aufgehoben zu werden und damit zum kontradiktorischen Gegenteil überzugehen.

Die dem Bewusstsein entzogenen Momente weisen Eigengesetzlichkeiten auf, die stark repressive Züge zeigen können und nachhaltig Leiden perpetuieren. Obwohl zunächst zusammenhangslos, vollziehen sich die dem Bewusstsein entzogenen Momente nach Gesetzmäßigkeiten. Freud war daher auch auf der Suche nach einem Konzept, das Vergegenständlichungen und Verdinglichungen denken, darstellen und letztlich auch verändern kann. Im Mittelpunkt steht das Problem, dass das Eigenleben des Unbewussten nicht durch eine bloße Benennung zu verändern wäre.

> „Nach unseren bisherigen Ausführungen wäre ja die Neurose die Folge einer Art von Unwissenheit, des Nichtwissens um seelische Vorgänge, von denen man wissen sollte." (Freud 1916/17: 279)

So könnte es scheinen, dass es dem Arzt nicht schwer falle, „den Kranken herzustellen, indem er ihn durch Mitteilung seiner eigenen Unwissenheit befreit." (ebd.: 280) Die Mitteilung einer Verdrängung ändert diese noch nicht. Die nichtbewusstseinsfähigen Momente weisen eine Eigenlogik und Eigendynamik auf, in der das Bewusstsein über die Verdrängungsleistung diese (zunächst) nicht transformiert. Die Möglichkeit der Bewusstwerdung einer verdrängten Vorstellung behält stets das Moment der Verdrängung bei, das die ursprüngliche Situation nicht vollständig ins Bewusstsein dringen lässt. Das Bewusstsein umfasst sowohl die verdrängenden als auch die auflösenden Momente. Intrinsisch verbunden ist die Verdrängung mit einer Einschränkung von (potentiellen) Handlungsmöglichkeiten. So verläuft der Verdrängungsprozess auch unabhängig des Bewusstseins – die Mitteilung ändert dies zunächst nicht:

> „Man wird im Gegenteil zunächst nur eine neuerliche Ablehnung der verdrängten Vorstellung erzielen. Der Patient hat aber jetzt tatsächlich dieselbe Vorstellung in zweifacher Form an verschiedenen Stellen seines seelischen Apparates, erstens hat

er die bewußte Erinnerung an die Gehörspur der Vorstellung durch die Mitteilung, zweitens trägt er daneben, wie wir mit Sicherheit wissen, die unbewußte Erinnerung an das Erlebte in der früheren Form in sich. In Wirklichkeit tritt nun eine Aufhebung der Verdrängung nicht eher ein, als bis die bewußte Vorstellung sich nach Überwindung der Widerstände mit der unbewußten Erinnerungsspur in Verbindung gesetzt hat. Erst durch das Bewußtmachen dieser letzteren selbst wird der Erfolg erreicht. Damit schiene ja für oberflächliche Erwägung erwiesen, daß bewußte und unbewußte Vorstellungen verschiedene und topisch gesonderte Niederschriften des nämlichen Inhaltes sind. Aber die nächste Überlegung zeigt, daß die Identität der Mitteilung mit der verdrängten Erinnerung des Patienten nur eine scheinbare ist. Das Gehörtwerden und das Erlebthaben sind zwei nach ihrer psychologischen Natur ganz verschiedene Dinge, auch wenn sie den nämlichen Inhalt haben." (Freud 1915: 134f.)

Die Lösungsmöglichkeit, die Freud als Aufhebung bezeichnet, ergibt sich erst, wenn Bewusstsein und leiblich-seelischer Ausdruck im Unbewussten zusammengebracht werden. Die Mitteilung kann diese repressive Trennung nicht lösen. Es benötigt die Zutat des Subjekts, um die ursprünglich als traumatisch erlebte Situation mit aktuellen (handlungseinschränkenden) Dispositionen und Affekten zusammenzubringen. Anderenfalls wird die Trennung nicht aufgehoben, sondern perpetuiert. Die Mitteilung wird dann in den Verdrängungsprozess eingegliedert und verstärkt diesen sogar. Es handelt sich mithin um den Unterschied zwischen Reflex und Reflexion, den Freud in der Unterscheidung der Bedeutung von Wissensformationen hinsichtlich handlungseinschränkender und autonomiefördernder Perspektiven feststellt:

„Wissen und Wissen ist nicht dasselbe; es gibt verschiedene Arten von Wissen, die psychologisch gar nicht gleichwertig sind. […] Das Wissen des Arztes ist nicht dasselbe wie das des Kranken und kann nicht dieselben Wirkungen äußern. Wenn der Arzt sein Wissen durch Mitteilung auf den Kranken überträgt, so hat dies keinen Erfolg. Nein, es wäre unrichtig, es so zu sagen. Es hat nicht den Erfolg, die Symptome aufzuheben, sondern den anderen, die Analyse in Gang zu bringen, wovon Äußerungen des Widerspruchs häufig die ersten Anzeichen sind. Der Kranke weiß dann etwas, was er bisher nicht gewußt hat, den Sinn seines Symptoms, und er weiß ihn doch ebensowenig wie vorhin." (Freud 1916/17: 280)

Die affektive Besetzung geht der Bewusstwerdung und der sprachlichen Artikulation voraus. Erfahrung und Erleben schlagen sich im psychischen Haushalt nieder und werden agiert; danach folgt erst die mögliche sprachliche Artikulation. Sozialwissenschaftlich erscheint hier ein weiteres, bedeutsames Moment: Auch das Sprechen über die Verdrängungen verändert diese noch nicht:

„Es ist eine längst überwundene, am oberflächlichen Anschein haftende Auffassung, daß der Kranke infolge einer Art von Unwissenheit leide, und wenn man diese Unwissenheit durch Mitteilung (über die ursächlichen Zusammenhänge seiner Krankheit mit seinem Leben, über seine Kindheitserlebnisse usw.) aufhebe, müsse er gesund werden. Nicht dies Nichtwissen an sich ist das pathogene Moment, sondern die Begründung des Nichtwissens in *inneren Widerständen*, welche das Nichtwissen zuerst hervorgerufen haben und es jetzt noch unterhalten. In der Bekämpfung dieser Widerstände liegt die Aufgabe der Therapie. Die Mitteilung dessen, was der Kranke nicht weiß, weil er es verdrängt hat, ist nur eine der notwendigen Vorbereitungen für die Therapie. Wäre das Wissen des Unbewußten für den Kranken so wichtig wie der in der Psychoanalyse Unerfahrene glaubt, so müßte es zur Heilung hinreichen, wenn der Kranke Vorlesungen anhört oder Bücher liest. Diese Maßnahmen haben aber ebensoviel Einfluß auf die nervösen Leidenssymptome wie die Verteilung von Menukarten zur Zeit einer Hungersnot auf den Hunger." (Freud 1910: S.123f., Hervor. im Orig.)

Die zugrundeliegende Argumentationsfigur geht davon aus, dass das Wissen allein nicht die Verdrängung auflöst. Der freudsche Umgang mit einer konstitutiven Entzogenheit, die dennoch nur in ihrer Verbundenheit zu erfassen ist, wird auch im Blick auf die zugrundeliegende Struktur des Verhältnisses von Symptom und Widerstand deutlich. Das Symptom vermittelt zwischen den entgegengesetzten, widersprüchlichen Anforderungen des Bewusstseins einerseits, der Verdrängung andererseits. Im Weiteren bildet dies den basalen Grund dafür, dass Verdrängungen sich (zunächst) einer Änderung durch Mitteilung entziehen. Sie sind dadurch gekennzeichnet, dass sie emergente Merkmale, Eigengesetzlichkeiten und Eigenständigkeiten aufweisen:

„Kräfte, die sich entzweit haben, treffen im Symptom wieder zusammen, versöhnen sich gleichsam durch das Kompromiß der Symptombildung. Darum ist das Symptom auch so widerstandsfähig; es wird von beiden Seiten her gehalten." (Freud 1916/17: 350)

Freud argumentiert hier vor dem Hintergrund einer Denkfigur, die zwei gegensätzliche Bestimmungen innerhalb einer Einheit zu fassen versucht. Das Symptom ist zunächst als Kompromiss bestimmt, in dem zwei unterschiedliche Bestrebungen zusammengenommen werden müssen.

„Wenn die Symptome sowohl der Sexualbefriedigung als auch ihrem Gegensatz dienen können, so hat diese Zweiseitigkeit oder Polarität eine ausgezeichnete Begründung in einem Stück ihres Mechanismus, welches wir noch nicht erwähnen konnten. Sie sind nämlich [...] Kompromißbildungen, aus der Interferenz zweier gegensätzlicher Strebungen hervorgegangen, und vertreten ebenso wohl das Verdrängte wie das Verdrängende, das bei ihrer Entstehung mitgewirkt hat. Die Vertretung kann dann mehr zugunsten der einen oder anderen Seite geraten, nur selten fällt ein Einfluß völlig aus." (ebd.: 298)

Ein Kompromiss strebt stets an, beiden Seiten gerecht zu werden. Doch die freudsche Konzeption geht nicht von einer rein additiven Verhältnisbestimmung aus: Inhaltlich Substanzielles auf beiden Seiten bleibt erhalten. Das freudsche Konzept, das er unter dem Namen ‚Kompromiss' vorträgt, kann nicht nur auf ein dichotomes Verhältnis reduziert werden, in dem beide entgegenstehenden Momente (ganz oder teilweise) zusammengenommen werden. Der Kompromiss in freudscher Hinsicht kann in gewisser Weise als das ‚fehlende Dritte', das *tertium datur* bestimmt werden. Die freudsche Vermittlungslogik ist nicht allein an ein dichotomes Verständnis von Zweiwertigkeit gebunden; der freudsche Kompromiss kennt eine asymmetrische Verhältnisbestimmung zweier entgegenstehender Momente, die aber in ihrer Einheit verbunden sind.

In der Analyse des ‚Rattenmanns' führt Freud zur genaueren Beschreibung nicht-aristotelischer Vermittlungslogik die Bezeichnung ‚zweizeitig' (Freud 1909: 61) ein, die treffend das zugrundeliegende Problem aufzunehmen versucht. Gleichzeitig sind zwei sich einander gegensätzliche Bestrebungen aufzufinden, die in einem Widerspruchsverhältnis zueinander stehen. Beiden Bestrebungen muss Rechnung getragen werden. Der Kompromiss besteht nun darin, dass sich nicht das ‚bessere' oder ethisch integere Modell durchsetzt – sondern *beide* Bestrebungen finden sich *gleichzeitig*. ‚Zweizeitige' Handlungen

> „werden vom bewußten Denken des Kranken natürlich mißverstanden und mit einer sekundären Motivierung versehen – *rationalisiert*. Ihre wirkliche Bedeutung liegt aber in der Darstellung des Konflikts zweier annähernd gleich großer gegensätzlicher Regungen […]. Sie beanspruchen ein besonderes theoretisches Interesse, weil sie einen neuen Typus der Symptombildung erkennen lassen. Anstatt […] ein Kompromiß zu finden, welches beiden Gegensätzen in einer Darstellung genügt, zwei Fliegen mit einem Schlag trifft, werden hier die beiden Gegensätze, jeder einzeln, befriedigt, zuerst der eine und dann der andere, natürlich nicht ohne daß der Versuch gemacht würde, zwischen den beiden einander feindseligen eine Art von logischer Verknüpfung – oft mit Beugung aller Logik – herzustellen." (ebd.: 61f.; Hervor. im Orig.)

Auch hier erweisen sich die freudschen Ausführungen als flexibel genug, um nicht in eine eindimensionale linear-kausale Logik zu verfallen: Mit der Kategorie einer Zweizeitigkeit wird eine orthodox dichotome zweiwertige Logik verlassen.

In der Beschreibung und Feststellung eigengesetzlicher Merkmale, die (zunächst) dem Bewusstsein entzogen sind, sowie im Bestreben, diese einer bewussten Gestaltung zugänglich zu machen, rückt Freud in die Nähe dialektischer Denker. Hegel, Marx und Adorno ging es aus unterschiedlichen Gründen darum, den unabhängig vom Bewusstsein ablaufenden Momenten nachzuspüren, sie darzustellen und Möglichkeiten offen zu legen, inwiefern nicht-bewusstseinsfähige Momente in das Bewusstsein integriert werden können. Trotz aller deutlichen, elementaren Unterschiede in diesen Konzeptionen bildet die Frage nach unabhängig von den Subjekten ablaufenden Prozessen, die doch erst von jenen in Gang gesetzt wurden, eine verbindende Gemeinsamkeit. Ein negativer Selbstbezug, der gleichzeitig das Handeln und Verhalten der Subjekte entscheidend mitbestimmt, der sich ‚hinter dem Rücken der Beteiligten' (Marx), ‚in und durch die Subjekte hindurch' (Adorno) vollzieht, zeigt sich ebenso in der freudschen Kategorie des Unbewussten. Ein Überschneidungspunkt der freud-schen mit der marxschen Theorie wird erkennbar: Das Bewusstsein einer Sache bleibt dieser (unter verselbständigten Verhältnissen) äußerlich. Obwohl wir nach Marx wissen können, wie die ‚Verkehrungen und Verhexungen' des Warentausches, die Entfremdungen und Verdinglichungen ‚bis ins Innerste hinein' (Adorno) wirken, lässt dieses Bewusstsein das zugrundeliegende Problem (zunächst) unberührt. Verhältnisse, erst von Menschen in einer bestimmten Gesellschafts-form hervorgebracht, werden nicht mehr als solche erkannt und bilden einen eigengesetzlichen, übersubjektiven Zusammenhang, der den Menschen fremd gegenübersteht:

> „[D]aher auch das gesellschaftliche Verhältnis der Produzenten zur Gesamtarbeit als ein außer ihnen existierendes gesellschaftliches Verhältnis von Gegenständen." (MEW 23: 86)

Emergente Momente, denen außerhalb unseres Bewusstseins Eigenständigkeit zugeschrieben werden kann, sind nicht ohne weiteres zu erfassen. Freud argu-mentiert mit einer Art Präponderanz des Subjekts, die den nicht geringen idealis-tischen Zug in der freudschen Lehre bildet. Dennoch lässt sich Freud nie voll-ständig auf die absolut idealistische Lösungsmöglichkeit ein. Dafür sind auch die Hinweise in den kulturkritischen Schriften Freuds allzu deutlich, in denen er stets auf die Grenzen und Schranken einer Einrichtung der äußeren und inneren Welt aus dem Denken heraus verweist. So sehr das freudsche Unbewusste die basale Funktion innerhalb des psychischen Geschehens übernimmt, so sehr bleibt es im freudschen Konzept auch stets als Eigenständiges erhalten. Dies bildet den Hintergrund und die Ausgangsbestimmung des erkenntnistheoreti-schen Startpunkts der freudschen Psychoanalyse – und damit die freudsche Lö-sungsbewegung eines vermittlungslogisch-reflexiven Anfangs (*Problemebene 2: Problem des Anfangs*). Zudem zeichnet sich die sozialwissenschaftliche Bedeutung des freudschen Begründungsverfahrens im Blick auf das Projekt einer rationalen Dialektik ab. Handlungseinschränkende und autonomiefördernde Momente (*Problemebene 3: sozial- und moralphilosophische Dimension*), die eng an das einzelne Subjekt gekoppelt sind, können vor dem Hintergrund unterschiedlicher Widerspruchskonfigurationen gedacht werden. Motive, die sich auch in der negativen Dialektik Adornos wiederfinden, die den Anspruch auf die ‚versöhnte Gesellschaft' erheben, charakterisieren den sozial- und moralphilosophischen Anspruch Freuds auf subjektiver Ebene. „Das leibhafte Moment meldet der Erkenntnis an, daß Leiden nicht sein, daß es anders werden solle." (Adorno 1966: 203) Vorfindliche Widerspruchsrelationen misst Freud an den (verwirklichten und verstellten) Autonomiemöglichkeiten des Subjekts. Die innere Gegenläufigkeit in der Verdrängung, die diese überhaupt erst perpetuiert, kann vom Subjekt erkannt und verändert und in eine produktivere (emanzipatorische) Richtung gelenkt werden. Das hierfür notwendige Wissen kann nicht ausschließlich durch Mitteilung gewonnen werden; die handlungseinschränkende Verdrängungsleistung des Subjekts ist zu wirkmächtig. Die ‚Zutat' des Subjekts in der freudschen Psychoanalyse wird an dieser Stelle notwendig, um den Schritt vom Agieren zur Reflexion zu gewährleisten, die erst die handlungseinschränkenden Momente überwindet.

4.3 Vermittlungs- und Widerspruchsrelationen im Konzept der Übertragung

Ein im engeren Sinne dialektischer Vermittlungsbegriff wird insbesondere im freudschen Konzept der Übertragung sichtbar. Aufgezeigt werden kann damit, inwiefern Freud die ihm zur Verfügung stehende naturwissenschaftliche aristotelische Logik überschreitet – in Richtung einer prozesshaftvermittlungslogischen, reflexiven Verfahrensweise, die eine innere Vermittlung der Gegensätze in sich abbilden kann und diese hinsichtlich ihrer autonomieeinschränkenden bzw. -erweiternden Dimensionen betrachtet. Eine negativselbstbezügliche Verhältnisbestimmung, die als eines der grundlegenden Elemente einer dialektischen Widerspruchskonfiguration herausgestellt wurde, stellt im Konzept der Übertragung ebenfalls eine erhebliche Schwierigkeit dar und wird eine besondere Nähe zu dialektischen Argumentationen ersichtlich werden lassen. Die genauere Untersuchung wird erweisen, dass nicht-aristotelische Lösungsversuche ein elementares Kernstück psychoanalytischer Therapie bilden. Ohne jede Erweiterung, Ergänzung oder Hinzufügung können damit dialektische Motive innerhalb der freudschen Psychoanalyse herausgearbeitet werden. In der Analyse des Übertragungsgeschehens sollen die Momente, die konstitutiv problemverursachend sind, gleichzeitig die Lösung des Ausgangsproblems beinhalten. Die erheblichen Anforderungen, die sich dadurch ergeben, werden insbesondere auf ihre zugrundeliegende Vorstellung von Widerspruch und Vermittlung hin überprüft. Dabei wird berücksichtigt, dass im komplexen und vielschichtigen freudschen Werk an zahlreichen argumentationsstrategisch entscheidenden Stellen auf klassisch naturwissenschaftlich-positivistische Argumentationen verwiesen wird.

Dem Phänomen der Übertragung begegnet Freud bereits vor der Begründung der Psychoanalyse durch die Traumdeutung. 1895 bezeichnet er Momente, die potentiell bewusstseinsfähig sind, aber in einer verkehrten Art und Weise erscheinen, als ‚Mésalliance', als ‚falsche Verknüpfung'. Die Sache stimmt mit dem Gegenstand insofern nicht überein, als sie eine – logisch und historisch – vorausgehende Situation, samt allen dazugehörigen Affekten und Verhaltensweisen, auf eine aktuelle, neue Situation überträgt.

> „Es war zuerst der Inhalt des Wunsches im Bewußtsein der Kranken aufgetreten, ohne die Erinnerungen an die Nebenumstände, die diesen Wunsch in die Vergangenheit verlegen konnten; der nun vorhandene Wunsch wurde durch den im Bewußtsein herrschenden Assoziationszwang mit meiner Person verknüpft, welche ja die Kranke beschäftigen darf, und bei dieser Mésalliance – die ich falsche Verknüpfung heiße – wacht derselbe Affekt auf, der seinerzeit die Kranke zur Verweisung dieses unerlaubten Wunsches gedrängt hat. Nun ich das einmal erfahren habe, kann ich von jeder ähnlichen Inanspruchnahme meiner Person voraussetzen, es sei wieder eine Übertragung und falsche Verknüpfung vorgefallen." (Freud 1895: 309)

Affekte, die mit einer verdrängten Wunschregung einhergehen, werden ebenso wie der verdrängte Inhalt nicht ohne Spuren aufgelöst, sondern bleiben auch bestehen und bilden damit eine eigenständige Wirkmächtigkeit im psychischen Geschehen. Das spezifische analytische Setting ermöglicht es, den verdrängten Inhalt wieder mit den vom Ursprung getrennten Affekten zusammenzubringen. Dies geschieht nicht nur verbal, sondern vor allem affektiv zeigen sich im Agieren die handlungseinschränkenden Dispositionen. Die Gesamtheit des Agierens bildet das Übertragungsgeschehen. Damit werden in der Übertragung die handlungseinschränkenden Momente durch Re-Aktualisierung sichtbar. Die ursprünglich verdrängte Szene kann nun in einer neu zu verknüpfenden Weise erfasst werden, um den repressiven Gehalt offensichtlich werden zu lassen. Dadurch sind sie einer möglichen Bearbeitung soweit zuzuführen, dass die ursprünglich als handlungseinschränkend erfahrenen Momente überwunden werden können. Das psychoanalytische Modell der Übertragung zielt zunächst auf die Gesamtheit der Interaktion zwischen Analysierendem und Analysanden. Freud hatte vor allem das reaktualisierte Agieren auf Seiten der Patienten im

Blick. Die inszenierten Verhaltensmodelle müssen aber auch als solche erkannt werden und bedürfen daher auf Seiten des Analytikers der Reflexion der Gegenübertragung. Erst die Analyse und Durchdringung der Gegenübertragung kann die Gesamtheit der inszenierten Gestalten in Gänze offenbaren. Übertragung und Gegenübertragung gehören damit untrennbar zusammen. Obwohl Freud keine explizite Theorie der Gegenübertragung ausarbeitete, ist sie bereits im freudschen Modell impliziert:

> „Noch bevor die ‚Gegenübertragung' und das ‚Arbeitsbündnis' begrifflich etabliert sind, reflektiert Freud das Zusammenspiel, das psychoanalytische Erkenntnis erst ermöglicht. Die Gegenübertragung wird zur Grundlage alles Verstehens. Das Unbewußte des Arztes fühlt sich in das Unbewußte des Patienten ein. Im therapeutischen Kontext und außerhalb kann mit Übertragung/Gegenübertragung alles an Erwartungen und emotionalen wie Handlungsimpulsen zusammengefaßt werden, was nicht unmittelbar aus der Situation erklärt werden kann und aus vergangenen Erfahrungen mitgebracht wird." (Resch 1998: 39)

Die Strategie, die Freud entwirft, weist den Weg für einen sozialwissenschaftlich relevanten Umgang mit gegenläufigen Entwicklungen, mit der Verquickung emanzipatorischer und repressiv einschränkender Momente und mit einer genaueren Relationsbestimmung innerer Vermittlungsverhältnisse, wie sie auch in einer rationalen Dialektik eine konstitutive Funktion einnehmen. Im Blickfeld der freudschen Psychoanalyse stehen in erster Linie die einschränkenden, die Verhaltensmöglichkeiten des Subjekts begrenzenden Phänomene, die bis in ihren Ursprung zurückverfolgt und damit einer Bearbeitung zugänglich gemacht werden sollen. Das Übertragungsgeschehen bietet den (notwendigen) Raum, um die Anteile, die dem bewussten Zugriff (zunächst) entzogen sind, in die Analyse aufnehmen zu können. Handlungseinschränkende Momente verankert Freud damit in erster Linie in den Bereichen, auf die nicht unmittelbar bewusst und ausschließlich mit den Mitteln der Sprache zurückgegriffen werden kann. Im Übertragungsgeschehen inszenieren sich daher in erster Linie soziale Interaktionen – Szenen, die nicht alleinig auf bewusst zugängliche Erinnerungen beschränkt sind.

Freud beschreibt in einem Brief an Oskar Pfister vom 5.6.1910 die Schwierigkeiten, die sich aus der Problematik (negativ) selbstbezüglicher Prozesse *im* Subjekt ergeben. Die ursprünglichen Lösungsversuche (Einsicht, Mitteilung, Suggestion und Hypnose), die Freud anwandte, erwiesen sich für ihn nicht als zufriedenstellend, vor allem, weil sie sich kaum als nachhaltig herausstellten. Die Eigenständigkeit der dem Bewusstsein entzogenen Momente war zu wirkmächtig, um ausschließlich durch Einsicht, Mitteilung oder gar Hypnose in eine autonomieerweiternde Richtung gelenkt zu werden. Freud stand damit vor dem erheblichen Problem, dass handlungseinschränkende bzw. krankheitsverursachende Momente, die einem direkten Zugriff verborgen liegen, nicht substanziell mit den ihm zur Verfügung stehenden herkömmlichen Mitteln gelöst werden konnten:

> „Mit der Übertragung ist es ja überhaupt ein Kreuz. Das eigenwillig Ungebändigte der Krankheit, wegen dessen wir die indirekte Suggestion und die direkte hypnotische aufgegeben haben, ist auch durch die Psychoanalyse nicht ganz zu beseitigen, nur einzuschränken, und ihr Rest kommt in der Übertragung zum Vorschein. Er ist meist ansehnlich genug, da lassen dann die Regeln oft im Stiche, man wird sich nach der Eigenart des Kranken richten müssen und auch seine persönliche Note nicht ganz aufgeben wollen. Im Allgemeinen meine ich [...], daß der Patient in der Abstinenz, in unglücklicher Liebe gehalten werden soll, was natürlich nicht in vollem Ausmaße möglich ist. Je mehr Sie ihn Liebe finden lassen, desto eher bekommen Sie seine Komplexe, aber desto geringer ist der definitive Erfolg, da er seine bisherigen Komplexerfüllungen nur losschlägt, weil er sie gegen die Übertragungsergebnisse eintauschen kann. Der Erfolg ist sehr schön, aber von der Übertragung ganz abhängig. Heilung ist vielmehr erreicht, aber nicht der nötige Grad von Selbständigkeit und Sicherheit vor Rückfall." (Freud/Meng 1963: 38)

Die verselbständigten Momente können allenfalls kurzfristig einer Änderung zugeführt werden. Der eigenständige Charakter sperrt sich dem unmittelbaren Zugriff. Die volle Anerkennung eines Moments der Eigenständigkeit (Emergenz), das nicht alleinig auf Bewusstseinsstrukturen zurückführbar ist, bildet das Grundgerüst der konsequent vermittlungslogischen Argumentation Freuds. Um diese dem Bewusstsein (zunächst) entzogenen Momente (a) dem Bewusstsein zugänglich zu machen und (b) zugleich ihrer Eigenständigkeit gerecht zu werden, benötigt Freud ein Konzept, das diese beiden Ebenen am Maßstab einer ‚Wiederherstellung der Arbeitsfähigkeit' (Freud) zusammenführen kann. Zudem orientiert an einer ‚Selbständigkeit und Sicherheit vor Rückfall' (Freud) strebt er an, die verstellten und versperrten Autonomiemöglichkeiten des Subjekts in seine Konzeption einzubeziehen.

Mehrere Problemkonstellationen werden damit von Freud zusammengezogen: Ein und dasselbe Moment soll einerseits ‚Hilfsmittel von unersetzlichem Wert' und ‚Quelle ernster Gefahren' darstellen:

> „Diese Übertragung ist ambivalent, sie umfaßt positive, zärtliche, wie negative, feindselige Einstellungen gegen den Analytiker. [...] Diese Tatsache der Übertragung erweist sich bald als Moment von ungeahnter Bedeutung, einerseits ein Hilfsmittel von unersetzlichem Wert, andererseits eine Quelle ernster Gefahren." (Freud 1938: 100)

In einer orthodox verhafteten dichotomen Logik wird eine Theorie, die gleichzeitig mit positiven und negativen Momenten innerhalb einer Einheit mit einer nicht linear-kausalen Logik operiert, kaum ausreichend zu konzipieren sein. Zugespitzt geht es dabei auch um die Frage, inwiefern es sich im Übertragungsgeschehen um ein Erkenntnisinstrument handelt, das eine Realitätsverzerrung versucht in das Blickfeld zu bekommen, oder gar um eine adäquate Widergabe der Realität, um ‚normale' Interaktion. Diese Fragen sind um das Problem zentriert, ob es sich in der Übertragung um eine angemessene Interpretation der Realität oder im Sinne einer Projektion um eine Verzerrung handelt. Hier werden die Grenzen dichotomer Logik eindeutig sichtbar. Aus einer solchen Perspektive handelt es sich *entweder* um ein Erkenntnisinstrument und dann können Aussagen über richtige und falsche Realitätswahrnehmungen gemacht werden, *oder* es handelt sich um ein Konzept, das die Realität nur verzerrt wiedergeben kann. Die freudsche Theorie der Übertragung strebt aber keine Lösung an, die eine der beiden Seiten hypostasiert. Beide scheinbar gegensätzlichen Möglichkeiten sind im Übertragungskonzept zusammengenommen, ergänzen sich sogar und stehen aber trotzdem in einem (strikten) Widerspruch zueinander. Nach der freudschen Übertragungslehre ist es nicht möglich, unvermittelte, das bedeutet ‚übertragungsfreie' Interaktion zu bestimmen. Gleichzeitig ist der konträr entgegengesetzte Pol nicht zu verabsolutieren. Auch eine Realitätsverzerrung ist nicht vollständig abgelöst von Momenten der Realität zu bestimmen. Die im Anschluss an Freud häufig beschriebene Aufhebung der dichotomen Unterscheidung ‚normaler, gesunder' von ‚kranken, ungesunden' Anteilen erweist sich auch im Übertragungskonzept als unhintergehbar. Freud weist darauf hin, dass das Konzept der Übertragung in allen Interaktionen nachgezeichnet werden kann; sowohl in der Analyse als auch außerhalb.

> „Die Übertragung stellt sich in allen menschlichen Beziehungen […] spontan her […]. Die Psychoanalyse schafft sie also nicht, sie deckt sie bloß dem Bewußtsein auf, und bemächtigt sich ihrer, um die psychischen Vorgänge nach dem erwünschten Ziel zu lenken." (Freud 1909: 55)

Auch wenn die Übertragung außerhalb der analytischen Situation andere Funktionen übernimmt, lässt sich eine ‚normale' Interaktion von einer realitätsverzerrten nicht anhand des Übertragungsgeschehens unterscheiden. Erst im Blick auf das gesamte Interaktionsgeschehen wird es möglich, die Übertragungsanteile, sofern sie auf ihren Ursprung zurückverfolgt werden sollen, hinsichtlich repressiver und autonomieförderlicher Momente zu betrachten. ‚Heilung' und ‚Widerstand' stehen sich in dieser Konzeption nicht nur äußerlich gegenüber, sondern befinden sich jeweils auch in einer konträren inneren Vermittlung. Sie stehen sich sowohl unvermittelt als auch innerlich vermittelt gegenüber. Die beiden gegensätzlichen Bestimmungen existieren gleichzeitig nebeneinander, sie negieren sich gegenseitig, aber es finden sich innere Implikationsbeziehungen, die die Gegensätze in sich beinhalten. Innerhalb der freudschen Konzeption muss beiden Bestrebungen Rechnung getragen werden. Dies gelingt durch die Aufrechterhaltung eines konträren Gegensatzes, der erst in der Reflexion auf die Gesamtkonstellation das Moment der Heilung vom Widerstand unterscheidbar macht. Freud strebt damit eine Umgangsweise mit einer möglichen dritten Stellung des Gedankens zur Objektivität an: Sowohl die konstruktiven als auch die konstitutiven Anteile innerhalb einer gegebenen Subjekt-Objekt-Konstellation werden hinsichtlich ihrer autonomieförderlichen Effekte einbezogen und überprüft. Das besondere Setting in der Analyse ermöglicht die Aktualisierung, das Wiederholen und Durcharbeiten. Erst durch die Aktualisierung des Reflexes, der reflexhaften Wiederholung wird das Durcharbeiten, die Reflektion ermöglicht. Gelingen kann diese Reflektion wiederum nur aus der Perspektive einer weiteren, dritten Position, die die eigenen konstruktiven Anteile wiederum aufnimmt – in der Reflexion. Erst durch Reflexion können im freudschen Übertragungsgeschehen die repressiven reflexhaften Momente ausgemacht und einer Veränderung zugeführt werden. Das Setting der Analyse mit der Grundregel der freien Assoziation verhilft dazu, dass (zumeist frühkindliche) Erfahrungsmuster mobilisiert werden. Der Analytiker nimmt in einer Art Stellvertreterfunktion diese in Verdrängung gehaltenen Verhaltensmuster auf und arbeitet gemeinsam mit dem Analysanden die bedeutsamen handlungseinschränkenden Motive heraus. Damit ist im freudschen Verfahren der Anspruch auf reflexive Bearbeitung strukturell fixiert und methodisch ausgewiesen: Eine Neuinterpretation vergangener, handlungseinschränkender Interaktionsmuster steht im Mittelpunkt der analytischen Arbeit.

Begreift man das hegelsche spekulative Verfahren als einen besonderen Umgang mit prozesshaft fortschreitenden Form-Inhalt-Verhältnissen, in dem die Form der vorhergehenden Stufe im Inhalt der neuen aufgehoben ist, so lässt sich diese Denkfigur ebenfalls im Übertragungsgeschehen finden. Eine in Verdrängung gehaltene Form wird in einen anderen Inhalt überführt; die dazugehörigen Affekte werden verschoben, bleiben aber erhalten.

„Verfolgt man nun einen pathogenen Komplex von seiner (entweder als Symptom auffälligen oder auch ganz unscheinbaren) Vertretung im Bewußten gegen seine Wurzel im Unbewußten hin, so wird man bald in eine Region kommen, wo der Widerstand sich so deutlich geltend macht, daß der nächste Einfall ihm Rechnung tragen und als Kompromiß zwischen seinen Anforderungen und denen der Forschungsarbeit erscheinen muß. Hier tritt nun nach dem Zeugnisse der Erfahrung die Übertragung ein. Wenn irgend etwas aus dem Komplexstoff (dem Inhalt des Komplexes) sich dazu eignet, auf die Person des Arztes übertragen zu werden, so stellt sich diese Übertragung her, ergibt den nächsten Einfall und kündigt sich durch die

Anzeichen eines Widerstandes, etwa durch eine Stockung, an. Wir schließen aus
dieser Erfahrung, daß diese Übertragungsidee darum vor allen anderen Einfallsmög-
lichkeiten zum Bewußtsein durchgedrungen ist, *weil* sie auch dem Widerstande genüge tut. Ein solcher Vorgang wiederholt sich im Verlaufe einer Analyse ungezählte
Male. Immer wieder wird, wenn man sich einem pathogenen Komplexe annähert,
zuerst der zur Übertragung befähigte Anteil des Komplexes ins Bewußtsein vorge-
schoben und mit der größten Hartnäckigkeit behauptet." (Freud 1912: 369; Hervor.
im Orig.)

Freud zielt mit der Analyse der Übertragung auf einen stets schon vermittlungslogischen Startpunkt ab, der sich nicht dichotom auf die eine oder andere Seite
auflösen lässt. Er weist auf die Schwierigkeit innerer Vermittlungsverhältnisse,
die in sich gegenläufige Effekte annehmen können, hin. So

„bleibt es rätselhaft, weshalb uns bei der Analyse die Übertragung als der *stärkste
Widerstand* gegen die Behandlung entgegentritt, während wir sie außerhalb der Analyse als Trägerin der Heilwirkung, als Bedingung des guten Erfolges anerkennen
müssen. [...] Es scheint auf den ersten Blick ein riesiger methodischer Nachteil der
Psychoanalyse zu sein, daß sich in ihr die Übertragung, sonst der mächtigste Hebel
des Erfolgs, in das stärkste Mittel des Widerstandes verwandelt." (ebd.: 366;
Hervor. im Orig.)

Damit beschreibt Freud eine Situation, in der das Moment, welches das Problem
verursacht, unabdingbar zur Lösung dieses Problems benötigt wird. *Beides ist in
ein und demselben Moment wirklich und wirksam.* In einer streng dichotomen
Logik ist innerhalb solcher Konstellationen allenfalls nur ausschnitthaft eine
Problemlösung möglich. Treten die Übertragungsanteile ausschließlich als Widerstand hervor, können sie diesen nicht gleichzeitig lösen. Wird das Übertragungsgeschehen dichotom auf die Lösung des Widerstandes reduziert, wird
ebenfalls nicht die gesamte Struktur angemessen erfasst, die erst das produktive
Moment – als Überwindung repressiver und einschränkender Verhaltensweisen –
auszeichnet. Die gesamte Struktur des freudschen Übertragungskonzepts wird
nur vollständig sichtbar, wenn die inneren Vermittlungsverhältnisse angemessen
berücksichtigt werden. Darin zeigt sich die Stärke der freudsche Psychoanalyse,
auch in sozialwissenschaftlicher Hinsicht. Freud löst die Momente ‚Widerstand'
und ‚Heilung' nicht eindimensional auf, sondern lässt sie sowohl in ihrem Gegensatz als auch in ihrer inneren Vermittlung bestehen. Eine konsequent vermittlungslogische Argumentation zeichnet sich durch den steten Verweis darauf aus,
dass das jeweils andere Moment auch enthalten ist und sogar eine konstitutive
Rolle für die Bedeutung der Gesamtstruktur übernimmt. Demgegenüber können
reine Kausalrelationen selbstbezügliche Verhältnisse nur bedingt erfassen. Ursache und Wirkung sind in selbstbezüglichen Strukturen nicht ohne weiteres ausei-

nanderzuhalten und letztgültig zu entscheiden. Doch selbstbezügliche Strukturen sind kaum ausreichend, um in sozialwissenschaftlicher Hinsicht von einer genuin dialektischen Argumentationsfigur auszugehen. Erst negativ selbstreferentielle Aussagenkonstellationen oder Strukturbestimmungen, die das jeweils (strikt) entgegengesetzte Moment konstitutiv in sich enthalten und die dennoch (in anderer Hinsicht) nur als Eigenständige zu verstehen sind, weisen die Grundmerkmale einer dialektisch konfigurierten Verhältnisbestimmung auf. Ob es sich dabei um eine ‚bloße' Aussagenkonstellation oder um eine Strukturbeschreibung von Vorgängen innerhalb und/oder außerhalb des Bewusstseins handelt, spielt erst im zweiten Schritt eine Rolle. Das Übertragungsgeschehen weist eine selbstbezügliche Struktur auf, die negativ selbstbezüglich zugespitzt sein kann, aber nicht muss. Freuds Übertragungskonzept erweist sich als flexibel, ohne dabei in Willkür überzugehen. Im Übertragungsgeschehen kommt eine (spiralförmig sich erweiternde) Kreislauffigur zum Vorschein, in der nicht auf das eine oder andere Extrem zurückgefallen werden kann, ohne das umfassende Interaktionsgeschehen entscheidend zu verkürzen. Erst wenn die (repressive) Form der Interaktion durchbrochen werden kann, wird diese als neuer Inhalt ins Bewusstsein aufgenommen und die ehemals handlungseinschränkenden Momente werden zurückgedrängt. Gleichzeitig tragen die Elemente, die ins Ich integriert werden, zur Subjektkonstitution entscheidend bei – aus der Perspektive der Erweiterung der Handlungsmöglichkeiten als eine Form der Emanzipation. Gemessen an der ursprünglichen Ausgangstufe steht die nun erreichte Stufe höher und näher an einer Erweiterung der Handlungsspielräume des Subjekts. Die dreifache Bedeutung der hegelschen Figur der Aufhebung wird sichtbar: Zurückdrängung der negativen (repressiven) Momente, Bewahrung der positiven (produktiven) Momente und das Heben auf eine neue, höhere Stufe.

„‚Aufhebung' als Vorgang in der Praxis und durch Praxis besteht in der Zurückdrängung destruktiver Gegensätze (Antagonismen) und der Förderung von produktiven." (Ritsert 2008: 182)

Negativ selbstbezügliche Verhältnisbestimmungen zeigen sich im freudschen Übertragungskonzept darin, dass das Wissen um handlungseinschränkende Momente intrinsisch verwiesen ist auf die Aufrechterhaltung des Nicht-Wissens, das genau diese handlungseinschränkenden Momente konstituiert. Das Nicht-Wissen ist im freudschen Übertragungskonzept nicht nur als dem Bewusstsein entzogenes Moment konzeptualisiert, in dem sich Wissen und Nicht-Wissen dichotom gegenüberstehen. Vielmehr können in beiden Extrempolen (Wissen und Nicht-Wissen) auch Momente des jeweiligen (strikt) Entgegengesetzten nachgezeichnet werden. Die beiden strikt entgegengesetzten Momente des ‚Wissens' und des

,Nicht-Wissens' weisen jeweils *in sich* ihre eigene Negation auf! Deutlich wird dies im steten Verweis auf die jeweilige Eigenständigkeit der beiden Pole. Dem einen Extrempol, dem ,Wissen' ist nicht allein mit dem Verweis auf das ,Nicht-Wissen' beizukommen, ebenso wenig dem anderen Extrempol. Das ,Nicht-Wissen' ist nicht ohne weiteres mit dem ,Wissen' über die Gründe und Ursachen des ,Nicht-Wissens' aufzuklären, weil eine Verschränkung (innere Vermittlung) von beiden Momenten aufzufinden ist, die zudem affektiv besetzt ist.

In der Betrachtung des gesamten Übertragungsgeschehens zeigt sich auf einer Ebene eine Relationsbestimmung, in der das Wissen um handlungseinschränkende Möglichkeiten auf der einen Seite im Widerspruch zu den potentiell handlungserweiternden auf der anderen Seite steht: Entweder repressiv oder autonomieförderlich sind die Momente im Agieren zu verorten. Beide Momente sind nicht statisch zu bestimmen; gleichzeitig ist noch eine weitere Ebene nachzuzeichnen: Beide Momente können nämlich – ihrer eigenen Bestimmung entgegen – eine in sich gegenläufige Tendenz stärken, die die dominierende Funktion einnimmt. Die vormals autonomiefördernden Momente erscheinen dann gänzlich dem Widerstand verhaftet und perpetuieren handlungseinschränkende Verhaltensweisen. Die ehedem repressiven Anteile können im Agieren so deutlich zu werden, dass sie als einschränkende Momente erkannt und überführt werden in handlungserweiternde Verhaltensweisen.

Damit ist im freudschen Übertragungsgeschehen nicht nur die von Kesselring für die Struktur von strikten Antinomien ursächlich herausgearbeitete Bestimmung einer Gleichzeitigkeit von Äquivalenz (Wissen = Wissen) und Widerspruch (Wissen = Nicht-Wissen) beschreibbar, sondern zudem wechseln auch die Konstellationen von Wissen und Nicht-Wissen! Freud stellt das Übertragungsgeschehen strukturell dynamisch dar. Auf diese Weise arbeitet er die Übertragung als *stärkste Quelle des Widerstandes* und gleichzeitig als *stärkste Kraft der Lösung dieses Widerstandes* heraus: „Die Übertragung, die das größte Hindernis für die Psychoanalyse zu werden bestimmt ist, wird zum mächtigsten Hilfsmittel derselben." (Freud 1905: 281) Das Übertragungsgeschehen enthüllt und verhüllt gleichzeitig die Gesamtheit eines Interaktionsgeschehens. Widerstand und Lösungsbewegung bilden den spezifischen freudschen vermittlungslogisch-reflexiven Umgang mit einer Konstellation, die sowohl durch Gleichzeitigkeit als auch durch strikten Ausschluss gekennzeichnet ist – zusammengezogen im Konzept der Übertragung. Vor dem Hintergrund einer Diskussion um eine nicht-aristotelische Logik ist entscheidend, dass die Übertragung sowohl ein Hindernis als auch ein unhintergehbares Erfordernis der Analyse bildet.

Im Übertragungsgeschehen treten sowohl ,Übertragungsanteile' als auch ,normale' Interaktion *vermittelt* auf. Trotz dieser Einheit sind beide gleichzeitig voneinander zu trennen: entweder Übertragung oder ,normale' Interaktion. Dieses innere Vermittlungsverhältnis löst Freud nicht nach der einen oder anderen Seite auf, sondern im Sinne der hegelschen Aufhebung bewahrt (und negiert) er beide Momente im Blick auf die Zurückdrängung individuellen Leidens. So verstanden findet sich im Übertragungskonzept, gemessen an der Ausgangssituation, auch eine höhere Stufe, in der die leidensverursachenden Momente reflexiv aufgehoben sind. Da Freud im Übertragungsgeschehen beide konstitutiven Momente (Äquivalenz und Widerspruch) zu berücksichtigen und zusammenzudenken versucht, nähert er sich an dieser Stelle einer dialektischen Argumentationsfigur an.

Auch im Konzept der Übertragung tritt das Phänomen in Erscheinung, das vor dem Hintergrund einer Diskussion um dialektische Aspekte in der freudschen Theorie und darüber hinaus in den Sozialwissenschaften auf eine bedeutsame Problemkonstellation verweist: *Das Bewusstsein einer Sache verändert diese noch nicht.* Freud stand vor dem nicht geringen Problem, dass handlungseinschränkende Momente nicht durch bloße Mitteilung, durch Wissen produktiv verändert werden können. Im Gegenteil: Freud entdeckte, dass die Mitteilung den Widerstand und damit die Perpetuierung der repressiven Verhaltensdispositionen sogar noch verstärkt.

„Die Überwindung der Widerstände wird bekanntlich dadurch eingeleitet, daß der Arzt den vom Analysierten niemals erkannten Widerstand aufdeckt und ihn dem Patienten mitteilt. [...] Ich bin oft in Fällen zu Rate gezogen worden, in denen der Arzt darüber klagte, er habe dem Kranken seinen Widerstand vorgestellt, und doch habe sich nichts geändert, ja der Widerstand sei erst recht erstarkt und die ganze Situation sei noch undurchsichtiger geworden. Die Kur scheine nicht weiterzugehen. Diese trübe Erwartung erwies sich dann immer als irrig. Die Kur war in der Regel im besten Fortgange; der Arzt hatte nur vergessen, daß das Benennen des Widerstandes nicht das unmittelbare Aufhören desselben zur Folge haben kann." (Freud 1914: 215)

Dies verweist auf eine Eigengesetzlichkeit im Übertragungsgeschehen, die darin besteht, dass nicht allein durch das Aufzeigen oder Benennen einschränkender Phänomene diese ihrer wesentlichen Wirksamkeit beraubt sind. Im freudschen Übertragungskonzept werden die Momente, die dem Bewusstsein zunächst entzogen sind und erst mühsam wieder ins Bewusstsein gerufen werden sollen, in ihrer Eigendynamik und Vergegenständlichung erfasst.

Freud hatte es nicht mit einem ausschließlich kausal-deterministisch zu erklärenden Gegenstandsbereich zu tun. Zudem finden sich innerhalb der freudschen Begründungsstrategien auch Hinweise, die Parallelen zu den Problemen, die strikte Antinomien kennzeichnen, deutlich werden lassen. Dialektische Motive in der freudschen Theorie zeigen sich nicht nur im Nachweis der gesellschaftlichen Bestimmungen im Individuum, sondern daneben finden sich auch in etlichen Begründungsmustern, die Freud heranzieht, Hinweise darauf, dass Probleme einer nicht-zweiwertigen Logik in dem Verfahren der Psychoanalyse eine hervorgehobene Rolle spielen. Ob und inwiefern diese genuin dialektisch im Sinne innerer Vermittlungsverhältnisse bei gleichzeitiger Aufrechterhaltung einer äußeren Widerspruchskonstellation bezeichnet werden können, kann nur in einer differenzierten Betrachtung am Einzelfall entschieden werden.

In der Traumdeutung greift Freud auf Begründungsstrategien zurück, die auf der Einheit in der Trennung von manifester und latenter Ebene aufbauen (*Problemebene 2: Problem des Anfangs*). In sozialwissenschaftlicher Terminologie rekurriert er dabei auf die zentrale Unterscheidung von Wesen und Erscheinung. Gerade diese Verhältnisbestimmung nicht als ableitungslogische eindimensional kennzeichnen zu wollen, stellt eine bedeutende Stärke in sozialwissenschaftlicher Hinsicht dar. Die Relationsbeziehungen in der Traumarbeit, die sich als unterschiedliche oder gar gegensätzliche erweisen und vielfältige Formen annehmen können, öffnen die Ebene vermittlungslogischer Argumentation. Mit den Mechanismen der Verdichtung und der Verschiebung arbeitet Freud Momente heraus, die sich einerseits als höchstgradig differenziert erweisen, um unterschiedlichste Strebungen zu vereinen. Anderseits wird gleichzeitig die basale Grundlage einer Trennung von latenter und manifester Ebene in der Analyse der unterschiedlichen Vermittlungsverhältnisse stets beibehalten. Zudem werden die vielfältigen Relationsbeziehungen, die durch unterschiedliche Widerspruchsformen (polar, konträr, kontradiktorisch, antinomisch) gekennzeichnet werden können, aber nicht *müssen*, rückgebunden an das je individuelle Subjekt. Freud erschafft einen kategorialen Rahmen, der nicht notwendigerweise nur auf einen bestimmten Widerspruchs- oder Vermittlungstypus fixiert ist. Höchst flexibel zeigt sich das freudsche Verfahren, das die endgültige Bestätigung zudem erst erreicht, wenn die autonomiehinderlichen sowie die autonomieförderlichen Momente für alle Beteiligten offengelegt sind. Die Widerspruchsrelationen, die Freud in der Traumdeutung entdeckt, können bis zum kontradiktorischen Widerspruch zugespitzt sein, der zudem in einer besonders scharfen Fassung auch mit einem negativen Selbstbezug ausgestattet sein kann. Der Traum „gibt *logischen Zusammenhang* wieder als *Gleichzeitigkeit*." (Freud 1900: 312; Hervor. im Orig.) Damit ist das Problem des ausgeschlossenen Dritten umschrieben. Logischer Zusammenhang als *tertium datur* erscheint in einer orthodox verhafteten Interpretation einer dichotomen Logik rasch als unsinniges und chaotisches Verhältnis. Es

> „entsteht die Frage, was aus den logischen Banden wird, welche bishin das Gefüge gebildet hatten. [...] Man muß zunächst darauf antworten, der Traum hat für diese

logischen Relationen unter den Traumgedanken keine Mittel der Darstellung zur Verfügung." (ebd.: 310f.)

Als empirisch orientierter Naturwissenschaftler hätte Freud aus guten, nachvollziehbaren Gründen von Gegenstandsbereichen, die der aristotelischen Logik nicht unmittelbar zugänglich sind, absehen können. Dem Zwang zu dichotomen Verhältnisbestimmungen erliegt Freud jedoch nicht. Er strebt an, das mittlere Gemeinsame, das die beiden entgegengesetzten Momente vereinen kann, zu finden, aber dieses nicht als ‚Mittelweg' (Adorno) zu konzipieren.

„Wie durch einen Kompromiß gelangt dieses mittlere Element dann in den Trauminhalt. Es ist hier ein mittleres Gemeinsames geschaffen worden, welches mehrfache Determinierung zuläßt. [...] Wir konnten die Auswahl der mehrfach in den Traumgedanken vorkommenden Elemente, die Bildung neuer Einheiten [...] und die Herstellung von mittleren gemeinsamen als Einzelheiten der Verdichtungsarbeit erkennen." (ebd.: 296)

Als Gedankenmodell führt Freud ein *tertium datur* ein, in dem das ausgeschlossene Dritte zunächst bestehen bleibt und als ‚mittleres Gemeinsames' analysiert wird. Einer vorschnellen dichotomen Auflösung entgeht die konstitutive Verbundenheit zweier gegensätzlich erscheinender Momente, wie sie in den Mechanismen der Verdichtung und Verschiebung auftauchen können. Freud favorisiert ein Vorgehen, das die dem Bewusstsein entzogenen Momente in die Analyse mit einbezieht und sogar auf dessen konstitutiven Charakter aufmerksam macht.

„Nicht selten sind es Gedankenzüge, die von mehr als einem Zentrum ausgehen, aber der Berührungspunkte nicht entbehren; fast regelmäßig steht neben einem Gedankengang sein kontradiktorisches Widerspiel, durch Kontrastassoziation mit ihm verbunden." (ebd.: 310)

Die Phänomene, die Freud einer naturwissenschaftlich-empirischen Klärung zuführt, erweisen sich als sperrig. Für das unstrukturierte und chaotische, logischen Relationen entzogene Feld des Unbewussten ist eine Verfahrensweise nötig, die einerseits flexibel genug ist, dichotomen Verhältnisbestimmungen zu entgehen, andererseits aber auch den Anspruch an Verbindlichkeit erfüllt. Aussagen über Wesen und Erscheinung sollen in rational nachvollziehbarer Weise möglich sein – und das in einem Bereich, der alogisch strukturiert ist, d.h. der sich durch mannigfaltige nicht-aristotelische Widerspruchskonfigurationen auszeichnet! Ein nicht-aristotelischer Widerspruchsbegriff ist jedoch nicht notwendigerweise an eine dialektische Argumentationsfigur gebunden. So ist die nichtzweiwertige Struktur des freudschen Unbewussten keinesfalls mit einem genuin dialektisch strukturierten Bereich gleichzusetzen. Die Erkenntnis des Unbewussten gelingt Freud erst entscheidend, als er von einer konstitutiven Entzogenheit des Unbewussten bei gleichzeitig existierenden konstruktiven, bewussten Anteilen im Unbewussten ausgeht. Eine orthodox dichotom verfahrende Logik, die sich auf linear-kausale Bestimmungen verlässt, ist an dieser Stelle verlassen.

Negativ selbstbezügliche Bestimmungen, die Ursache strikter Antinomien, tauchen im Übertragungsgeschehen auf. Übertragungen sind

> „Neuauflagen, Nachbildungen von den Regungen und Phantasien, die während des Vordringens der Analyse geweckt und bewußt gemacht werden sollen, mit einer für die Gattung charakteristischen Ersetzung einer früheren Person durch die Person des Arztes. Um es anders zu sagen: Eine ganze Reihe früherer psychischer Erlebnisse wird nicht als vergangen, sondern als aktuelle Beziehung zur Person des Arztes wieder lebendig." (Freud 1905: 279f.)

Im Agieren treten aktuell handlungseinschränkende Momente auf, die einer (weit) zurückliegenden Situation entsprechen und dieser nachgebildet sind. Obwohl der autonomieeinschränkende Gehalt bereits in der ursprünglichen Situation als Verdrängung etabliert wurde, wird er in der aktuellen Interaktionsbeziehung reaktualisiert. Nicht nur unbewusst, sondern im Agieren wird bewusst die Beziehung zwischen den beiden Situationen hergestellt – dadurch ist aber noch keine nachhaltige Änderung der einschränkenden Verhaltensweisen ermöglicht. Hier handelt es sich um eine Verhältnisbestimmung, die nicht durch das bloße Bewusstsein einer Sache durchbrochen bzw. verändert werden kann. Die bewusste Einsicht im Übertragungsgeschehen ändert (zunächst) kaum etwas an der Eigengesetzlichkeit, an der Eigendynamik, an den Vergegenständlichungen und an den Verdinglichungen. Es bedarf eines angemessenen Einbezugs der ‚Zutat', um eine nachhaltige Veränderung zu ermöglichen.

In der Begründung der Traumdeutung, in der Entdeckung und Herausarbeitung des Unbewussten und am therapeutisch zentralen Konzept der Übertragung zieht Freud Argumentationsmuster heran, die einer orthodox dichotomen Logik verstellt bleiben: Entweder wird etwas gewusst oder nicht! Im Übertragungsgeschehen tritt beides zusammen auf. Sowohl die bewussten als auch die unbewussten Momente vereinigen sich im Agieren und bilden erst den spezifischen Gegenstand, der im Übertragungsgeschehen offengelegt wird. Im Agieren zeigen sich beide (widersprüchlichen) Momente vereinigt und bilden einen Ausdruck, der (gegensätzliche) Strebungen vereinigt. Zugespitzt führt diese Überlegung zu der These, dass Freud die neue Wissenschaft nur entdecken kann, weil er die aristotelisch-zweiwertige Logik seiner Zeit überschreitet – nicht in der bloßen Verneinung oder Zurückweisung gängiger wissenschaftlich legitimierter Verfahren, sondern durch die volle Anerkennung hindurch. Freud öffnet durch die Erforschung des Unbewussten und durch das reflexive Konzept der Übertragung den Blick auf eine Argumentationsfigur, die einen äußeren Gegensatz bei gleichzeitigen inneren Vermittlungsverhältnissen anerkennen kann und (sozialwissenschaftlich) einer produktiven Bearbeitung zuführt. Eine weitere konstitutive Ebene der freudschen Theorie zeichnet sich ab: der reflexive Einbezug handlungseinschränkender und autonomieerweiternder Dimensionen in der Betrachtung des Übertragungsgeschehenes. Nicht nur in der Offenlegung und Explikation handlungseinschränkender Momente, die im Agieren und im Wiederholen erscheinen, besteht die autonomieerweiternde Dimension der Psychoanalyse. Vielmehr können im zweiten Schritt die vormals repressiven Momente einer nachhaltigen Veränderung zugeführt werden, indem diese nicht nur erinnert und wiederholt, sondern durchgearbeitet werden. Damit tritt auf einer semantisch-pragmatischen Ebene der Anspruch hervor, ‚Leiden beredt werden zu lassen' (Adorno), der das Erkenntnisinteresse der Psychoanalyse in sozialwissenschaftlicher Hinsicht beschreibt (*Problemebene 3: sozial- und moralphilosophische Dimension*).

Freilich dürfen die Hinweise auf dialektische Argumentationsfiguren, die Freud innerhalb bestimmter Problemlösungsversuche heranzieht, nicht hypostasiert werden. Gleichwohl legt der empirisch orientierte Naturwissenschaftler Freud basale Problemkonstellationen frei, die er nicht ausschließlich im Rückgriff auf die zweiwertige aristotelische Logik löst. Für die Frage nach dem Gegenstandsbereich, nach den Größen und Grenzen einer Dialektik in den Sozialwissenschaften zeigt sich, dass ein rationaler Umgang mit einem dialektischen Widerspruchsbegriff und mit vermittlungslogischen Konzeptionen nicht allein genuinen Dialektikern vorbehalten ist.

5 Aspekte der Dialektik in den Sozialwissenschaften

Das geheimnisumwitterte dialektische Verfahren ist in erster Linie von der Aufgabe gekennzeichnet, einen rationalen Widerspruchs- und Vermittlungsbegriff ausweisen zu können. Ein dialektisches Verfahren stellt dann *eine* mögliche Umgangsweise mit den aristotelischen Axiomen dar. Eine rationale Dialektik trägt nicht zuletzt zur notwendigen Entmythologisierung und Entdramatisierung des Verfahrens selbst bei. Ersichtlich wird, dass es sich weder um eine ‚Waffe‘ (Steininger 1966) noch um ein Vorgehen handelt, das jenseits logischer Begründung zu verorten ist.

Das *tertium non datur*, das Axiom des ausgeschlossenen Dritten, stellt einen der basalen Bezugspunkte der klassischen Logik dar: Entweder ist etwas A oder nicht-A – es gibt kein Drittes. Das Axiom des ausgeschlossenen Dritten bildet neben dem Gesetz der Identität und dem Gesetz des ausgeschlossenen Widerspruchs die Grundlage der formalen aristotelischen Logik. Eine Einbruchsstelle in die aristotelische Logik zeigt jedoch die Lügnerantinomie auf. Strikt antinomisch strukturierte Ausgangsbestimmungen (*Problemebene 2: Problem des Anfangs*) überführen die aristotelischen Denkgesetze in eine vermittlungslogische Konstellation, in der die Gleichzeitigkeit von Äquivalenz und Widerspruch angenommen werden kann und muss. Unter Beibehaltung des aristotelischen Widerspruchsverbots wird in einer strikten Antinomie eine zusätzliche Dimension eröffnet, in der die zweiwertige Logik, die sich zwischen ‚wahr‘ und ‚falsch‘ entscheiden muss, nicht mehr ausschließlich greift. Lässt man sich auf die Lügnerantinomie ein (und wählt damit nicht die Verwerfung der Ausgangsfrage als Lösungsmöglichkeit), enthüllt sich das viel gesuchte und fehlende Dritte. In der Bewahrung der *beiden* strikt entgegengesetzten Möglichkeiten kommt beiden eine gleichberechtigte Bedeutung zu. Das Gesetz des ausgeschlossenen Dritten wird in der Lügnerantinomie an seine ‚Schranke‘ (Hegel) geführt. Das fehlende Dritte wird ersichtlich in der einzig rationalen und vernünftigen Lösungsmöglichkeit, die als Anerkennung der scheinbar sich widersprechenden Lösungsmöglichkeiten genauer zu kennzeichnen ist. Die Gleichzeitigkeit von Äquivalenz und Widerspruch befindet sich dabei – genau betrachtet – auf verschiedenen Ebenen, die aber nur in ihrer Einheit zu verstehen sind. Äquivalenz und Widerspruch sind in der Lügnerantinomie intrinsisch verbunden. Der Widerspruchsbegriff, der der Lügnerantinomie zugrunde liegt, hebt sich damit von einer polaren, konträren oder kontradiktorischen Verhältnisbestimmung ab. In einer verkürzten Betrachtung, die die gesamte Figur der Lügnerantinomie nicht zulässt, ergibt sich rasch der formallogisch unlösbare Widerspruch: Entweder ist der Satz wahr oder falsch. Die negative Reflexivität, in der sich der Satz auf sich selbst bezieht, ist jedoch verbunden mit einem Implikationsverhältnis, das wiederum durch einen Gegensatz der beiden äußerlich entgegengesetzten Momente charakterisiert ist. Eine strikte Antinomie bildet ein komplexes Gefüge, in dem die aristotelische Logik Gültigkeit behält und in dem dennoch aus dem Blickwinkel der gesamten Konstellation das *tertium non datur* überschritten wird. Das fehlende Dritte in der klassischen aristotelischen Logik, in der eine dritte Möglichkeit prinzipiell, grundsätzlich und scheinbar unhintergehbar ausgeschlossen ist, taucht so unvermutet in der Lügnerantinomie auf. Soll die Lügnerantinomie in ihrer Einheit verstanden werden, muss über das Gesetz vom ausgeschlossenen Dritten hinausgegangen und die Gegensätzlichkeit zweier sich scheinbar ausschließender Möglichkeiten anerkannt werden. Dennoch ist damit nicht rückblickend die aristotelische Logik außer Kraft gesetzt oder obsolet geworden.

Ein starker und triftiger Einwand gegen diese Interpretation lautet, dass eine Überwindung aristotelischer Logik nur deshalb möglich wird, weil es sich um eine Vermischung unterschiedlicher Ebenen handele. Innerhalb der in der Lügnerantinomie vorfindlichen Gleichzeitigkeit von Äquivalenz und Widerspruch handelt es sich um unterschiedliche Argumentationsebenen. Aristoteles weist bereits in der starken Version des Widerspruchsverbots darauf hin, dass eine Aussage nicht *in ein und derselben Hinsicht, zur gleichen Zeit am gleichen Ort* gegensätzlich sein kann. In der Lügnerantinomie handelt es sich in der Tat in einer Hinsicht um Äquivalenz und in einer anderen um einen kontradiktorischen Widerspruch. Das Gesamtgefüge allerdings ist nur ausreichend mit der Gleichzeitigkeit von Äquivalenz und Widerspruch beschreibbar.

Das Verfahren einer rationalen Dialektik in den Sozialwissenschaften argumentiert vor dem Hintergrund unterschiedlicher Ebenen, die gleichzeitig Äquivalenz und Widerspruch nachzeichnen lassen, und verweist stets auf die Gesamtheit der ganzen Konstellation. Nur aus der Perspektive des Identitätszwangs entsteht der Hang zur raschen Lösung der Lügnerantinomie. Wird die Grundstruktur bestehen gelassen – und das freudsche psychoanalytische Verfahren weist hier den Weg zu einem sozialwissenschaftlich adäquaten Umgang –, kann der Widerspruch produktiv gewendet werden. In der vollen Anerkennung der Gesamtstruktur zeigt sich, dass es sich um eine Gleichzeitigkeit von Äquivalenz und Widerspruch auf unterschiedlichen Ebenen handelt. Dazu ist aber unabdingbar, dass auf einer vorhergehenden Stufe die Gleichzeitigkeit der Ebenen zunächst angenommen wird, um zu dieser rationalen Lösungsmöglichkeit zu gelangen. In sozialwissenschaftlicher Hinsicht bedeutet dies, dass die Reflektion

(mindestens) einmal die beiden strikt entgegengesetzten Möglichkeiten angenommen haben muss, um dann schließlich in der Reflexion auf den gleichzeitigen Wahrheitsanspruch beider gleichberechtigter Aussagen verweisen zu können. Dadurch stellen dialektische Argumentationsfiguren einen bestimmten Umgang mit den aristotelischen Axiomen zur Verfügung, der nur aus einer verkürzten Perspektive so erscheint, als handele es sich um eine konsequente Verletzung
aristotelischer Logik, um einen performativen Selbstwiderspruch.

Absolut symmetrische Konstellationen einer strikten Antinomie wie im Beispiel der Lügnerantinomie dürften allerdings in sozialwissenschaftlicher Hinsicht
kaum aufzufinden sein. Die hegelschen und freudschen Antinomien sind in erster
Linie durch eine ,Präponderanz des Subjekts‘, das adornitische Konzept durch
eine ,Präponderanz des Objekts‘, also durch Asymmetrien im Gegensatzverhält-
nis charakterisiert.

Lösungsmöglichkeiten im Grenzbereich aristotelischer Logik sind zudem
keinesfalls den Sozialwissenschaften vorbehalten. Die Lösungsversuche n-facher
Mehrwertigkeit, wie sie in der *fuzzy logic* zur Anwendung kommen, gehen von
der nicht-aristotelischen Prämisse aus, die Grenzen der Zweiwertigkeit in genau
definierter Art und Weise zu überschreiten, ohne allerdings die basalen Wahrheitswerte zu verneinen. Das *tertium datur* wird berechenbar. Die Annahme
einer gegensätzlichen Konstellation *am gleichen Ort und zur gleichen Zeit* führt
in formallogischer Konsequenz zu Wahrheitswerten in Brüchen, so dass ein
berechenbarer Umgang mit den zugrundeliegenden nicht-aristotelischen Wahrheitswerten ermöglicht wird. Wahrheitsgrade sind in den Sozialwissenschaften
allerdings unbefriedigend. Im Verfahren einer sozialwissenschaftlichen rationalen dialektischen Argumentationsfigur besteht die letztlich unhintergehbare Annahme darin, dass die Zweiwertigkeit erhalten bleiben muss – auf einer basalen
Ebene. Im genaueren Blick erweisen sich auch n-fache Wahrheitswerte basal auf
die Zweiwertigkeit verwiesen. Das bildet die bedeutende Einsicht im Verfahren
einer reflexiv-vermittlungslogischen Dialektik, auf die Günther mehrfach und
deutlich hinweist:

„Um keine Mißverständnisse entstehen zu lassen, sei nochmals ausdrücklichst zuge-
geben: alles aktuelle, von einem realen, vorstellbaren Subjekt durchgeführte Denken
ist immer und ewig zweiwertig! Wir können uns einfach kein Ich vorstellen, dessen
Reflexion nicht der urphänomenale zweiwertige Gegensatz von Denken und Denk-
gegenstand als logische Formalstruktur zu Grunde liegt. Ein subjektives Erleben, das
von sich behaupten würde, daß es sich nicht auf den fundamentalen Gegensatz von
Ich und Nicht-Ich stützt, ist für uns unvollziehbar. Unter dieser Voraussetzung müßte die zweiwertige Logik die einzig mögliche Logik sein. *Und in diesem Sinne ist sie
es in der Tat.* Es wäre ein Irrtum anzunehmen, daß eine drei- oder generell n-wertige
Erlebnisstruktur sich jemals in einem individuellen Bewußtsein entwickeln könnte,

daß wir es eines Tages mit logischen Übermenschen zu tun bekämen, für die die zweiwertige Struktur jedes faktischen Denkaktes aufgehoben wäre." (Günther 1958: 392; Hervor. im Orig.)

Die Erweiterung der zweiwertigen Logik erreicht Günther mit einer absoluten Hypostasierung der Form, die von jeglichen Inhalten absehen soll – die Aufgabe des ,Wertformalismus' gewährleistet eine Überschreitung zweiwertiger Logik (vgl. Günther 1962: 19). Sozialwissenschaftlich ist diese Möglichkeit für das Projekt einer rationalen Dialektik mit deutlichen Mängeln behaftet. Eine angemessen aktualisierte Dialektik kann auf einen strikt antinomischen Widerspruchsbegriff ebenso verweisen wie auf Vermittlungskonstellationen, die nicht ausschließlich auf selbstreferentiellen und/oder additiven Bestimmungen aufgebaut sind.

Daraus ergeben sich zwei weitere Besonderheiten des dialektischen Verfahrens. So stellen sich der Startpunkt (*Problemebene 2: Problem des Anfangs*) und der Gegenstandsbereich (*Problemebene 1: Problem des Gegenstandsbereichs*) einer Dialektik in den Sozialwissenschaften bereits als reflexiv-vermittlungslogisch dar. Die möglichen unterschiedlichen erkenntnistheoretischen Startpunkte sind in der hegelschen Diskussion der drei Stellungen des Gedankens zur Objektivität vorweggenommen. Vornehmlich unterscheiden sie sich voneinander einerseits durch eine dichotom verstandene Ausgangssituation und andererseits durch eine vermittlungslogisch verstandene Unhintergehbarkeit des Subjekt-Objekts-Verhältnisses in den Sozialwissenschaften. Die Relationsbeziehungen im letzteren Modell unterscheiden sich von der starren Zweiwertigkeit darin, dass sie sich in qualitativ anderer Art und Weise auf sich selbst beziehen, weil sowohl die konstruktiven als auch die konstitutiven Leistungen des Subjekts innerhalb einer gegebenen Subjekt-Objekt-Konstellation einbezogen werden, um diese zu überschreiten.

5.1 Präsuppositionen

Es zeigt sich, dass das dialektische Verfahren an bestimmte Voraussetzungen (Präsuppositionen) gebunden ist. Die idealistische Konzeption Hegels, das materialistische Verfahren Adornos und die implizit dialektischen Modelle Freuds rekurrieren auf eine Reihe von Vorannahmen, die nun zusammenführend dargestellt werden sollen.

5.1.1   Standpunkt- oder Vermittlungslogik

Das Problem des Anfangs bildet kein Spezifikum einer dialektischen Theorie. Jede sozialwissenschaftliche Theorie enthält implizit oder explizit Annahmen über ihren (erkenntnistheoretischen) Startpunkt (*Problemebene 2: Problem des Anfangs*). Verhältnisbestimmung von ‚Sein' und ‚Bewusstsein' können zu zwei sozialwissenschaftlich entscheidenden Verkürzungen führen, sofern diese einer orthodox-zweiwertigen Logik verhaftet bleiben: Wird auf der einen Seite das Bewusstsein als in letzter Instanz konstituierend angeführt, so zeigt sich auf der entgegengesetzten Seite analog ein umgekehrtes Vorgehen. In letzter Instanz sei das Sein, also die an-sich-seiende Welt ausschlaggebend.

Die negative Dialektik Adornos kann einen standpunkthaft-proklamatorischen Charakter umgehen, indem auf das je schon gegebene Subjekt-Objekt-Verhältnis rekurriert wird: „In gewisser Weise nämlich haben die Begriffe Subjekt und Objekt, vielmehr das, worauf sie gehen, Priorität vor aller Definition." (Adorno 1969a: 741) Damit setzt Adorno bereits an einem vermittlungslogischen Startpunkt an, der Aussagen über das innere Vermittlungsverhältnis von Subjekt und Objekt ebenso erlaubt wie die Erfassung der Gegensätzlichkeit des Subjekt-Objekt-Verhältnisses. Adorno geht so gleichsam von einer Gleichzeitigkeit der Einheit in der Trennung und der Trennung in der Einheit aus. Diese Gleichzeitigkeit ist für produktive Wendungen im Bewusstseinsparadigma charakteristisch. Repressiv und eindimensional werden die Wendungen innerhalb des Subjekt-Objekt-Verhältnisses dann, wenn dieses einschneidend verkürzt und auf eine Seite des Vermittlungsverhältnisses zurückgefallen wird. Bei Adorno zeigt sich eine konsequent vermittlungslogische Figur, die das Problem des Anfangs nicht statisch und eindimensional löst und sich dadurch von einem proklamierten dialektischen erkenntnistheoretischen Startpunkt abhebt. An dieser Stelle erweist sich die Unhintergehbarkeit von Subjekt-Objekt-Konstellationen für eine dialektische Theorie in den Sozialwissenschaften.

Auch der freudsche Startpunkt setzt bereits vermittlungslogisch an, weil das Symptom, die Erscheinung, konsequent hinsichtlich seiner Funktion im Psychischen, dem Wesen analysiert wird. Auch in der Traumdeutung bildet die basale Unterscheidung von latenter und manifester Ebene die Möglichkeit, Wesen und Erscheinung sowohl in ihrer Trennung als auch in ihrer Einheit zu analysieren – selbst durch alle Verzerrungen und Entstellungen hindurch, die sich durch die (notwendige) Verschiebung und Verdichtung ergeben. Scheinbare Unmittelbarkeiten bilden den Startpunkt. Sie werden dann ihrer Vermittlung mit lebensgeschichtlich erworbenen Verhaltensdispositionen überführt, aber erscheinen zunächst als chaotisch und widersprechend.

„Einander widersprechende Gedanken streben nicht danach, einander aufzuheben, sondern bestehen nebeneinander, setzen sich oft, *als ob kein Widerspruch* bestünde, zu Verdichtungsprodukten zusammen oder bilden Kompromisse, die wir unserem Denken nie verzeihen würden, in unserem Handeln aber oft gutheißen." (Freud 1900: 566; Hervor. im Orig.)

Symptome ihrer bereits je schon gegebenen Vermittlung zu überführen, bildet nicht nur eine der Verfahrensweisen der freudschen Psychoanalyse, sondern auch eine sozialwissenschaftliche Lösung eines reflexiv-vermittlungslogischen Ansatzes. Elementarer verankert Freud die Unhintergehbarkeit des Subjekt-Objekt-Verhältnisses in seiner Konzeption des Unbewussten. Trotz aller Aufklärungsbemühungen und Bestrebungen, unbewusste Momente in bewusste zu überführen – das ganze Verfahren der Psychoanalyse richtet sich darauf aus –, bleibt das Unbewusste stets bestehen und kann nicht vollständig im Bewusstsein aufgelöst werden. Das ist in sozialwissenschaftlicher Hinsicht die entscheidende Stärke der freudschen Konzeption. Es werden Momente herausgearbeitet, die unabhängig vom Bewusstsein, trotz aller subjektiven Anstrengung, dennoch ein Eigenleben führen, das heißt Emergenz aufweisen, und die nie vollständig aufgelöst werden können. Sobald die konsequent vermittlungslogische Grundfigur verlassen und damit eindimensional aufgelöst wird, bricht die freudsche Grundstruktur zusammen. Die produktiven Problemlösungsmöglichkeiten, die im reflexiv verstandenen vermittlungslogischen Ansatz enthalten sind, würden dann in eine linear-kausale Logik überführt, die die gegensätzlichen Momente in der Einheit und die einheitlichen Momente im (strikten) Gegensatz kaum ausreichend konzeptualisieren kann. Nicht nur zeigt die freudsche Grundstruktur demnach eine Umgangsmöglichkeit mit einer möglichen dritten Stellung auf (*Problemebene 1: Problem des Gegenstandsbereichs*). Auch elementare Hinweise einer Unterscheidung zwischen repressiven und autonomiefördernden Möglichkeiten (*Problemebene 3: sozial- und moralphilosophische Dimension*) sind unhintergehbar an das freudsche Verfahren gebunden. Im Übertragungsgeschehen wird der notwendige Raum geschaffen, um die handlungseinschränkenden Momente – nicht nur auf der Ebene der Sprache – zum Ausdruck zu bringen, um sie so letztlich auch einer Bearbeitung zugänglich zu machen, die – gemessen an der Ausgangssituation – ein größeres Maß an Autonomie ermöglicht.

5.1.2 Zum Umgang mit der Präponderanz oder: Idealistische und materialistische Dialektik

Die Frage nach dem unhintergehbaren erkenntnistheoretischen Startpunkt im Bewusstseinsparadigma führt zur Problematik des Umgangs mit einer vorfindlichen asymmetrischen Ausgangssituation im Subjekt-Objekt-Verhältnis. Die letztendliche Präponderanz des Subjekts geht bei Hegel in die Hypostasierung über, bei Freud bleibt sie bestehen und bei Adorno wird sie in der Betonung der Eigenständigkeit beider Momente überführt in den Vorrang des Objekts. Spätestens an dieser Stelle stellt sich das Problem einer Differenzierung zwischen idealistischer und materialistischer Dialektik ein. Doch so einfach lassen sich die Schafe von den Böcken (meist) nicht unterscheiden. Die sozialwissenschaftlich entscheidende Präsupposition eines reflexiv-vermittlungslogischen Verfahrens, mithin der Anspruch darauf, die dem Bewusstsein (zunächst) entzogenen Momente in die Betrachtung aufzunehmen und hinsichtlich ihrer repressiven und emanzipatorischen Effekte offen zu legen, liegt quer zu der Unterscheidung zwischen idealistischen und materialistischen Konzeptionen. Die sozialwissenschaftliche Stärke der Dialektik kann durch einen konsequent vermittlungslogischen Anspruch charakterisiert werden – in der Einbeziehung der dritten Stellung des Gedankens zur Objektivität! Diese besteht im steten Versuch, die jeweils konstitutiven und konstruktiven Anteile innerhalb einer Subjekt-Objekt-Konstellation der Reflexion zuzuführen. Marx arbeitet diese Überlegung konsequent in seiner Fetischtheorie aus, in der er auf die gesellschaftliche Verkehrung von Wesen und Erscheinung, von Subjekt und Objekt abzielt. Aus der Perspektive einer möglichen dritten Stellung ist damit die Chance verbunden, Prozesse, die sich hinter dem Rücken der Beteiligten abspielen, hinsichtlich ihrer repressiven Effekte genau so zu erfassen wie auch den Blick auf autonomiefördernde und -unterstützende Dimensionen zu öffnen. Die sozialwissenschaftliche Relevanz einer dritten Stellung des Gedankens besteht demnach in der Möglichkeit, nicht nur dem empirisch vorhandenen An-sich-Sein des Gegebenen die Möglichkeit einer subjektgerechteren Gesellschaft entgegenzuhalten, sondern auch den dem Bewusstsein entzogenen Momenten näher zu kommen. Deutlich wird, dass erst *nach* der sozialwissenschaftlichen Analyse die gesamte Konstitution und Konstruktion einer emergenten Konstellation deutlich wird, die damit freilich noch nicht verändert ist. Es treten handfeste vergegenständlichte und verdinglichte Verhältnisse dem Subjekt entgegen, die (zunächst) nicht durch die ‚bloße Mitteilung' (Freud) nachhaltig geändert werden können. Freud weist emphatisch darauf hin, dass negativ selbstbezügliche Prozesse im Subjekt ein Eigenleben führen, das dem Zugang durch bloßes Wissen verstellt bleibt.

Eine Parallele zeigt sich zwischen dem von Marx herausgearbeiteten objektiven Prozess der Wertvergesellschaftung und dem intrapsychischen Prozess, den Freud untersucht. Beide sind zunächst dem Bewusstsein entzogen, können durch Reflexion ins Bewusstsein gebracht werden und sind damit dennoch nicht ihrer Wirkmächtigkeit enthoben. Das Wissen über die basalen Mechanismen der Wertvergesellschaftung ändert die Eigengesetzlichkeit der Vergegenständ-

lichungen und Verdinglichungen noch nicht. Die Bedingungen einer nachhaltigen Veränderung sind dennoch in und durch Reflexion geschaffen.

Am Beispiel der freudschen Psychoanalyse erweist sich ein (produktiver)
Umgang mit der Differenz idealistischer und materialistischer Dialektik. Die
freudsche Theorie sperrt sich dieser Dichotomie und entgeht damit auch dem
Problem der Proklamation. Freud kümmert sich freilich kaum explizit um erkenntnistheoretische Fragen. Die spezifisch spätkapitalistische Wertvergesellschaftung handelt er mit reichlich unspezifischen Begriffen wie ‚Kultur' oder
‚Zivilisation' ab. Deren Auswirkungen und Folgen interessieren ihn auf
intrasubjektiver Ebene weitaus mehr als die objektiven Ursachen. Unter der
Prämisse, ‚neurotisches Elend in gemeines Unglück' (Freud 1895: 312) zu verwandeln, koppelt Freud das emanzipatorische Potential der Psychoanalyse direkt
an den Leib, den Körper, der stets schon erste und zweite Natur in sich birgt.
Daher spielt die Kategorie des Leidens in der Psychoanalyse eine hervorgehobene Rolle. Das Leiden an gesellschaftlichen Zumutungen, an handlungseinschränkenden Normen und Werten, an Vergangenem, an Vorgestelltem, an Erfahrun-
gen, an Unbewusstem – all die Momente repressiver Heteronomie und repressiver Autonomie, die der Bildung nicht-repressiver Autonomie entgegenstehen,
geraten in das Blickfeld der Kritik Freuds. Indem er konsequent die Beschädigungen des Subjekts in den Mittelpunkt seiner Bestrebungen stellt, orientiert es
sich streng an der Zurückdrängung und Abschaffung repressiver handlungseinschränkender Momente (*Problemebene 3: sozial- und moralphilosophische Dimension*). Die Verhältnisse, die dem Bewusstsein des Subjekts entzogen sind,
sollen innerhalb der Analyse gerade mit dem Bewusstsein, das für all die Verdrängungen zuständig ist, wieder ins Bewusstsein gehoben werden, um einer
(produktiven) Veränderung zugeführt werden zu können – eine vermittlungslogisch-reflexive Argumentationsfigur. Ob sein Vorgehen und seine Begründun-
gen eher einer idealistischen oder einer materialistischen Konzeption zuzuordnen
seien, interessiert Freud kaum. Freud zielt auf die Abschaffung von Leiden an
inneren und äußeren Verhältnissen, freilich auf der höchst subjektiven Ebene des
je konkreten Individuums. Das Leiden am Unbewussten, an den eigenen
Zwangs- und Repressionsmomenten, und damit vermittelt auch an den äußeren
Zwangs- und Repressionsmomenten, bildet das Erkenntnisinteresse Freuds.

Dadurch wird ein komplementärer Fokus der freudschen Psychoanalyse und
der negativen Dialektik sichtbar.

„Das Bedürfnis, Leiden beredt werden zu lassen, ist Bedingung aller Wahrheit.
Denn Leiden ist Objektivität, die auf dem Subjekt lastet; was es als sein Subjektivs-
tes erfährt, sein Ausdruck, ist objektiv vermittelt." (Adorno 1966: 29)

In der Frage nach der Vorgängigkeit idealistischer oder materialistischer Dialektik ist die *Dimension des Leidens (Problemebene 3: sozial- und moralphilosophische Dimension)* unterbestimmt. Das Bedürfnis, Leiden beredt werden zu lassen, koppelt Adorno an das Projekt einer negativen Dialektik. Ein proklamatorischer Standpunkt in der Frage nach einer materialistischen oder idealistischen Dialektik gerät dadurch in den Hintergrund, ebenso wie im Imperativ Adornos, ‚*Denken und Handeln* so einzurichten, dass Auschwitz nicht sich wiederhole'. Nicht dichotom verkürzt stellt Adorno auf die vernünftige Einrichtung der Verhältnisse ab, sondern aus der vermittlungslogisch verstandenen Perspektive von Denken und Handeln reformuliert er den Imperativ. Es wird deutlich, dass sich die negative Dialektik Adornos keinesfalls mit dem dürren Hinweis auf eine ‚materialistische' oder ‚idealistische' Dialektik zufriedengibt. Der Imperativ steht quer zum Verständnis eines Idealismus, der die Welt aus dem Geiste heraus erschafft, während der Materialismus sich mit dem Verweis auf die vorgängige Materie begnügt. Adornos Präponderanz des Objekts umgeht diese Dichotomie.

„Materialismus ist nicht das Dogma, als das seine gewitzigten Gegner ihn verklagen, sondern Auflösung eines seinerseits als dogmatisch Durchschauten; daher sein Recht in kritischer Philosophie. [...] So wenig wie die idealistische Hierarchie der Gegebenheiten ist die absolute Trennung von Körper und Geist zu retten, die insgeheim schon auf den Vorrang des Geistes hinausläuft. Beide sind geschichtlich, im Entwicklungsgang von Rationalität und Ichprinzip, in Opposition zueinander geraten; doch keines ist ohne das andere. *Die Logik der Widerspruchslosigkeit mag das bemängeln, jener Sachverhalt aber gebietet ihr Halt.*" (Adorno 1966: 197; eigene Hervor.)

Die subjektgerechte Einrichtung der Verhältnisse ist kein Standpunkt, den Idealisten oder Materialisten qua theoretischer Vorentscheidung bestimmen können. Kritik, als angemessene Reflexion der Zutat und des Zusehens, legt die der Emanzipation entgegenstehenden Momente und Argumentationen offen, um sie ihrer eigenen Unzulänglichkeit und letztlich ihrer Unwahrheit zu überführen. So kann schließlich der Übergang zu einer Argumentationsweise eröffnet werden, die sich an einer subjektgerechten Einrichtung sowohl auf gesamtgesellschaftlicher als auch auf individueller und intersubjektiver Ebene orientiert. Das bloße Beharren auf einer Differenz von idealistischer und materialistischer Dialektik genügt keinesfalls, wenn die Spezifika all der Beschädigungen der Subjekte freigelegt werden sollen. In einer offenen vermittlungslogischen Dialektikkonzeption, die bereit ist, den Vorrang des Objekts mitzudenken, wie ihn Adorno einfordert, wird die Differenz idealistischer und materialistischer Anstrengung überführt in Überlegungen, die einer ‚versöhnten Gesellschaft'

nahe kommen. Horkheimer hat diesen Anspruch einprägsam in einer Notiz zusammengefasst:

> „Wenn man [über] Hegels Lehre, daß der Begriff das Innere der Sache selbst ist, ge-
> nau nachdenkt, wird ihre Durchführung, die idealistische Dialektik, von selbst zur
> materialistischen. Es ist wie bei gewissen Vexierbildern: wenn man sie lange genug
> ansieht, schlagen sie in eine andere Gestalt um, die ebenso wohl das Bild ist, wie die
> vorhergehende. Hegel vom Kopf auf die Füße zu stellen, war nur deshalb so zwin-
> gend, weil er schon auf ihnen stand." (HGS 12: 286)

Erst im reflexiven Rückblick offenbart sich damit eine materialistische Dialektik
als solche. An dieser Stelle zeichnet sich auch die in sozialwissenschaftlicher
Hinsicht produktive Lösung in der Frage nach dem Gegenstandsbezug des dialektischen Verfahrens ab (*Problemebene 1: Problem des Gegenstandsbereichs*).
Prägnant zusammengefasst ist sie einem Hinweis von Alfred Schmidt entnommen: ‚Der Standpunkt der Dialektik ist ihr eigener Vollzug.'[25]

5.1.3 Ende der Dialektik?

Eine sozialwissenschaftlich relevante Dialektik ergibt sich aus dem Bestreben,
gegen jegliche Proklamation, Mythologisierung und Mystifizierung die Grundprobleme der Dialektik freizulegen, um rationale Lösungsmöglichkeiten aufzu-
zeigen. *Eine* der Mystifizierungen besteht in der Annahme, dass in der ‚versöhnten Gesellschaft' die Dialektik aufgehoben oder gar stillgestellt sei. Auch
Adornos Ausführungen erweisen sich in dieser Hinsicht als nicht unproblema-
tisch:

> „Dialektik entfaltet die vom Allgemeinen diktierte Differenz des Besonderen vom
> Allgemeinen. Während sie, der ins Bewußtsein gedrungene Bruch von Subjekt und
> Objekt, dem Subjekt unentrinnbar ist, alles durchfurcht, was es, auch an Objektivem,
> denkt, hätte sie ein Ende in der Versöhnung." (Adorno 1966: 18)

Zielt Adorno damit auf eine abgeschlossene Dialektikkonzeption ab, die durch
die Annahme gekennzeichnet ist, dass mit einem bestimmten Ereignis der dialektische Prozess am Ende angekommen und erfüllt sei? Projiziert er damit gar eine
Art heilsgeschichtliche Erwartung an eine dialektische Theorie? Durchaus kann
es gesellschaftlich entscheidende Prozesse mit überaus nachhaltigen Auswirkungen geben, die sogar in die Grundlagen der ökonomischen Reproduktion eingrei-

---

[25] Eigene Vorlesungsmitschrift vom 13.12.2004.

fen, nur: Dialektik ist danach keineswegs stillgestellt. Stattdessen gelingt es in einer offenen, reflexiven Dialektikkonzeption, produktive Widersprüche zu erhalten, die eine subjektgerechte Einrichtung der Gesellschaft ermöglichen und repressive Widersprüche, die die Subjekte in ihren Entfaltungsmöglichkeiten nachhaltig behindern, zurückdrängen.

„Weil aber in Wahrheit Subjekt und Objekt nicht [...] fest sich gegenüberstehen, sondern reziprok sich durchdringen" (ebd.: 142), endet die hegelsche Dialektik nur gewaltsam in einer Subjekt-Objekt-Identität. Ohne Subjekt-Objekt-Differenzierung wäre das Subjekt ausschließlich ‚Verkehrsknotenpunkt des Allgemeinen' (Adorno). Ein Ende dialektischer Subjekt-Objekt-Beziehungen bedeutet,

> „negativ realisiert, [...], statt des wie immer menschlich begrenzten Heils, das totale Unheil herbeiführen: gleichsam die grimmige Parodie auf die von Marx gemeinte Veränderung, bei der Subjekt und Objekt nicht versöhnt, sondern vernichtet werden." (Schmidt 1962: 167)

Versöhnung zielt auf Bewahrung durch Unterstützung der Autonomie unter Zurückdrängung repressiver Heteronomie ab. Dadurch wird repressive Heteronomie ihres einschränkenden Potentials beraubt und überführt in eine autonomiefördernde Heteronomie. Im Gegensatz dazu ist im stillgestellten Dialektikmodell die Subjekt-Objekt-Konstellation grausam verwirklicht als Ende der Geschichte. Das Ende, die Ungeschiedenheit von Subjekt und Objekt wäre der blinde Naturzusammenhang (vgl. Adorno 1969a: 743).

Adornos Versuch, der dritten Stellung des Gedankens zur Objektivität näher zu kommen, bildet für ihn die Möglichkeit, einen Hinweis auf die ‚versöhnte Gesellschaft' zu geben:

> „Wäre Spekulation über den Stand der Versöhnung erlaubt, so ließe in ihm weder die ununterschiedene Einheit von Subjekt und Objekt noch ihre feindselige Antithetik sich vorstellen; eher die Kommunikation des Unterschiedenen. Dann erst käme der Begriff von Kommunikation, als objektiver, an seine Stelle. Der gegenwärtige ist so schmählich, weil er das Beste, das Potential eines Einverständnisses von Menschen und Dingen, an die Mitteilung zwischen Subjekten nach den Erfordernissen subjektiver Vernunft verrät. An seiner rechten Stelle wäre, auch erkenntnistheoretisch, das Verhältnis von Subjekt und Objekt im verwirklichten Frieden sowohl zwischen den Menschen wie zwischen ihnen und ihrem Anderen. Friede ist der Stand eines Unterschiedenen ohne Herrschaft, in dem das Unterschiedene teilhat aneinander." (ebd.: 743)

Erst im Überschreiten des dichotom verhafteten Denkens werden die Hinweise Adornos auf die ‚versöhnte Gesellschaft' verständlich. Subjekt und Objekt fallen

nie gänzlich zusammen und stehen sich aber auch niemals vermittlungslos gegenüber. Können innere Vermittlungsverhältnisse, wie beispielsweise die
Gleichzeitigkeit von Äquivalenz und Widerspruch in der strikten Antinomie,
nicht erfasst und dargestellt werden, bleiben die Hinweise Adornos auf die versöhnte Gesellschaft kaum nachvollziehbar.

5.2 Vermittlung in den Sozialwissenschaften: Selbstreferenz als Verdoppelung oder als produktive Erweiterung?

Selbstbezüglichkeiten in den Sozialwissenschaften lassen unterschiedliche Umgangsmöglichkeiten zu. Insbesondere zwei Verfahrensweisen sind für eine Diskussion um ein rational ausweisbares dialektisches Verfahren bedeutsam. In der
ersten Variante bezieht sich A auf sich selbst und führt zum Ausgangsverhältnis
zurück (A = A). Dem liegt das Modell der doppelten Negation der formalen
Logik zugrunde, das durch Negation der Negation des Ursprungsmoments wieder in dieses zurückführt. Das Ausgangsmoment A ist dieser Variante zufolge
mit dem Endresultat A *identisch*. Die zweite Möglichkeit verweist auf die besondere Art und Weise des Selbstbezugs. In dieser Version wird davon ausgegangen, dass das Ausgangsmoment A durch die doppelte Negation unterschiedliche Momente durchschreitet und in der Rückkehr zu sich selbst (mindestens)
ein weiteres Moment in sich aufnimmt, selbst wenn es sich ‚nur' um A handelt.
A erscheint nun nach der doppelten Negation nicht mehr als Ausgangsmoment
A, sondern als A'. Die Antwortmöglichkeit A' fokussiert auf den durch die Negation durchlaufenen Prozess und strebt an, auf nicht-identische Momente zu
verweisen und sie hervorzuheben.

Ein reflexiv-vermittlungslogisches Vorgehen in einer rationalen
Dialektikkonzeption rekurriert im steten Hinweis auf nicht-identische Momente
insbesondere auf die zweite Variante, begnügt sich aber nicht damit. Die jeweilige Konstellation innerer Vermittlungsverhältnisse wird in Beziehung gesetzt zu
äußeren Vermittlungsrelationen. Deutlicher wird diese Unterscheidung, wenn
(häufig vorkommende) selbstbezügliche Aussagen, Verhältnisse oder Strukturen
genauer betrachtet werden. Eine selbstbezügliche Struktur führt weder notwendigerweise noch durch Entfaltungsbemühungen zur Dialektik. Die Aussagen
„Dieser Satz hat fünf Worte." (Knoll/Ritsert 2006: 29) oder „Dieser Satz ist
kurz." (Brunnsteiner 2008: 23) sind selbstbezüglich, führen aber weder notwendig noch durch weitergehende Bemühungen, Begriff und Sache zu entfalten, zu
einer Aussagenstruktur, die (aus einer bestimmten Perspektive) die Gleichzeitigkeit strikt entgegengesetzter Momente annehmen muss. Vermittlungsverhältnisse
in den Sozialwissenschaften zeichnen sich in erster Linie dadurch aus, dass

(mindestens) zwei Momente, die auf einer Ebene im strikten Gegensatz zueinander stehen, gleichzeitig auf einer anderen Ebene intrinsisch miteinander verbunden sind. Sie sind *vermittelt*. Diese Bestimmung verführt allerdings allzu leicht dazu, Momente, in und an denen zwei Seiten aufzufinden sind, in denen mithin eine Art Wechselwirkung nachzuzeichnen ist, in denen ein Entweder-Oder oder gar eine Gleichzeitigkeit beschrieben wird, irgendwie als ‚dialektisch' zu begreifen. Eine genauere Verhältnisbestimmung kann getroffen werden, indem von einem engeren und einem weiteren Verständnis einer dialektischen Argumentation ausgegangen wird. Dieses Vorgehen erleichtert vor allem die Diskussion um Unterscheidungsmöglichkeiten einer dialektischen und einer nicht-dialektischen Verfahrensweise, die allzu leicht in eine Auseinandersetzung über die ‚wahrhaft richtige' und die ‚gänzlich falsch verstandene' Dialektik abdriften kann.

In einer verabsolutierten formallogischen Lesart ist das Ausgangsmoment mit dem erhaltenen Moment, das durch eine doppelte Negation entsteht, in jeder Hinsicht identisch (A = A). Unter Absehung von sämtlichen inhaltlichen Zuschreibungen und Eigenschaften kann ein orthodox formallogisches Verfahren darauf verweisen, das Ausgangsmoment im Durchgang durch die doppelte Negation wieder zu erhalten. Der soziologische Einspruch – und darauf verweisen trotz aller Unterschiedlichkeit in ihren jeweiligen Ansätzen Hegel, Adorno und auch Freud – macht sich an dieser Stelle geltend. In der doppelten Negation, in der Rückführung in das Ausgangsmoment bleibt A inhaltlich nicht unberührt. Es treten weitere inhaltliche Momente hinzu, so dass aus sozialwissenschaftlicher Perspektive das Modell der Selbstreferenz nun A = A' lautet. An dieser Stelle wird eine Unterscheidung zwischen selbstreferentiellen und produktiv selbstbezüglichen Zirkelstrukturen deutlich. Die Problemlösungskapazitäten eines selbstreferentiellen Zirkels, der sich durch die Abstraktion von inhaltlichen Vorstellungen und Zuschreibungen konstituiert, sind dabei keineswegs abzuwerten oder gering zu schätzen. Günther zeigt in einem formallogischen Modell auf, inwiefern zweiwertiges Denken auf der Basis einer Verabsolutierung der Form in mehrwertige Kalküle überführt werden kann. Der Preis dafür ist das konsequente Aufgeben jeglicher inhaltlicher Bestimmung des Wertformalismus. Das denkbar abstrakteste Kalkül verbleibt jedoch stets auf einen (wenn auch ungedeuteten) Inhalt verwiesen.

Negative Selbstbezüglichkeit ist sowohl bei Hegel als auch bei Adorno eine der Grundbedingungen einer spekulativen bzw. einer negativen Dialektik. Selbstbezügliche Strukturen und Konstellationen bilden innerhalb der Sozialwissenschaften eines der zentralen Bezugsprobleme.

Der Modus der Selbstreferenz führt in der doppelten Negation in formallogischer Hinsicht wieder in das (als identisch unterstellte) Ausgangsmoment zurück. Negative Selbstbezüglichkeiten, die einen inneren Widerspruch aufweisen und nicht ausschließlich mit einer dichotomen Logik zu beschreiben sind, bilden ein Problem für die formallogische Interpretation. Ein additiver Vermittlungsbegriff bleibt der Subsumtion verhaftet, doch können formallogisch ohne weiteres Inklusions- und Exklusionsverhältnisse dargestellt werden. Der dialektische Vermittlungsbegriff strebt an, ‚Äquivalenz und Widerspruch' (Wandschneider) abbilden zu können. Hier erweist sich, dass die scheinbare Differenz von formallogischen Möglichkeiten einerseits und dialektischer Verfahrensweise andererseits quer zu den tatsächlichen Möglichkeiten steht. In den Sozialwissenschaften wie auch in Ansätzen, die der Formallogik verpflichtet sind, ist es möglich, innere Vermittlungsverhältnisse darzustellen – oder diese als Denkfehler oder Ungenauigkeiten zu ignorieren. Einen spezifisch dialektischen Vermittlungsbegriff gilt es aber dennoch von den formallogisch verhafteten Möglichkeiten abzugrenzen.

Tabelle 5:   Vermittlungsrelationen in den Sozialwissenschaften

additive Vermittlung	$a + a + \ldots / a + b + \ldots / A = A$	Addition / Identität
Formallogische Vermittlung	$p \rightarrow q$ $f(x)$ $x \in M, x \notin M$	Ein- und Ausschlussverhältnisse, Inklusion und Exklusion
dialektische Vermittlung	$A = A'$ $V = A(H)$ $V = [A+/- (H+/-) \leftarrow g \rightarrow$ $H +/- (A+/-)]$	Innere, konstitutive Vermittlungsbeziehungen (bei äußerem Gegensatz), Relation und Abhängigkeit

Vermittlungsverhältnisse können in formallogischer Hinsicht als Inklusions- und Exklusionsverhältnisse dargestellt werden. Ein genuin dialektischer Vermittlungsbegriff strebt an, innere Vermittlungsverhältnisse bei gleichzeitiger Analyse äußerer Relationsbeziehungen erfassen zu können. Die Struktur innerer Vermittlungsverhältnisse einer strikten Antinomie ist nicht auf ein reines Ausschlussverhältnis von A und Nicht-A zu reduzieren. A und Nicht-A existieren nebeneinander, sofern jeweils der strikte Gegensatz im jeweils anderen Moment nachzuzeichnen ist. Damit ist der Satz der Identität untergraben: Identisches A, ein mit sich selbst Gleiches, findet sich innerhalb einer strikten Antinomie nicht, denn sogar die jeweils entgegengesetzten Momente – das Ausgangsmoment A und das strikt entgegengesetzte A als inneres Konstituens – sind nicht als absolut identische zu verstehen, da sie in der Gesamtheit der Konstellation jeweils andere Hinsichten repräsentieren. Es findet sich damit konstitutiv ein Nicht-Identisches innerhalb einer strikten Antinomie als strukturelle Minimalbedingung einer dialektischen Argumentationsfigur im Sinne Hegels *und* Adornos. Auch der Satz vom ausgeschlossenen Dritten wird in gewisser Art und Weise an die Grenze der aristotelischen Logik geführt: Die gesamte Konstellation einer strikten Antinomie ist das viel gesuchte und fehlende Dritte. Es geht in einer Argumentationsfigur im Stile einer strikten Antinomie nicht primär um die Frage nach A oder Nicht-A, sondern um die Verbundenheit in der Trennung. Die Einheit von strikt getrennten Momenten bei dennoch nachzuzeichnenden inneren Vermittlungsverhältnissen steht im Mittelpunkt einer strikten Antinomie. Der hegelsche Begriff dafür ist die ‚Vermittlung der Gegensätze in sich‘. Vermittlung *ist* das ausgeschlossene Dritte.

Der konsequente vermittlungslogische Startpunkt Adornos strebt an, die Gleichzeitigkeit von Subjekt und Objekt sowohl in ihrer Einheit als auch in ihrer Trennung – bei Beachtung der Präponderanz des Objekts – zu erfassen. Der Vorrang des Objekts wird sichtbar, wenn die Subjekte nicht nur eindimensional auf ‚Anhängsel der Maschinerie‘ (Adorno) oder auf ‚bloße Agenten des Wertgesetzes‘ (Adorno) eingeschränkt werden sollen. Zu Recht verweist Adorno stets *auch* streng vermittlungslogisch innerhalb der beiden (scheinbar und real) strikt entgegengesetzten Momente jeweils auf die Eigenständigkeit der Reflexionsmöglichkeiten der Subjekte.

5.3 Die vier Formen von Widersprüchlichkeit

Gezeigt wurde, dass ein sozialwissenschaftlich angemessener Widerspruchsbegriff nicht gegen die formale Logik verstoßen kann, sofern rational-nachvollziehbare Aussagen mit dem Verfahren einer dialektischen Argumentation verknüpft sind.

Adornos Kennzeichnung dialektischer Konstellationen greift häufig auf konträre Gegensätze zurück: Theorie und Praxis, Subjekt und Objekt, Individuum und Gesellschaft. Ein konträrer Widerspruchsbegriff stellt für die aristotelische Logik keinesfalls ein Problem dar. Selbst ein strikt kontradiktorischer Widerspruch bedeutet formallogisch nicht die Aufhebung aristotelischer Logik, da auf zwei unterschiedlichen Ebenen die Gleichzeitigkeit einander ausschließender Bestimmungen angenommen wird.

Der scharfe kontradiktorische Widerspruch findet sich in der Behauptung einer Gleichzeitigkeit von A und Nicht-A. Vier Möglichkeiten resultieren daraus. Die erste ist sowohl formallogisch als auch dialektisch nicht haltbar; die restlichen sind sowohl formallogisch als auch dialektisch darstellbar.

- Möglichkeit 1: A und Nicht-A bestehen in derselben Hinsicht und zur gleichen Zeit.
- Möglichkeit 2: A und Nicht-A bestehen in derselben Hinsicht, aber zu unterschiedlichen Zeitpunkten.
- Möglichkeit 3: A und Nicht-A bestehen in unterschiedlichen Hinsichten zum gleichen Zeitpunkt.
- Möglichkeit 4: A und Nicht-A bestehen in unterschiedlichen Hinsichten zu unterschiedlichen Zeitpunkten.

Wandschneider kennzeichnet mit seinem Hinweis auf Verhältnisbestimmungen, die gleichzeitig die Eigenschaften ‚Äquivalenz' und ‚Widerspruch' aufweisen, die Grundfigur einer dialektischen Konstellation, der aufgrund unterschiedlicher Perspektiven eine innere Gegenläufigkeit zukommt. Wird diese innere Gegenläufigkeit derart zu einem Gegensatz zugespitzt, dass das eine Moment konstitutiv im anderen enthalten ist – bei gleichzeitiger Aufrechterhaltung des Widerspruchs –, zeichnen sich die Konturen einer strikten Antinomie ab. Erst in einer strikten Antinomie sind die syntaktisch-formalen Grundbedingungen erfüllt, um die Möglichkeiten zwei und drei als genuin dialektische auszeichnen zu können. Die vierte Möglichkeit greift auf ein sehr weites Dialektikverständnis zurück, sofern überhaupt ein Anspruch auf eine genuin dialektische Argumentationsfigur mit diesem Modell erhoben werden kann.

Die Möglichkeiten zwei und drei bilden, als Gesamtkonstellation betrachtet, die Grundstruktur einer strikten Antinomie. Der schärfste Widerspruchsbegriff, ein strikt kontradiktorischer Widerspruch, zeigt sich formal-syntaktisch in der Lügnerantinomie. Doch bereits unterhalb dieses Widerspruchbegriffs erweisen sich dialektische Argumentationsfiguren in den Sozialwissenschaften als äußerst fruchtbar. Der konträre Widerspruch, wie er beispielsweise Adornos Verhältnisbestimmung von Theorie und Praxis formal-syntaktisch zugrunde liegt, weist bereits die Problematik strikt antinomischer Figuren in den Sozialwissenschaften auf. Im freudschen Konzept der Übertragung findet sich zum einen eine strikt kontradiktorische Argumentationsweise, in der Wissen und Nicht-Wissen kontradiktorisch entgegengesetzt sind, aber der jeweils eine Pol im anderen potentiell enthalten ist. Das Übertragungsgeschehen ist zum anderen fundamental zwischen den polaren Gegensätzen von Heilung und Widerstand angesiedelt. Verdrängte und verschobene Affekte können im Übertragungskonzept zudem als konträre Gegensätze auftauchen.

Der negative Dialektiker Adorno greift zumeist auf konträre Gegensätze zurück, um dialektische Konstellationen als solche auszuzeichnen. Auch wenn im Rückgriff auf konträre oder polare Gegensätze noch lange nicht die Möglichkeiten einer Dialektik in den Sozialwissenschaften ausgeschöpft sind, können in einer weiten Interpretation Zusammenhänge, die durch gegenseitige Beeinflussung, Wechselwirkungen und Interdependenzen geprägt sind, als dialektische Konfigurationen bezeichnet werden. Im Sinne einer Entmythologisierung bietet sich dieses Dialektikverständnis an. Ein weit verstandener Dialektikbegriff ist ohne weiteres als *eine* der Möglichkeiten formallogisch einwandfreier Darstellung nachzuzeichnen, ohne dass das dialektische Verfahren als „Wissenschaft und Waffe" (Steininger 1966) oder als „unklare und verschwommene Ausdrucksweise" (Popper 1949: 266) erscheinen muss.

Gleichwohl finden sich innerhalb der Ausführungen Adornos, der Hinweise Hegels und auch der Verfahrensweise Freuds die Bedingungen einer Dialektikkonzeption im engeren Sinne: Diese nimmt den strikt antinomischen, den strikt kontradiktorischen Widerspruch in sich auf und weist ihn auf einer formal-syntaktischen Ebene als (Minimal-) Bedingung dialektischer Aussagenkonfiguration aus. Eine strikte Antinomie bildet dabei nur den Basiswiderspruch. Strikte Antinomien können sich überlagern oder ergänzen, wie im freudschen Übertragungskonzept ein strikt kontradiktorischer Widerspruch zwischen Wissen und Nicht-Wissen, Bewusstem und Nicht-Bewusstem und der realitätsverzerrten und gleichzeitig angemessenen Interaktion aufzufinden ist.

Darüber hinaus kommt in einem engeren Dialektverständnis dem reflexiven Umgang mit einer normativ unhintergehbaren Ebene (*Problemebene 3: sozial- und moralphilosophische Dimension*) besondere Bedeutung zu. Die reflexiv materialistische Konzeption Adornos zieht in der Reformulierung des kantischen Imperativs basale sozial- und moralphilosophische Grundannahmen zusammen. ‚Wo Es war, soll Ich werden' – die freudsche Prämisse zielt ebenso deutlich auf die Unterstützung der autonomieförderlichen Bestrebungen bei konsequenter Zurückdrängung all der repressiven autonomen und heteronomen Anforderungen ab. Wenn auch mit recht unterschiedlichen Schwerpunktsetzungen geht es aus dieser Perspektive sowohl Adorno als auch Freud um die Verminderung und Abschaffung von Leiden. Die Beschädigungen, die Adorno auf subjektiver, objektiver und seltener auf intersubjektiver Ebene verhandelt, nimmt Freud in intrasubjektiver Perspektive auf. Dass Beschädigungen nicht ohne weiteres abgeschafft werden können, resultiert auch aus negativ selbstbezüglichen Momenten, die eine Eigendynamik und Selbständigkeit angenommen haben, so dass sie den Subjekten zunächst entzogen sind. Die Kritik konstitutiv entzogener Merkmale, die einen repressiven Charakter gegenüber ihren Urhebern angenommen haben, bildet sowohl bei Adorno als auch bei Freud eine der basalen Annahmen, die freilich nur selten expliziert wird.

Negativ selbstbezügliche Strukturen erweisen sich in einer genaueren sozialwissenschaftlichen Betrachtung als die eigentliche Ursache strikter Antinomien. Ein Ausgangsmoment wird strikt negiert – und dennoch ist dieses als inneres gegenläufiges Moment nach wie vor erhalten. Innerhalb der daraus resultierenden Argumentationsfigur ist sowohl die Setzung als auch die strikte Entgegensetzung enthalten. Eine negativ selbstbezügliche Struktur bzw. Aussage kann sich daher auch (auf einer bestimmten Ebene) als performativer Selbstwiderspruch herausstellen. Die sozialwissenschaftlich entscheidende Differenzierung besteht darin, Angaben darüber geben zu können, ob es sich (a) um eine selbstreferentielle Struktur/Aussage handelt (performativer Selbstwiderspruch) oder um (b) eine negativ selbstbezügliche, die innere Vermittlungsverhältnisse denken und darstellen kann (strikte Antinomie). Anders formuliert: Der performative Selbstwiderspruch ist die halbierte Dialektik im engeren Sinne, die damit um ihren ganzen Gehalt gebracht wird. Sofern negativ selbstbezügliche Strukturen ausschließlich als performative Selbstwidersprüche begriffen werden, sind bereits vorab die produktiven Lösungsmöglichkeiten strikt antinomischer Konstellationen abgeschnitten.

> „Horkheimer und Adorno sehen die Grundlagen der Ideologiekritik erschüttert – und möchten doch an der Grundfigur der Aufklärung festhalten. So wenden sie, was Aufklärung am Mythos vollstreckt hat, noch einmal auf den Prozeß der Aufklärung im ganzen an. Die Kritik wird, indem sie sich gegen die Vernunft als die Grundlage ihrer eigenen Geltung wendet, total. [...] Vernunft hat sich, als instrumentelle, an Macht assimiliert und dadurch ihrer kritischen Kraft begeben – das ist die *letzte* Enthüllung einer auf sich selbst angewandten Ideologiekritik. Diese beschreibt allerdings die Selbstzerstörung des kritischen Vermögens auf paradoxe Weise, weil sie im Augenblick der Beschreibung noch von der totgesagten Kritik Gebrauch machen muß. [...] Adornos *Negative Dialektik* liest sich wie die fortgesetzte Erklärung dafür, warum wir in diesem *performativen Widerspruch* kreisen müssen, ja verharren sollen." (Habermas 1985: 143f.; Hervor. im Orig.)

Sofern man nicht im performativen Widerspruch kreisen möchte, bietet sich eine andere, vor dem Hintergrund der Diskussion um strikte Antinomien näher liegende, Lesart an. Horkheimer und Adorno kritisieren in der Tat die Idee und den Begriff der Vernunft fundamental hinsichtlich der repressiven Momente und Auswirkungen – und dies gerade mit den Mitteln jener Vernunft, die gleichzeitig kritisiert werden soll. Die produktiven Lösungsmöglichkeiten einer strikt antinomischen Argumentationsfigur erweisen sich hier deutlich, da es sich nicht ausschließlich um einen selbstbezüglichen Prozess handelt. Ansonsten wäre der Hinweis auf einen performativen Selbstwiderspruch nur allzu berechtigt (vgl. auch Habermas 1981: 502ff.). Im dialektischen Verfahren Adornos kann jedoch davon ausgegangen werden, dass es sich nicht um die *letzte* Enthüllung' einer Ideologiekritik handelt, sondern um *die* Enthüllung', die innere Widersprüchlichkeiten in ihrer Vermittlung erfassen kann. In 'den Extremen und durch diese hindurch' findet nach Adorno die Vermittlung statt.

Letztlich führen die aufgezeigten rationalen Vermittlungs- und Widerspruchsfiguren zu einer Entdramatisierung des geheimnisumwitterten Verfahrens einer Dialektik. Es handelt sich nicht um ein Verfahren, das die bisherige Logik zum Einsturz bringt oder diese schlicht negiert – sofern auf sozialwissenschaftlich produktive Lösungsmöglichkeiten abgezielt wird.

Soziale Verhältnisse, in und durch das Subjekt vermittelt, gehen in die Widerspruchsfigur eines dialektischen Verfahrens ein und bilden den Dreh- und Angelpunkt moderner Dialektikkonzeptionen. Sozial konstituierte Verhältnisse können zudem mit negativ selbstbezüglichen Momenten ausgestattet sein und sich gegenüber ihren Urhebern verselbständigen. Freud zeigt das auf intrasubjektiver Ebene, Hegel und Adorno auf intersubjektiver und vor allem auf objektiver Ebene hinsichtlich der repressiven, autonomieeinschränkenden Dimensionen.

Ein dialektisches Verfahren in den Sozialwissenschaften geht mit einigen Voraussetzungen (Präsuppositionen) einher, die für eine angemessen aktualisierte Dialektik offen gelegt wurden. Orientiert an einem rational ausweisbaren Verfahren lässt sich der Widerspruchsbegriff in den Sozialwissenschaften mit (mindestens) vier relevanten Widerspruchsrelationen aufzeigen. Selbstreferentielle Momente treten in den Sozialwissenschaften entweder als Verdoppelung des Bestehenden (Affirmation) oder in einer Vermittlungsfigur auf, die 'über das Gefüge des Bestehenden' (Adorno) hinausblickt. Daran schließt sich quer zu den genannten Momenten eine für ein dialektisches Verfahren unhintergehbare, wenn auch allzu häufig implizit verbleibende, sozial- und moralphilosophische Ebene an (*Problemebene 3*), die bei Freud an der 'Überführung neurotischen Elends in gemeines Unglück', bei Adorno an der 'versöhnten Gesellschaft' orientiert ist. Der Gegenstandsbereich (*Problemebene 1*) der Dialektik kann nicht bereits im Vorfeld vorweggenommen und damit eingeschränkt werden, wie die implizit dialektischen Lösungsbestrebungen in einer empirisch-naturwissenschaftlich orientierten Theorie wie der freudschen Psychoanalyse verdeutlichen. Das Problem des Anfangs (*Problemebene 2*) bildet kein genuin dialektisches; aber sowohl im vermittlungslogisch-reflexiven Startpunkt Adornos als auch im psychoanalytischen Verfahren tritt die Unhintergehbarkeit des Subjekt-Objekt-Verhältnisses deutlich hervor. Innere Vermittlungsverhältnisse denken und dar-

stellen zu können, erweist sich als ebenso fundamental für eine angemessene
Theorie der Dialektik in den Sozialwissenschaften heute, wie ein rationaler Umgang mit den aristotelischen Axiomen, allen voran der Satz vom ausgeschlossenen Widerspruch. Aus dieser Perspektive erweist sich das Geheimnis der Dialektik: Der Widerspruch ist nicht das Problem der Dialektik, er ist die Lösung.

Literaturverzeichnis

Siglen:

Enz. = Hegel, Georg Wilhelm Friedrich: Enzyklopädie der philosophischen Wissenschaften, Hamburg 1959 [1830].
HGS 12 = Horkheimer, Max: Gesammelte Schriften Band 12, Nachgelassene Schriften 1931-1949 (hrsg. von G. Schmidt Noerr), Frankfurt am Main 1985.
Met. = Aristoteles: Metaphysik, Hamburg 1978.
MEW = Marx Engels Werke, Berlin 1953ff.
PdG = Hegel, Georg Wilhelm Friedrich: Phänomenologie des Geistes (hrsg. von J. Hoffmeister), Leipzig 1937.
Phil. Rel. II = Hegel, Georg Wilhelm Friedrich: Vorlesungen über die Philosophie der Religion II, Werke in zwanzig Bänden, Band 17, Frankfurt am Main 1970.
Phil. Term. = Adorno, Theodor W.: Philosophische Terminologie, 2 Bände, Frankfurt am Main 1974.
WW4 = Hegel, Georg Wilhelm Friedrich: Nürnberger und Heidelberger Schriften 1808-1817, Werke in zwanzig Bänden, Band 4, Frankfurt am Main 1970.
WW5 = Wissenschaft der Logik. Erster Band, Werke in zwanzig Bänden, Band 5, Frankfurt am Main 1970.

Das Jahr der Erstveröffentlichung befindet sich, sofern abweichend, in eckigen Klammern und ist maßgeblich für die Zitation.

Adorno, Theodor W. [1951]: Minima Moralia. Reflexionen aus dem beschädigten Leben, Frankfurt am Main 1997.
Adorno, Theodor W. [1952]: Die revidierte Psychoanalyse, in: Soziologische Schriften I, Frankfurt am Main 1997.
Adorno, Theodor W. [1955]: Zum Verhältnis Soziologie und Psychologie, in: Soziologische Schriften I, Frankfurt am Main 1997.
Adorno, Theodor W. (1956): Soziologische Exkurse. Frankfurter Beiträge zur Soziologie, Band 4, Frankfurt am Main.
Adorno, Theodor W. [1957]: Vorlesung zur Einleitung in die Erkenntnistheorie, Frankfurt am Main, o.J.
Adorno, Theodor W. [1960]: Ontologie und Dialektik, Nachgelassene Schriften Band 7, Frankfurt am Main 2002.

Adorno, Theodor W. [1963a]: Drei Studien zu Hegel, Frankfurt am Main 1997.
Adorno, Theodor W. [1963b]: Probleme der Moralphilosophie, Nachgelassene Schriften Band 10, Frankfurt am Main 1996.
Adorno, Theodor W. [1965]: Vorlesung über Negative Dialektik, Nachgelassene Schriften Band 16, Frankfurt am Main 2003.
Adorno, Theodor W. [1966]: Negative Dialektik, Frankfurt am Main 1997.
Adorno, Theodor W. [1968]: Einleitung in die Soziologie, Nachgelassene Schriften, Band 15, Frankfurt am Main 1993.
Adorno, Theodor W. [1969a]: Zu Subjekt und Objekt, in: Soziologische Schriften I, Frankfurt am Main 1997.
Adorno, Theodor W. [1969b]: Einleitung, in: Ders. (Hg.): Der Positivismusstreit in der deutschen Soziologie, Darmstadt und Neuwied 1972.
Adorno, Theodor W. (1969c): Marginalien zur Theorie und Praxis, in: Kulturkritik und Gesellschaft II, Frankfurt am Main 1997.
Adorno, Theodor W. [1973]: Einleitung in die Musiksoziologie, Frankfurt am Main 1997.
Albert, Hans [1964a]: Der Mythos der totalen Vernunft, in: Adorno, Theodor W. (Hg.): Der Positivismusstreit in der deutschen Soziologie, Darmstadt und Neuwied 1972.
Albert, Hans [1964b]: Kleines verwundertes Nachwort zu einer großen Einleitung, in: Adorno, Theodor W. (Hg): Der Positivismusstreit in der deutschen Soziologie, Darmstadt, Neuwied 1969.
Angehrn, Emil (2008): Kritik und Versöhnung, in: Kohler, Georg/Müller-Doohm, Stefan (Hg.): Wozu Adorno? Beiträge zur Kritik und zum Fortbestand einer Schlüsseltheorie des 20. Jahrhunderts, Weilerswist.
Anzieu, Didier (1990): Freuds Selbstanalyse und die Entdeckung der Psychoanalyse, 2 Bände, München und Wien.
Arndt, Andreas (1994): Dialektik und Reflexion. Zur Rekonstruktion des Vernunftbegriffs, Hamburg.
Arndt, Andreas (2004): Unmittelbarkeit. Bibliothek dialektischer Grundbegriffe, Bielefeld.
Arndt, Andreas (2008): Was ist Dialektik? Anmerkungen zu Kant, Hegel und Marx, in: Das Argument. Zeitschrift für Philosophie und Sozialwissenschaften, Heft 274: Die Dialektik neu entdecken, Berlin.

Benjamin, Jessica (1990): Die Fesseln der Liebe. Psychoanalyse, Feminismus und das Problem der Macht, Frankfurt am Main.
Brunnsteiner, Bernhard (2008): Die Lügner-Paradoxie. Kleine Philosophie-Geschichte des Widerspruchs, Marburg.
Bürger, Peter (1992): Das Denken des Herrn. Bataille zwischen Hegel und dem Surrealismus, Frankfurt am Main.
Bubner, Rüdiger (1983): Adornos Negative Dialektik, in: Friedeburg, Ludwig von/Habermas, Jürgen (Hg.): Adorno-Konferenz 1983, Frankfurt am Main.

Dahms, Hans-Joachim (1994): Positivismusstreit. Die Auseinandersetzungen der Frankfurter Schule mit dem logischen Positivismus, dem amerikanischen Pragmatismus und dem kritischen Rationalismus, Frankfurt am Main.

Demirović, Alex (1999): Der nonkonformistische Intellektuelle. Die Entwicklung der Kritischen Theorie zur Frankfurter Schule, Frankfurt am Main.

Düsing, Klaus (1984): Identität und Widerspruch. Untersuchungen zur Entwicklungsgeschichte der Dialektik Hegels, in: Giornale di Metafisica, Heft 6.

Düsing, Klaus (1993): Hegels Dialektik. Der dreifache Bruch mit dem traditionellen Denken, in: Klein, Hans-Dieter/Reikerstorfer, Johann (Hg.): Philosophia perennis: Erich Heintel zum 80. Geburtstag, Frankfurt am Main, Berlin, Bern, New York, Paris und Wien.

Elbe, Ingo (2008): Marx im Westen. Die neue Marx-Lektüre in der Bundesrepublik seit 1965, Berlin.

Fetscher, Iring (1975): Vorwort des Herausgebers zur deutschen Erstausgabe, in: Kojève, Alexandre: Eine Vergegenwärtigung seines Denkens, Frankfurt am Main.

Freud, Ernst L./Meng, Heinrich (Hg.) (1963): Sigmund Freud – Oskar Pfister. Briefe 1909-1939, Frankfurt am Main.

Freud, Sigmund [1895]: Studien über Hysterie, in: Gesammelte Werke I, Frankfurt am Main 1999.

Freud, Sigmund [1900]: Die Traumdeutung, Studienausgabe Band II, Frankfurt am Main 2000.

Freud, Sigmund [1905]: Bruchstück einer Hysterie-Analyse, in: Gesammelte Werke V, Frankfurt am Main 1999.

Freud, Sigmund [1909]: Bemerkungen über einen Fall von Zwangsneurose, in: Zwang, Paranoia und Perversion, Studienausgabe Band VII, Frankfurt am Main 2000.

Freud, Sigmund [1910]: Über ‚wilde' Psychoanalyse, in: Gesammelte Werke VIII, Frankfurt am Main 1999.

Freud, Sigmund [1912]: Zur Dynamik der Übertragung, in: Gesammelte Werke VIII, Frankfurt am Main 1999.

Freud, Sigmund (1914): Zur Einführung des Narzißmus, in: Psychologie des Unbewußten, Studienausgabe Band 3, Frankfurt am Main 2000.

Freud, Sigmund [1915]: Das Unbewußte, in: Psychologie des Unbewußten, Studienausgabe Band 3, Frankfurt am Main 2000.

Freud, Sigmund [1916/17]: Vorlesungen zur Einführung in die Psychoanalyse, Studienausgabe Band 1, Frankfurt am Main 2000.

Freud, Sigmund [1923]: ‚Psychoanalyse' und ‚Libidotheorie', in: Gesammelte Werke XIII, Frankfurt am Main 1999.

Freud, Sigmund [1927]: Die Zukunft einer Illusion, in: Fragen der Gesellschaft. Ursprünge der Religion, Studienausgabe Band 9, Frankfurt am Main 2000.

Freud, Sigmund [1930]: Das Unbehagen in der Kultur, in: Fragen der Gesellschaft. Ursprünge der Religion, Studienausgabe Band 9, Frankfurt am Main 2000.

Freud, Sigmund [1932]: Neue Folge der Vorlesungen zur Einführung in die Psychoanalyse, in: Studienausgabe Band 1, Frankfurt am Main 2000.

Freud, Sigmund [1938]: Abriß der Psychoanalyse. Das Unbehagen in der Kultur, Frankfurt am Main 1972.

Gay, Peter (1988): ,Ein gottloser Jude'. Sigmund Freuds Atheismus und die Entwicklung der Psychoanalyse, Frankfurt am Main.

Gay, Peter (1989): Freud: Eine Biographie für unsere Zeit, Frankfurt am Main.

Gay, Peter (1992): Freud entziffern, Frankfurt am Main.

Gödde, Christoph (Hg.) (1991): Theodor W. Adorno und Alfred Sohn-Rethel. Briefwechsel 1936-1969, München.

Gödde, Günther (1999): Traditionslinien des ,Unbewußten'. Schopenhauer – Nietzsche – Freud, Tübingen.

Görg, Christoph (1999): Gesellschaftliche Naturverhältnisse, Münster.

Görlich, Bernard/Lorenzer, Alfred/Schmidt, Alfred (1980): Der Stachel Freud. Beiträge und Dokumente zur Kulturismus-Kritik, Frankfurt am Main.

Goldmann, Stefan (2003): Via Regia zum Unbewussten. Freud und die Traumforschung im 19. Jahrhundert, Gießen.

Günther, Gotthard (1933): Die logisch-methodischen Voraussetzungen in Hegels Theorie des Denkens, Potsdam.

Günther, Gotthard [1953]: Die philosophische Idee einer nicht-aristotelischen Logik, in: Beiträge zur Grundlegung einer operationsfähigen Dialektik, Band 1, Hamburg 1976.

Günther, Gotthard [1958]: Die aristotelische Logik des Seins und die nicht-aristotelische Logik der Reflexion, in: Beiträge zur Grundlegung einer operationsfähigen Dialektik, Band 1, Hamburg 1976.

Günther, Gotthard (1959): Idee und Grundriß einer nicht-Aristotelischen Logik, Hamburg.

Günther, Gotthard [1962]: Das metaphysische Problem einer Formalisierung der transzendental-dialektischen Logik. Unter besonderer Berücksichtigung der Logik Hegels, in: Beiträge zur Grundlegung einer operationsfähigen Dialektik, Band 1, Hamburg 1976.

Günther, Gotthard [1971]: Die Theorie der ,mehrwertigen' Logik, in: Beiträge zur Grundlegung einer operationsfähigen Dialektik, Band 2, Hamburg 1979.

Habermas, Jürgen (1981): Theorie des kommunikativen Handelns, Frankfurt am Main.

Habermas, Jürgen (1985): Der philosophische Diskurs der Moderne, Zwölf Vorlesungen, Frankfurt am Main.

Haubl, Rolf/Mertens, Wolfgang (1996): Der Psychoanalytiker als Detektiv. Eine Einführung in die psychoanalytische Erkenntnistheorie, Stuttgart.

Henrich, Dieter (1971): Hegels Logik der Reflexion, in: Henrich, Dieter: Hegel im Kontext, Frankfurt am Main.

Henrich, Dieter (1976): Hegels Grundoperation, in Guzzoni, Ute (Hg.): Der Idealismus und seine Gegenwart. Festschrift für Werner Marx, Hamburg.

Henrich, Dieter (1978): Formen der Negation in Hegels Logik, in: Horstmann, Rolf-Peter (Hg.): Seminar: Dialektik in der Philosophie Hegels, Frankfurt am Main.

Hoff, Jan/Petrioli, Alexis/Stützle, Ingo/Wolf, Frieder Otto (2006): Nachwort, in: Dies. (Hg.): Das Kapital neu lesen. Beiträge zur radikalen Philosophie, Münster.

Horkheimer, Max [1932]: Hegel und das Problem der Metaphysik, in: Gesammelte Schriften 2, Frankfurt am Main 1987.

Horkheimer, Max [1938]: Idee, Aktivität und Programm des Instituts für Sozialforschung, in: Gesammelte Schriften 12, Frankfurt am Main 1985.

Horkheimer, Max/Adorno, Theodor W. [1944]: Dialektik der Aufklärung, Frankfurt am Main 1997.

Horstmann, Rolf-Peter (1978): Seminar: Dialektik in der Philosophie Hegels, Frankfurt am Main.

Kesselring, Thomas (1984): Die Produktivität der Antinomie. Hegels Dialektik im Lichte der genetischen Erkenntnistheorie und der formalen Logik, Frankfurt am Main.

Kesselring, Thomas (1992): Rationale Rekonstruktion der Dialektik im Sinne Hegels, in: Angehrn, Emil (Hg.): Dialektischer Negativismus, Frankfurt am Main.

Kesselring, Thomas (1997): Voraussetzungen und dialektische Struktur des Anfangs der Hegelschen Logik, in: Wandschneider, Dieter (Hg.): Das Problem der Dialektik, Bonn.

Klagenfurt, Kurt (1995): Technologische Zivilisation und transklassische Logik. Eine Einführung in die Technikphilosophie Gotthard Günthers, Frankfurt am Main.

Knoll, Heiko (2009a): Zur Dialektik von Theorie und Praxis bei Adorno, Marburg.

Knoll, Heiko (2009b): Dialektik und Widerspruch. Erläuterungen zur strikten Antinomie, in: Müller, Stefan (Hg.): Probleme der Dialektik heute. Frankfurter Beiträge zur Soziologie und Sozialpsychologie, Wiesbaden.

Knoll, Heiko/Ritsert, Jürgen (2006): Das Prinzip der Dialektik. Studien über strikte Antinomie und kritische Theorie, Münster.

Kojève, Alexandre (1975): Eine Vergegenwärtigung seines Denkens, Frankfurt am Main.

Kuchler, Barbara (2005): Was ist in der Soziologie aus der Dialektik geworden?, Münster.

Kulenkampff, Arndt (1970): Antinomie und Dialektik. Zur Funktion des Widerspruchs in der Philosophie, Stuttgart.

Laplanche, Jean/Pontalis, Jean-Bertrand (1973): Das Vokabular der Psychoanalyse, 2 Bände, Frankfurt am Main.

Lohmann, Hans-Martin (2002): Sigmund Freud zur Einführung, Hamburg.

Lorenzen, Paul (1962): Das Problem einer Formalisierung der Hegelschen Logik. Koreferat zu einem Vortrag von G. Günther, in: Hegel-Studien Beiheft 1.

Lorenzer, Alfred (1970): Sprachzerstörung und Rekonstruktion. Vorarbeiten zu einer Metatheorie der Psychoanalyse, Frankfurt am Main.

Lorenzer, Alfred (1973): Über den Gegenstand der Psychoanalyse oder: Sprache und Interaktion, Frankfurt am Main.

Lorenzer, Alfred (1974): Die Wahrheit der psychoanalytischen Erkenntnis. Ein historisch-materialistischer Entwurf, Frankfurt am Main.

Lorenzer, Alfred (1984): Intimität und soziales Leid. Archäologie der Psychoanalyse, Frankfurt am Main.

Luhmann, Niklas (1984): Soziale Systeme. Grundriß einer allgemeinen Theorie, Frankfurt am Main.

Marcuse, Herbert (1934): (Rezension von) Günther, Gotthard: Grundzüge einer neuen Theorie des Denkens in Hegels Logik, in: Zeitschrift für Sozialforschung (Hrsg. von Max Horkheimer), Jg. III, München 1980.

Marcuse, Herbert [1955]: Triebstruktur und Gesellschaft. Ein philosophischer Beitrag zu Sigmund Freud, Frankfurt am Main 1957.

Marcuse, Herbert [1956a]: Trieblehre und Freiheit, in: Psychoanalyse und Politik, Frankfurt am Main 1968.

Marcuse, Herbert [1956b]: Die Idee des Fortschritts im Lichte der Psychoanalyse, in: Psychoanalyse und Politik, Frankfurt am Main 1968.

Marcuse, Herbert (1968): Psychoanalyse und Politik, Frankfurt am Main.

Meisenheimer, Jens (2009): Bald frei, bald unfrei. Dialektik in Adornos kritischer Theorie des Individuums, in: Müller, Stefan (Hg.): Probleme der Dialektik heute. Frankfurter Beiträge zur Soziologie und Sozialpsychologie, Wiesbaden.

Müller, Stefan (2010): Das Sprachparadigma – der neue Geist des Idealismus? Implikationen und Konsequenzen für die Psychologie, in: Dege, Martin/Grallert, Till/Dege, Carmen/Chimirri, Niklas (Hg.): Können Marginalisierte (wieder)sprechen? Zum politischen Potenzial der Sozialwissenschaften, Gießen.

Nagera, Humberto (Hg.) (1974): Psychoanalytische Grundbegriffe. Eine Einführung in Sigmund Freuds Terminologie und Theoriebildung, Frankfurt am Main.

Petersen, Uwe (1973): Überlegungen zu einer formalen dialektischen Logik, München.

Popper, Karl R. [1949]): Was ist Dialektik? In: Topitsch, Ernst (Hg.): Logik der Sozialwissenschaften, Köln und Berlin 1965.

Puntel, Lorenz B. (1996): Läßt sich der Begriff der Dialektik klären?, in: Zeitschrift für allgemeine Wissenschaftstheorie, Jg. 27, Nr. 1.

Resch, Christine (1998): Arbeitsbündnisse in der Sozialforschung, in: Steinert, Heinz (Hg.): Zur Kritik der empirischen Sozialforschung. Ein Methodengrundkurs, online unter: http://www.folks-uni.org/fileadmin/user_upload/folks-uni/Zur_Kritik_der_ empirischen_Sozialforschung.pdf; [letzter Zugriff am 17.3.2011].

Reusswig, Fritz (1993): Natur und Geist. Grundlinien einer ökologischen Sittlichkeit nach Hegel, Frankfurt am Main.

Reusswig, Fritz/Ritsert, Jürgen (1990): Spekulative Identität. Über Sinn und Bedeutung eines dialektischen Grundgedankens bei Hegel, Seminarmaterialien 5, Frankfurt am Main.

Reusswig, Fritz/Ritsert, Jürgen (1991): Marxsche Dialektik. Stichworte zu einer unendlichen Geschichte, Seminarmaterialien 11, Frankfurt am Main.

Ricoeur, Paul (1969): Die Interpretation. Ein Versuch über Freud, Frankfurt am Main.

Ritsert, Jürgen (1995): Was ist Dialektik? Studientexte zur Sozialwissenschaft Band 9/V, hg. am Fachbereich Gesellschaftswissenschaften der Johann Wolfgang Goethe-Universität, Frankfurt am Main.

Ritsert, Jürgen (1996): Ästhetische Theorie als Gesellschaftskritik. Umrisse der Dialektik in Adornos Spätwerk, Frankfurt am Main.

Ritsert, Jürgen (1997): Kleines Lehrbuch der Dialektik, Darmstadt.

Ritsert, Jürgen (2004): Positionen und Probleme der Erkenntnistheorie, Manuskript, online unter: http://ritsert-online.de/materialien.htm#Manuskripte_zu_ nicht_veröffentlichten_Vorträgen_und_Projekten; [letzter Zugriff am 17.3.2011].
Ritsert, Jürgen (2008): Dialektische Argumentationsfiguren in Philosophie und Soziologie. Hegels Logik und die Sozialwissenschaften, Münster.
Ritsert, Jürgen (2009): Der Mythos der nicht-normativen Kritik. Oder: Wie misst man die herrschenden Verhältnisse an ihrem Begriff?, in: Müller, Stefan (Hg.): Probleme der Dialektik heute. Frankfurter Beiträge zur Soziologie und Sozialpsychologie, Wiesbaden.
Ritter, Joachim (Hg.) (1971): Historisches Wörterbuch der Philosophie. Band 4, Stichwort: Dialektik, Darmstadt.

Sainsbury, Richard Mark (2001): Paradoxien, Stuttgart.
Schmidt, Alfred [1962]: Der Begriff der Natur in der Lehre von Marx, Hamburg 1993.
Schmidt, Alfred (1974): Zur Idee der Kritischen Theorie, München.
Schmidt, Alfred (1981): Adorno – ein Philosoph des realen Humanismus, in: Kritische Theorie, Humanismus, Aufklärung. Philosophische Arbeiten 1969-1979, Stuttgart.
Schmidt, Alfred (1983): Begriff des Materialismus bei Adorno, in: Friedeburg, Ludwig von/Habermas, Jürgen: Adorno-Konferenz 1983, Frankfurt am Main.
Schmidt, Alfred (2002): Adornos Spätwerk: Übergang zum Materialismus als Rettung des Nichtidentischen, in: Fetscher, Iring/Schmidt, Alfred (Hg.): Emanzipation als Versöhnung. Zu Adornos Kritik der ‚Warentausch'-Gesellschaft und Perspektiven der Transformation, Frankfurt am Main.
Schmidt, Alfred/ Görlich, Bernard (Hg.) (1995): Philosophie nach Freud. Das Vermächtnis eines geistigen Naturforschers, Lüneburg.
Schneider, Peter (1995): Wahrheit und Verdrängung. Eine Einführung in die Psychoanalyse und die Eigenart ihrer Erkenntnis, Berlin.
Schneider, Peter (2001): Erhinken und erfliegen. Psychoanalytische Zweifel an der Vernunft, Göttingen.
Sohn-Rethel, Alfred (1978): Warenform und Denkform, Frankfurt am Main.
Sohn-Rethel, Alfred (1985): Soziologische Theorie der Erkenntnis, Frankfurt am Main.
Steinert, Heinz (2007): Das Verhängnis der Gesellschaft und das Glück der Erkenntnis: Dialektik der Aufklärung als Forschungsprogramm, Münster.
Steininger, Herbert (1966): Dialektik – Wissenschaft und Waffe, Berlin.

Theunissen, Michael (1980): Sein und Schein. Die kritische Funktion der Hegelschen Logik, Frankfurt am Main.
Theunissen, Michael (1983): Negativität bei Adorno, in: Friedeburg, Ludwig von/Habermas, Jürgen: Adorno-Konferenz 1983, Frankfurt am Main.
Traeger, Dirk H. (1994): Einführung in die Fuzzy-Logik, Stuttgart.

Wandschneider, Dieter (1982): Raum, Zeit, Relativität. Grundbestimmungen der Physik in der Perspektive der Hegelschen Naturphilosophie, Frankfurt am Main.

Wandschneider, Dieter (1993): Das Antinomienproblem und seine pragmatische Dimension, in: Stachowiak, Herbert (Hg.): Handbuch pragmatischen Denkens, Band 4,
Sprachphilosophie, Sprachgrammatik und formative Pragmatik, Hamburg.

Wandschneider, Dieter (1995): Grundzüge einer Theorie der Dialektik. Rekonstruktion
und Revision dialektischer Kategorienentwicklung in Hegels ‚Wissenschaft der
Logik', Stuttgart.

Wandschneider, Dieter (Hg.) (1997): Das Problem der Dialektik, Bonn.

Wolff, Michael (1981): Der Begriff des Widerspruchs. Eine Studie zur Dialektik Kants
und Hegels, Königstein im Taunus.

Wolf, Frieder Otto (1991): Für einen widerspruchsfreien Begriff des Widerspruchs, in:
Zentralinstitut für Philosophie Berlin (Hg.): Das Denken des Widerspruchs als
Wurzel der Philosophie, Berlin.

VS Forschung | VS Research
Neu im Programm Politik

Cornelia Altenburg
Kernenergie und Politikberatung
Die Vermessung einer Kontroverse
2010. 315 S. Br. EUR 39,95
ISBN 978-3-531-17020-6

Markus Gloe / Volker Reinhardt (Hrsg.)
**Politikwissenschaft
und Politische Bildung**
Nationale und internationale Perspektiven
2010. 269 S. Br. EUR 39,95
ISBN 978-3-531-17361-0

Farid Hafez
Islamophober Populismus
Moschee- und Minarettbauverbote
österreichischer Parlamentsparteien
2010. Mit einem Geleitwort von Prof.
Dr. Anton Pelinka. 212 S. Br. EUR 34,95
ISBN 978-3-531-17152-4

Annabelle Houdret
**Wasserkonflikte
sind Machtkonflikte**
Ursachen und Lösungsansätze
in Marokko
2010. 301 S. Br. EUR 34,95
ISBN 978-3-531-16982-8

Jens Maßlo
Jugendliche in der Politik
Chancen und Probleme einer
institutionalisierten Jugendbeteiligung
2010. 477 S. Br. EUR 49,95
ISBN 978-3-531-17398-6

Torsten Noe
Dezentrale Arbeitsmarktpolitik
Die Implementierung der Zusammen-
legung von Arbeitslosen- und Sozialhilfe
2010. 274 S. Br. EUR 39,95
ISBN 978-3-531-17588-1

Stefan Parhofer
**Die funktional-orientierte
Demokratie**
Ein politisches Gedankenmodell
zur Zukunft der Demokratie
2010. 271 S. Br. EUR 29,95
ISBN 978-3-531-17521-8

Alexander Wolf
**Die U.S.-amerikanische
Somaliaintervention 1992-1994**
2010. 133 S. Br. EUR 29,95
ISBN 978-3-531-17298-9

Erhältlich im Buchhandel oder beim Verlag.
Änderungen vorbehalten. Stand: Juli 2010.

www.vs-verlag.de

VS VERLAG

Abraham-Lincoln-Straße 46
65189 Wiesbaden
Tel. 0611.7878-722
Fax 0611.7878-400